JEAN LUBAC

La Valeur du Spiritualisme

PARIS
BERNARD GRASSET
ÉDITEUR
61, RUE DES SAINTS-PÈRES, 61
MCMXII

Dernières publications de la Librairie BERNARD GRASSET
61, rue des Saints-Pères, PARIS

COMTESSE DE BAILLEHACHE :
Le Remorqueur, roman . . 3 50
EMILE BAUMANN.
L'Immolé, roman, *ouvrage couronné par l'Académie française*, 5ᵉ édition . . 3 50
— La Fosse aux Lions, 4ᵉ éd.. 3 50
LOUIS BERTRAND :
Le Livre de la Méditerranée, 8ᵉ édition . . . 3 50
SIMONE BODÈVE :
Clo, roman 3 50
— La Petite Lotte, roman . 3 50
— Son Mari, roman 3 50
JULES BOIS :
Les Deux Hélènes . . . 1 »
THÉODORE CAHU :
L'homme aux papillons. . 3 50
ALPHONSE DE CHATEAUBRIANT :
Monsieur des Lourdines, roman. 3 50
DOMINIQUE DURANDY :
La Mare ensoleillée . . 3 50
ALBERT ERLANDE :
Il Giorgione, roman . . . 3 50
CHARLES GENIAUX :
Les Deux Châtelaines, roman. 3 50
E. FAGUET, de l'Académie Française :
Commentaires du *Discours sur les Passions de l'Amour*. 3 50
FŒMINA :
L'Ame des Anglais, 4ᵉ éd. 3 50
JEAN GIRAUDOUX :
L'Ecole des Indifférents 3 50

JOACHIM GASQUET :
Le Paradis retrouvé, poèmes 3 50
JEAN FARMER :
Messieurs les Fabriciens 3 50
LÉON LAFAGE :
Par Aventure rom., 2ᵉ éd. 3 50
— La Chèvre de Pescadoire 3 50
— Le Bel écu de Jean Clochepin 3 50
F.-G. DE MAIGRET :
Le Carnet d'un vieux Maître, notes et souvenirs sur l'éducation. . . 3 50
JACQUES MORIAN :
L'Epreuve du Feu, roman 3 50
— Une Passion, roman. . . 3 50
CHARLES PEGUY :
Œuvres choisies. 3 50
PAUL REBOUX et CHARLES MULLER :
A la Manière de... (2ᵉ série), 25ᵉ édition 3 50
JEAN RENAUD :
Les Inféconds, roman. . . 3 50
ETIENNE REY :
De l'Amour : *Prix des « 45 »* 4ᵉ édition. . . . 3 50
A. RODIN :
L'Art, entretiens réunis par Paul Gsell, 10ᵉ édition
broché . . . . 6 »
relié . . . . 10 »
JEAN YOLE :
Les Arrivants, roman, 3ᵉ édition 3 50
— La Dame du Bourg, rom.. 3 50

Collection " LES ÉTUDES CONTEMPORAINES "
Chaque volume in-18 jésus. . . . 2 fr.

E. FAGUET, de l'Académie Française :
Le Culte de l'incompétence, 14ᵉ édition.
PIERRE LEGUAY :
La Sorbonne, 4ᵉ édition.
E. FAGUET, de l'Académie Française :
... Et l'Horreur des Responsabilités. (Suite au *Culte de l'Incompétence*).
ooo
Les Fonctionnaires, 5ᵉ éd.

CAPITAINE D'ARBEUX :
L'Officier contemporain, 6ᵉ éd.
DOCTEUR GRASSET :
Le Milieu Médical et la question Médico-Sociale.
PAUL VUILLAUD :
La Crise Organique de l'Eglise en France, 4ᵉ édition.
GEORGES GUY-GRAND :
La Philosophie nationaliste.
— La Philosophie syndicaliste.

La Valeur du Spiritualisme

JEAN LUBAC

La Valeur du Spiritualisme

PARIS
BERNARD GRASSET
Éditeur
61, Rue des Saints-Pères, 61

1912

La Valeur du Spiritualisme

INTRODUCTION

Il n'est pas un seul homme qui n'ait, à de certaines heures, éprouvé l'impérieux désir de pénétrer le mystère de sa destinée.

Le pourquoi de notre existence s'est posé à chacun de nous et ceux-là même qui le déclarent inconnaissable savent combien il est angoissant.

A cette question primordiale le spiritualisme apporte une réponse. Il nous propose de croire que nous avons une âme spirituelle, libre et immortelle et qu'il existe un Dieu, Être Absolu et Transcendant, qui est notre Créateur et notre Fin dernière. L'adhésion à cette doctrine, indépendamment de sa portée théorique, entraîne, lorsqu'elle est sincère, des conséquences pratiques du plus haut intérêt.

Quelle est donc la valeur du spiritualisme ?

De la solution que chacun de nous donnera à ce problème dépendra l'orientation de son existence entière.

C'est avec toute l'attention et toute la bonne volonté dont l'esprit est capable qu'il convient d'aborder l'examen d'une croyance qui domine la vie humaine.

Nous avons voulu en écrivant ces pages venir en aide à tous ceux qui désirent approfondir l'enseignement spiritualiste. Nous souhaiterions que le chemin qu'ils vont suivre avec nous les conduise, comme il nous a conduit nous-même, à une vision plus intime de la vérité.

Ceux qui ne croient ni en l'existence de Dieu ni en celle de leur âme, ceux qui ont adopté la thèse du monisme ou de l'agnosticisme, ont évidemment le devoir de vérifier, en un effort impartial, leurs propres convictions. Ils ne sauraient négliger une occasion de méditer loyalement sur ces questions essentielles. C'est à ceux-là d'abord que s'adresse ce livre.

Les spiritualistes doivent eux aussi ne jamais perdre de vue les croyances qui les dirigent : ils ont l'obligation de mieux les pénétrer afin de mieux les vivre. Leur doctrine se présente à eux non seulement comme une connaissance, mais encore et surtout comme une discipline. Il ne leur suffit pas d'admettre qu'ils ont une âme immortelle et que Dieu existe, il leur faut aussi vivifier cette âme, s'intégrer en elle et monter vers Dieu. Et si la culture de l'esprit ne les attire pas et demeure pour eux mystérieuse, c'est parce qu'ils ne connaissent assez ni leur âme ni Dieu. Ils manquent au plus essentiel de leur devoir en restant étrangers à leur foi au lieu de la mettre en pratique. A ceux-là nous voudrions donner le désir de la recherche spirituelle et leur en indiquer l'accès.

Notre ouvrage n'aurait-il d'autre mérite que celui d'inciter ceux qui le liront à regarder au plus profond d'eux-mêmes, il atteindrait un but précieux. S'occuper de son âme, c'est déjà la rendre meilleure et nous serions heureux d'avoir contribué à l'amélioration d'une âme. Une bonne action vaut mieux qu'un beau livre.

CHAPITRE PREMIER

L'IMMATÉRIEL

CHAPITRE PREMIER

L'immatériel

Sommaire

I. — Nécessité d'un point de départ intellectuel : la connaissance intellectuelle ou pensée discursive.
II — Valeur de l'intelligence : impossibilité du scepticisme.
... . — Erreur de l'idéalisme : toute connaissance intellectuelle porte nécessairement sur un objet distinct d'elle. Objectivité de la matière garantie par les données de la perception extérieure.
IV. — Preuve intellectuelle de l'immatériel.
V. — Cette preuve est-elle garantie par les données d'une perception intérieure ?

I

Une mode philosophique aujourd'hui très en faveur, le pragmatisme, affecte de tenir pour négligeables les enseignements de notre intelligence. C'est à la seule expérience pratique et non point à la logique de nos raisonnements qu'il conviendrait de demander les lumières dont nous avons besoin : tout effort dialectique [1] serait vain : les preuves

---

1. La dialectique est l'art de raisonner avec logique.

le plus savamment échafaudées par les philosophes seraient impuissantes à rien démontrer.

En dépit du courant d'anti-intellectualisme qui traverse la pensée contemporaine, en dépit de cette mode à laquelle le snobisme n'est pas étranger, il ne nous paraît pas possible d'aborder le problème de notre destinée sans faire appel aux données intellectuelles. Une orientation dialectique marque le départ de toutes nos pensées ; et le pragmatiste le plus convaincu, lorsqu'il veut justifier et propager sa doctrine, est bien obligé d'utiliser la pensée discursive [1] et de faire ainsi l'aveu involontaire qu'il lui attribue quelque valeur.

Que sera donc cette connaissance intellectuelle à laquelle nous devons avoir recours ? Il ne nous est pas permis de la définir dès à présent, puisque toute définition que nous pourrions en donner supposerait déjà résolue la question même qui fait l'objet de cette étude. Nous remarquerons cependant que dès que notre intelligence connaît quelque chose, c'est à l'aide d'images ou de concepts auxquels se substitue aussitôt le langage. Tant qu'il n'y a pas de formule verbale réalisée, la fonction de notre intellect n'est pas entièrement accomplie : la connaissance n'apparaît jamais que revêtant la forme d'un discours tout au moins intérieur. L'emploi des si-

---

1. Discursif dérive de discours. La pensée discursive est la pensée revêtue de mots, celle qui est donnée dans notre langage, celle qui est intellectuellement connue.

gnes est essentiellement caractéristique de l'activité de l'intelligence et les éléments de cette activité, que l'on distingue le plus souvent en images, concepts et mots, ont avant tout une valeur significative.

L'analyse de l'image et du concept nous révèle le rôle fondamental que joue en eux l'association d'actes musculaires plus ou moins ébauchés, véritables formules expressives qu'utilise notre esprit, véritable langage intérieur au service de l'acte intellectuel.

L'expression verbale n'est, en somme, qu'un mode d'activité musculaire qui a sur l'image et le concept auxquels il se substitue une supériorité pratique et sociale de valeur expressive.

C'est à la pensée envisagée de ce point de vue que nous ramène la définition de Ribot : « La pensée n'est pas, comme beaucoup l'admettent par tradition, un événement qui se passe dans un monde supra-sensible, éthéré, insaisissable. Nous répétons avec Setchenoff : Pas de pensées sans expression, c'est-à-dire, la pensée est une parole ou un acte à l'état naissant, c'est-à-dire, un commencement d'activité musculaire [1]. » Nous indiquerons plus loin quel abîme sépare notre doctrine de celle de Ribot. Mais, étendant le sens du mot *formule* à l'image et au concept en même temps qu'à l'expression verbale, nous caractériserons le processus [2]

---

1. Ribot. *Psychologie de l'attention*, p. 20.
2. Développement progressif.

de l'acte intellectuel par sa tendance essentielle à la formule. La dialectique humaine est de nature discursive et quand, grâce à son effort, notre intelligence peut nous présenter une connaissance nette et précise, c'est sous l'aspect d'une conversation que nous aurions avec nous-mêmes. Les muets ne peuvent comprendre leur propre pensée qu'au moyen de formules, secrètement articulées par des mouvements physiologiques très divers et qu'il ne leur est pas possible d'émettre vocalement. Les enfants qui ne savent pas encore parler ne commencent à comprendre avec intelligence que lorsqu'ils sont capables d'imaginer des signes qui correspondent à leurs perceptions : ils se créent un langage que nous ignorons. La connaissance intellectuelle est donc un monologue intérieur : elle ne se réalise que par des formules qui précèdent la parole et en des discours d'abord silencieux. Pensée discursive et connaissance intellectuelle sont des termes synonymes : nous les emploierons tous les deux en un même sens.

II

Au moment d'interroger notre intelligence sur la valeur du spiritualisme se pose la question de sa propre valeur. Il est impossible à l'homme de dénier tout degré de vérité à la pensée discursive.

Les philosophes qui adhèrent au pragmatisme le plus intégral ne sauraient aller jusqu'à la condamnation radicale de tout effort intellectuel, puisqu'ils écrivent des livres pour donner les raisons de leurs croyances. Ne faudrait-il pas, d'ailleurs, pour affirmer cette complète impuissance, croire déjà que cette affirmation est vraie ? Nous n'avons pas le droit de mettre en doute l'entière portée de notre savoir puisque notre doute, dialectique lui-même, n'aurait alors aucune valeur. Nous ne pouvons pas ne pas croire en notre intelligence, puisqu'il nous faudrait emprunter ses propres lumières pour la condamner. Nous proclamerons donc que le scepticisme absolu est une erreur insoutenable et nous ferons un acte de foi en notre connaissance intellectuelle.

Sans doute, nous n'aurons garde d'oublier que notre intelligence ne nous fait rien savoir que d'une manière relative. Nous ne comprenons le tout de rien, et quand nous voulons présomptueusement connaître le tout de quelque chose, nous nous heurtons aussitôt à d'inévitables contradictions ; et cependant notre dialectique est susceptible de nous apporter la vérité : nous ne saurions en douter [1]. Il nous faudra même admettre, à moins d'être ramenés au scepticisme absolu, qu'il nous est permis

1. Le spiritualisme enseigne que notre intelligence peut connaître la vérité absolue bien qu'elle ne puisse pas la connaître absolument.

de discerner le degré de relativité de notre savoir. S'il ne nous était pas possible d'apprécier la valeur plus ou moins relative de nos diverses données intellectuelles, nous en serions réduits à les mettre toutes également en doute. Notre intelligence est donc capable de nous guider vers la vérité ; et, dès lors, les connaissances qu'elle nous impose avec la nécessité la plus impérieuse devront être les plus vraies.

III

Au seuil même du problème que nous nous sommes posé se dresse l'objection idéaliste. Les prétentions du spiritualisme seraient aussi vaines que celles du matérialisme puisque nous ne pourrions connaître intellectuellement ni Dieu, ni l'âme, ni le monde extérieur. Il nous serait interdit d'atteindre à toute réalité qui ne serait pas incluse en nos idées : la connaissance intellectuelle ne saurait sortir d'elle-même : nous ne pourrions légitimement envisager l'esprit et la matière qu'en tant que pensée discursive. L'idée serait le seul être susceptible d'être connu de nous et elle ne nous permettrait jamais d'affirmer l'existence de réalités qui seraient distinctes d'elle.

Alors même que l'âme et le monde extérieur existeraient objectivement, notre intelligence serait condamnée à toujours l'ignorer. Nous serions ainsi conduits à admettre que seule la connaissance intellectuelle est, et que tout ce que nous savons se ramène à elle. Telle est, exposée en ses grandes lignes, la thèse du Monisme [1] idéaliste.

Cette doctrine est très ancienne dans la philosophie, puisqu'elle dérive de Platon. A la fin du xviii° siècle (1781), Kant lui a donné, dans sa *Critique de la Raison pure*, une énergie nouvelle qui a exercé sur la pensée contemporaine une influence indéniable.

L'argumentation de l'idéalisme repose tout entière sur une base très fragile qui, à première analyse, se résout en une contradiction. Cette erreur fondamentale provient de ce qu'on se représente l'idée, c'est-à-dire la connaissance intellectuelle, comme un être aux contours limités et définis, comme un tout achevé, comme une réalité divisée en parties et ne pouvant dès lors, en vertu même de la définition donnée, contenir ce qui se trouve en dehors d'elle.

Mais pour pouvoir juger que la connaissance a un contenu et que, par conséquent, elle est limitée, l'idéaliste n'est-il pas obligé de savoir qu'il existe quelque chose qui lui sert de limite et qui

---

1. On entend par Monisme (du grec Monos seul) toute doctrine qui prétend ramener l'entière réalité à un seul et même principe. D'après le Monisme idéaliste, l'idée seule existerait. D'après le Monisme matérialiste, la matière seule existerait. Au Monisme s'oppose le dualisme qui distingue l'esprit de la matière.

est en dehors d'elle? Comment échappera-t-il à cette contradiction qui vicie radicalement le principe de sa doctrine [1].

Et cette contradiction n'est pas la seule.

L'idéaliste n'ignore pas que sa connaissance intellectuelle n'est pas absolue. Il sait très bien que les données les plus certaines de la science positive ne sont vraies que d'une manière relative. Dès qu'il veut atteindre à la connaissance scientifique il est obligé comme tout le monde de distinguer des apparences, des aspects, des points de vue divers d'une même chose, de postuler la pluralité dans le réel [2] et de renoncer au monisme.

[1]. C'est ainsi que Kant, après avoir voulu ramener tout le réel à l'idée qu'il appelle le *phénomène*, est obligé d'admettre l'existence du *noumène* et de reconnaître dès lors que le phénomène c'est-à-dire le subjectif atteint en quelque manière le noumène, c'est-à-dire, l'objectif.

[2]. William James a très bien exposé cette contradiction inhérente au monisme idéaliste. « Les monistes eux-mêmes se tordent comme des vers au bout de l'hameçon pour ne point parler la langue des dualistes, mais ils ne réussissent pas à l'éviter. Ils parlent du *point de vue* éternel et du *point de vue* temporel; de l'univers considéré sous son *aspect* infini, ou dans sa *capacité* finie; ils disent que pour lui le fait d'être en *tant* qu'absolu est une chose et que le fait d'être en *tant que* relatif, en est une autre; ils opposent sa *vérité* à ses *apparences;* ils distinguent la manière globale et la manière partielle de le saisir, etc. Mais ils oublient que d'après les principes de l'idéalisme, admettre de telles distinctions équivaut à admettre des êtres différents, ou qu'en tout cas, ces points de vue et ces aspects divers, ces apparences diverses et ces diverses manières de saisir quelque chose ou autres expressions semblables, sont

Et cependant il n'hésite pas à proclamer que la connaissance intellectuelle ne connaît qu'elle-même : et cela veut dire qu'elle affirme n'être conditionnée que par elle-même, qu'elle affirme être absolue [1].

Puisque, au contraire, elle est toujours relative, il faut bien qu'elle soit toujours conditionnée par une réalité, qui ne soit pas elle-même ; et il faut bien que notre intelligence connaisse cependant en quelque manière cette réalité puisqu'elle sait qu'elle en est distincte.

La relativité de toutes nos connaissances impli-

des mots dépourvus de sens, à moins de supposer en dehors du contenu permanent de la réalité une pluralité de témoins, de consciences, qui perçoivent ou saisissent cette réalité diversement. » William James. *Philosophie de l'Expérience*, p. 191 et 192.

1. Voici encore une argumentation très originale de William James mettant à nu le vice de l'idéalisme :

« Demandez-vous ce qu'implique la notion d'une chose qui apparaît différemment à divers points de vue. Qu'il n'y ait rien pour la connaître du dehors, cette chose ne pourra que s'apparaître à elle-même : « Les formes *chaque* » c'est-à-dire les parties s'apparaîtront chacune à elle-même dans le temps et le tout ou l'ensemble s'apparaîtra à lui-même éternellement. Des *Moi* différents surgissent ainsi à l'intérieur de ce que le partisan de l'absolu s'obstine à regarder comme un fait essentiellement unique. Mais comment est-il possible que ce qui est *réellement* unique, soit *effectivement* tant de choses ? Mettez toutes ces consciences où vous voudrez, à l'extérieur ou à l'intérieur de ce qui est perçu : il faudra bien, en dernière analyse, et, d'après les principes de l'idéalisme, qu'elles soient distinctes les unes des autres puisque chacune perçoit une réalité différente. » William James. *Philosophie de l'Expérience*, p. 192 et 193.

que bien que chacune d'elles a une portée objective.

Il suffit, d'ailleurs, de réfléchir un instant sur la conception idéaliste pour comprendre la cause de son erreur. Une connaissance intellectuelle n'est pas et ne saurait être un objet aux contours fixes et arrêtés : elle se développe et se continue sans cesse et nous ne pouvons jamais la considérer comme formant un être absolument complet [1]. Au moment même où nous voudrions l'envisager comme constituant un tout, nous l'augmentons de quelque chose de nouveau et nous nous contredisons. Certes, notre savoir est autre chose qu'un changement : il a un principe d'identité, un fondement substantiel sur lequel nous aurons à nous expliquer; mais il n'est jamais achevé. Il *n'est* pas au sens absolu du mot *être* puisqu'il se révèle *devenir*. N'est-il pas alors ridicule de prétendre que la connaissance intellectuelle ne saurait sortir d'elle-même, alors qu'elle est en voie de formation continuelle sans être jamais terminée ? N'est-il pas absurde de se demander si Dieu, l'âme ou le monde sont contenus en elle, alors qu'elle ne contient rien ? N'est-il pas contradictoire de déclarer qu'elle ne saurait livrer qu'elle-même et d'affirmer ainsi son être absolu alors qu'elle devient ?

1. Aux yeux du catholique, il en est différemment d'une formule dogmatique proclamée par l'Église; mais alors intervient un facteur surnaturel.

Nous conclurons donc que la doctrine de Kant est inadmissible et que notre pensée dialectique peut porter sur des êtres qui ne se confondent pas avec elle, Dieu, l'âme, le monde. Nous ajouterons même qu'il faut logiquement que toute connaissance intellectuelle nous révèle toujours un objet distinct d'elle-même, c'est-à-dire une vérité objective. Puisqu'elle n'est jamais absolue, puisqu'elle est essentiellement relative à une réalité qui diffère d'elle et qui est connue comme telle, tout ce qu'elle nous apprendra aura nécessairement et légitimement une portée objective [1].

Nous ne nous trompons jamais en affirmant qu'une de nos pensées a une valeur de réalité objective : nous nous trompons lorsque nous lui attribuons un degré déterminé de réalité objective qu'elle ne possède pas en fait [2].

Il importe de retenir que toute connaissance intellectuelle porte sur un objet qui ne se confond pas avec elle-même.

Que sera donc cette réalité qui est distincte de

---

[1]. « On ne peut pas se représenter un objet sans lui attribuer par là même une certaine réalité. Entre penser un objet et le penser existant, il n'y a absolument aucune différence ». Bergson, *L'Évolution Créatrice*, p. 308.

[2]. Nous ne pouvons pas penser à des êtres irréels et dont nous affirmons même l'inexistence sans penser à une combinaison irréelle de réalités objectives. Penser à un centaure, c'est penser à un homme et à un cheval.

notre dialectique et que nous sommes obligés de connaître d'une manière non pas absolue, mais relative ?

Ce sera d'abord le monde extérieur.

L'existence objective de l'univers sensible n'a jamais été sérieusement contestée. Sans doute, tout le monde admet que la connaissance que nous en avons est fort imparfaite, mais personne ne lui refuse une portée objective certaine. Lorsque nous causons avec un ami et que notre intelligence entre en relations tant avec sa personne physique qu'avec les mots qu'il nous adresse, nous ne pouvons pas supposer que cet être humain, que nous prétendons connaître, ne soit que notre pensée discursive elle-même.

Nous sommes, au contraire, profondément convaincus que nous atteignons réellement et avec quelque vérité la personne physique de notre ami et les paroles qu'il nous adresse. La croyance en la matière s'impose à nous avec la plus complète évidence, et il ne nous est pas permis de vivre sans accorder un crédit de vérité tant aux données de notre expérience sensible qu'au savoir intellectuel qui les recueille. La valeur objective de la science positive n'est pas contestable : nous connaissons le monde matériel.

Voilà bien une première réalité qui, tout en étant distincte de la connaissance, lui est cependant accessible. Pourquoi Dieu et pourquoi l'âme ne nous seraient-ils pas révélés l'un et l'autre par notre intelligence ?

IV

D'une part, nous devons reconnaître que notre intelligence possède quelque vérité sur le monde qui nous entoure : les prodiges réalisés grâce aux découvertes de la science positive nous sont un sûr garant de l'exactitude de nos connaissances physiques.

D'autre part, nous nous trouvons obligés de convenir que notre intelligence, loin d'être infaillible, ne nous livre pas l'essence de la matière ; nous ne possédons l'explication dernière d'aucun phénomène physique : de toutes nos certitudes à l'égard du monde extérieur, la plus grande est sans doute que nous ne le connaissons pas absolument.

Et, dès lors, il nous faut bien conclure que la matière ne peut pas être la seule réalité. Si elle était le tout de ce qui existe, notre pensée serait exclusivement matérielle et devrait alors atteindre l'univers d'une manière absolue.

Si la connaissance n'était que matière, elle devrait être adéquate à la matière. Puisqu'il en est différemment, puisque notre intelligence ne connaît pas ce qu'il y a d'essentiel dans la réalité matérielle, c'est donc qu'elle participe à une autre réalité qui n'est pas matérielle. L'existence de l'immatériel s'impose à nous comme un postulat nécessaire.

V

L'immatériel dont nous venons de prouver l'existence n'est encore qu'une notion bien vague et presque exclusivement négative. Comment nous sera-t-il possible de la préciser ?

Notre adhésion aux connaissances de la science positive est garantie par les données de nos sens. L'observation et l'expérimentation nous assurent que ce que nous savons du monde matériel est autre chose qu'un rêve de poète et repose sur un fondement d'objectivité. Nous avons la certitude qu'en dépit du caractère subjectif inhérent à toute perception acquise, la réalité extérieure nous est vraiment livrée dans la perception pure. C'est bien la matière concrète que nous voyons, que nous entendons et que nous touchons. Et il n'est pas possible que ce qui est immédiatement perçu de nous ne soit qu'une apparence d'objet ; car toute apparence étant, par définition même, essentiellement subjective, notre connaissance intellectuelle, édifiée sur une pareille perception, n'aurait plus aucune valeur d'objectivité : nous retournerions à l'erreur de l'idéalisme et du scepticisme. C'est donc la perception qui oriente et qui vérifie la science de la matière. Nous ajouterons même qu'à défaut d'un contact sensible et intuitif avec le monde extérieur, la pensée discursive serait, par elle seule, impuissante à nous le faire connaître[1].

L'immatériel, au contraire, ne saurait nous être livré par les sens. On ne le voit pas, on ne l'entend pas, on ne le touche pas : aucun de nos organes ne nous le révèle : et de nombreux philosophes en ont conclu qu'il n'existait pas. Mais n'est-il pas puéril de lui reprocher d'échapper à l'expérimentation extérieure, alors que telle est précisément sa qualité essentielle : à devenir sensible, il cesserait d'être lui-même.

Puisque notre intelligence nous conduit à la certitude de la matière objective, puisqu'elle nous affirme impérieusement que la connaissance de la matière objective n'est explicable que grâce au

---

1. « Pour faire l'arithmétique, comme pour faire la géométrie, ou pour faire une science quelconque, il faut autre chose que la logique pure. Cette autre chose, nous n'avons, pour la désigner, d'autre mot que celui d'*intuition*. » Poincaré. *Valeur de la Science*, p. 20.

« S'il ne s'appuie pas sur l'observation directe de quelque fait particulier ou sur quelque hypothèse *a priori*, depuis celle que légitime une induction dépassant les faits observés, jusqu'aux vues métaphysiques qui posent, une fois pour toutes, certaine matière, le principe de contradiction n'autorise jamais aucune affirmation positive portant sur les choses. » Milhaud. *Essai sur les conditions et les limites de la Certitude logique*, p. 35 et 36.

postulat de la connaissance de l'immatériel, il faut bien, à moins de douter absolument de notre intelligence elle-même, admettre que l'immatériel nous est livré en quelque manière.

Si la perception sensible n'est pas à la base de la science que nous pouvons en acquérir et ne nous permet pas d'en contrôler la portée objective, il devient nécessaire qu'une autre perception, irréductible à nos sens et cependant réelle, se fasse l'auxiliaire de notre intelligence.

Et si une perception intérieure nous était donnée, pourquoi n'aurait-elle pas autant de valeur que la perception extérieure? Ne devrait-on pas reconnaître, au contraire, qu'elle aurait sur cette dernière la supériorité d'être immédiate et de se passer de l'intermédiaire des sens.

Mais existe-t-il vraiment une perception intérieure?

CHAPITRE DEUXIÈME

L'EXPÉRIMENTATION SPIRITUELLE

CHAPITRE II

L'expérimentation spirituelle

Sommaire

SECTION I. — De l'intuition spirituelle

I. — Les spiritualistes ont le devoir de percevoir leur âme : pourquoi tous ne recherchent-ils pas cette perception ?
II. — Les matérialistes ont aussi le devoir de la recherche spirituelle ; de quel droit discutent-ils d'une réalité qu'ils ignorent? Nécessité d'une expérimentation de l'âme pour aborder le problème spiritualiste.
III. — Possibilité de cette observation.
IV. — Distinction de l'intuition spirituelle et de la connaissance intellectuelle.
V. — Des degrés de la perception spirituelle.
VI. — Importance souvent prépondérante du moi matériel.
VII. — Circonstances où tout homme perçoit son âme.
VIII. — Développement et fréquence de ces perceptions.
IX. — Un mode de culture spirituelle qui produit et favorise la perception de l'âme : l'effort moral. Le sentiment de l'amélioration, la sincérité avec soi-même, la charité.
X. — Netteté progressive des perceptions obtenues.

SECTION II. — Données de l'expérimentation spirituelle.

XI. — Description analytique des données intuitives de l'âme.

SECTION I. — De l'intuition spirituelle.

Nous nous proposons de montrer qu'il existe une perception spirituelle et d'expliquer comment l'expérimentation de l'âme est possible.

I

Les spiritualistes ne devraient pas hésiter à nous suivre dans cette voie. Puisqu'ils sont convaincus de l'existence de leur âme, ils ont le devoir de s'efforcer à se mettre en contact avec elle pour la mieux connaître et la mieux vivre.

Mais beaucoup d'entre eux s'imaginent que ce principe spirituel, dont ils ont la certitude, est une vague entité planant au-dessus de leur personne, extérieure à la véritable vie et destinée seulement à recevoir plus tard, dans un autre monde, la récompense ou la punition due à leur conduite. D'autres encore conçoivent leur âme comme un souffle insaisissable qui vivifie leur corps, mais qui ne se révèlera à eux qu'après leur mort.

Si ces hommes comprenaient exactement la doctrine spiritualiste à laquelle ils adhèrent, ils sauraient que leur âme et leur corps sont deux réalités unies entre elles, aussi vraies, aussi actuelles l'une que l'autre : ils n'ignoreraient pas que leur vie pleinement réalisée en ce monde devrait être à la fois spirituelle et matérielle.

Quelle est donc l'origine de leur erreur ? A vrai dire, la plupart des hommes ont des croyances tout à fait superficielles qu'ils ont acquises presque inconsciemment, qu'ils ne gardent que parce qu'on les leur a inculquées et qu'autour d'eux on les partage. Ils se sont assimilé très imparfaitement des formules toutes prêtes, en harmonie avec leur éducation, avec leur milieu, avec leur tempérament. Ils ont ainsi donné à leur vie une base intellectuelle à laquelle ils se garderaient bien de toucher, même pour l'examiner. Dieu et leur âme ne sont, à leurs yeux, que des mots respectables : le devoir n'est qu'une abstraction et leur morale très imprécise s'accommode toujours aux fluctuations de la mode.

L'extrême diffusion de ce spiritualisme purement formaliste s'explique très bien par la nature même de l'homme. Nous avons, en effet, un organisme matériel indispensable à notre existence ici-bas. Nous avons des appétits dont la satisfaction est nécessaire à la conservation de cet organisme; et nous sommes ainsi orientés par les exigences mêmes de la vie vers l'action pratique et utilitaire. Les facultés humaines cherchent dans la nature ce qui peut satisfaire ces inclinations matérielles. Mais tel est l'extraordinaire privilège de ces appétits qu'à peine repus ils renaissent et suscitent l'apparition de nouveaux appétits. L'homme a des aspirations physiques innombrables et insatiables, et sur cette pente de la recherche matérielle, il se trouve entraîné à des désirs toujours croissants et de plus en plus irrésistibles. Un besoin satisfait est un nouveau besoin.

Et c'est ainsi que nous nous laissons envahir par une multitude de convoitises dont la floraison absorbe notre puissance vitale tout entière. Nous en arrivons à ne plus distinguer les appétits légitimes de ceux qui ne le sont pas, et notre âme gît, inanimée et mourante, écrasée par ce déchaînement de passions qui la recouvrent et la débordent [1].

Les aspirations spirituelles de l'homme sont, au contraire beaucoup moins pressantes : car notre existence ici-bas n'est pas au prix de leur satisfaction. Elles n'imposent aucun délai à leur réalisation et on peut vivre en les méconnaissant. L'âme pos-

---

1. « Jamais ils ne se sont élevés jusqu'à la haute région, ils n'ont pas même porté leurs regards jusque-là; ils n'ont point été véritablement remplis par la possession de ce qui est, jamais ils n'ont goûté une joie pure et solide. Mais toujours penchés vers la terre, comme des animaux, et les yeux toujours fixés sur leur pâture, ils se livrent brutalement à la bonne chère et à l'amour ; et, se disputant la jouissance de ces plaisirs, ils tournent leurs armes les uns contre les autres... dans la fureur de leurs appétits insatiables, parce qu'ils ne songent point à remplir d'objets réels cette partie d'eux-mêmes qui tient de l'être et qui est seule capable d'une vraie plénitude. » Platon. *La République*, Livre IX, p. 419.

sède en effet, elle aussi, son privilège plus merveilleux encore que celui de l'accroissement indéfini des appétits matériels. Inerte et rudimentaire chez l'homme qui ne s'est jamais occupé d'elle, elle acquiert, chez celui qui l'a cultivée, une intensité et une puissance sans pareilles. Nous pouvons percevoir notre âme, l'animer, la développer, la réaliser de plus en plus intégrale et nous absorber en elle pour vivre de sa vie.

D'un germe essentiel, il est vrai, mais à peine arrivé au seuil de la réalité, et presque étranger à nous-mêmes, nous faisons l'individualité la plus puissante, notre moi le plus profond.

L'homme est, après Dieu, le créateur de son âme. Mais pour pouvoir s'occuper des tendances immatérielles de son être, pour les dégager de leurs vaines formules et pour les vivifier, il doit d'abord imposer silence aux revendications incessantes de ses appétits matériels : il doit penser à autre chose qu'à ses passions : il doit dépasser son légitime désir d'améliorer sa situation pécuniaire et sociale : il doit vaincre son corps pour trouver son âme.

Voilà pourquoi tant de spiritualistes qui croient à l'immortalité ne se sont cependant jamais préoccupés de leur culture spirituelle.

II

Les matérialistes ont eux aussi le devoir de ne pas se refuser à expérimenter leur âme.

Certains d'entre eux nous objecteront peut-être qu'ils n'ont pas à rechercher une âme à l'existence de laquelle ils ne croient pas. Ne serait-il pas absurde qu'ils dirigent leurs efforts vers un but dont ils affirment l'inanité? Cette objection aurait une apparence de valeur s'il était d'ores et déjà reconnu que l'existence de l'immatériel est logiquement impossible; mais nous avons démontré, au contraire, la nécessité intellectuelle de l'immatériel.

Dès lors, l'objection des matérialistes se retourne directement contre eux. Que penserait-on d'un homme qui, n'ayant jamais ouvert ses yeux à la clarté du jour, prétendrait cependant qu'elle est une illusion? Ce singulier philosophe pourrait-il raisonner utilement sur l'existence de la lumière et se faire à ce sujet une conviction scientifique?

Le matérialiste qui nie l'âme immortelle, sans en avoir tenté l'expérimentation, est semblable à un homme qui prétendrait connaître l'univers sans le secours de la perception sensible. Nous serions coupables si nous nous arrachions les yeux ou si nous nous perforions les oreilles pour avoir le droit de dire que nous ne voyons rien et que nous n'entendons rien. Nous serions coupables si nous suivions délibérément une route qui doit nous éloigner de notre âme pour avoir le droit de dire que cette âme n'existe pas.

Les philosophes matérialistes, aussi bien d'ailleurs que les philosophes spiritualistes, commettent une erreur fondamentale lorsqu'ils prétendent discuter de l'âme humaine avec les *seules* données de leur connaissance intellectuelle. Ils oublient, les uns et les autres, qu'ils auraient dû commencer par se mettre d'abord en présence de la réalité qu'il s'agit d'expliquer soit matériellement, soit immatériellement. Pour adhérer rationnellement au matérialisme ou au spiritualisme, ne faut-il pas avoir au moins l'intuition de *cela* même que les matérialistes proclament matériel et que les spiritualistes proclament spirituel. Il est, dès lors, bien facile à comprendre pourquoi les discussions sur la matière et sur l'esprit sont si souvent restées stériles ; et on aurait tort de s'étonner que la méthode suivie n'ait pas donné de meilleurs résultats.

La connaissance intellectuelle serait impuissante à nous expliquer un phénomène matériel quelconque, si elle ne s'étayait pas sur ce phénomène lui-même tel qu'il nous est donné par la perception extérieure. Comment n'en serait-il pas de même à l'égard des phénomènes appelés, à tort ou à raison, spirituels ? Les matérialistes ne seraient en droit d'affirmer que le psychique est entièrement réductible au biologique qu'après en avoir fait très sérieusement la constatation et l'expérience. Mais, au lieu d'adopter cette méthode, ils se contentent d'étudier certains phénomènes physiologiques, leurs conditions et leurs lois. Ils observent et expérimentent la vie cérébrale et négligent entièrement la vie psychique proprement dite. Ils commencent par postuler cela même qu'ils devraient démontrer, à savoir, que le psychique et le biologique coïncident ; et, ce postulat étant admis, sous le nom de psychologie ils font de la biologie.

Nous ne contesterons pas la valeur scientifique de leurs travaux relativement aux phénomènes qui en sont directement l'objet; mais, au nom même de la méthode positive, nous proclamerons que la science qu'ils édifient n'est pas celle de la vie psychique : elle est seulement la science de certains phénomènes biologiques qui accompagnent la vie psychique.

La pensée consciente de notre conscience, les sentiments aux nuances inexprimables qui ne cessent de naître et se développer en nous, la liberté que nous croyons avoir dans nos décisions, la personnalité une et identique que nous avons l'intuition d'être, sont tout autant de faits indéniables et qui ne pourront recevoir un commencement d'explication qu'après avoir été observés et expérimentés. Matérialistes et spiritualistes se doivent à cette tâche.

III

Quelques philosophes, et notamment Herbert Spencer, ont cru pouvoir établir l'impossibilité d'une pareille observation.

Comment saurait-on admettre, ont-ils dit, que la réalité psychique puisse se percevoir elle-même? N'est-il pas contradictoire qu'elle puisse être, à la fois, le sujet et l'objet de sa propre perception?

Ce raisonnement, vestige de l'idéalisme, repose sur la confusion de la perception et de la connaissance intellectuelle. Si toute pensée discursive se révèle à nous comme nécessitant un objet, il n'en est plus de même de la perception : ce n'est qu'en tant que nous réfléchissons sur elle que nous lui attribuons un objet.

Au moment même où elle est donnée, la perception n'apparaît pas composée d'un double élément, subjectif et objectif : c'est notre intelligence qui, dès qu'elle intervient, fait naître cette distinction. Pour l'enfant qui ne réfléchit pas encore, comme pour l'animal, il ne saurait être question d'un objet qui diffère de leurs perceptions. Perception et réalité perçue sont une seule et même chose.

Les monistes qui affirment l'existence de la seule matière ne sont-ils pas d'ailleurs obligés d'admettre que cet élément unique se perçoit lui-même?

Et nous aussi reconnaîtrons avec eux que la perception extérieure pure est matérielle et qu'elle livre la matière.

Personne ne conteste, en effet, que la matière, lorsqu'elle est vivante, perçoive la matière. Certains penseurs sont même très disposés à croire que la perception extérieure pure est inhérente à la matière et fait partie intégrante de l'objet perçu[1].

---

1. Notre doctrine s'harmonise avec l'hypothèse bergsonienne d'après laquelle la perception extérieure pure serait hors de nous et se confondrait avec le monde physique. Le rôle du système nerveux consisterait non point à la créer, mais à puiser dans sa multiplicité extensive et qualitative les perceptions qui nous intéressent particulièrement et qui deviendraient ainsi nos perceptions. Le système nerveux, orienté vers l'action pratique, détacherait des variétés de la perception extérieure pure certaines perceptions auxquelles il conférerait un mode particulier d'individualité et qu'il contribuerait à transformer en perceptions acquises. Le degré de richesse de la perception extérieure acquise et son exactitude dépendraient du degré de perfectionnement du système nerveux et de son fonctionnement normal. Cette hypothèse a de nombreux avantages : elle est conforme au sens commun qui veut que les données de nos sens soient extérieures à notre corps : elle échappe à l'objection idéaliste en nous faisant comprendre que nous puissions vérifier la conformité de notre connaissance avec son objet extérieur puisque cet objet nous est livré dans la perception pure avec laquelle il s'identifie : elle rend compte des erreurs des sens par les anomalies biologiques de la perception acquise ; elle évite enfin la théorie inintelligible d'après laquelle la perception serait non point la réalité objective, mais une simple image de cette réalité, créée par le cerveau. Bergson a très habilement réfuté, du point de vue idéaliste, la doctrine de la perception-image. Si la réalité objective ne nous était donnée qu'en tant que perception-image, comment le cerveau

Pourquoi donc la perception psychique ne serait-elle pas immatérielle et ne livrerait-elle pas l'es-

qui fait partie de cette réalité pourrait-il créer la perception-image. « Les nerfs afférents sont des images, le cerveau est une image, les ébranlements transmis par les nerfs sensitifs et propagés dans le cerveau sont des images encore. Pour que cette image que j'appelle ébranlement cérébral engendrât les images extérieures, il faudrait qu'elle les contînt d'une manière ou d'une autre et que la représentation de l'univers matériel tout entier fût impliquée dans celle de ce mouvement moléculaire. Or, il suffirait d'énoncer une pareille proposition pour en découvrir l'absurdité. C'est le cerveau qui fait partie du monde matériel et non pas le monde matériel qui fait partie du cerveau.... Faire du cerveau la condition de l'image totale, c'est véritablement se contredire soi-même, puisque le cerveau, par hypothèse, est une partie de cette image. » Bergson. *Matière et Mémoire* p. 4. Dans un article intitulé le Paralogisme psycho-physiologique, Bergson, après s'être placé à ce premier point de vue qui est idéaliste, se place au point de vue réaliste : il explique qu'il n'est pas admissible que le cerveau et le système nerveux, étant solidaires de la réalité matérielle dont ils font partie et lui devant tout ce qu'ils sont, puissent être considérés comme capables de se représenter, en une existence indépendante, le reste de la réalité matérielle (*Revue de Métaphysique et de Morale*, 1901, p. 902.)

Il semble bien que le meilleur moyen d'éluder cette difficulté soit de supposer la perception pure donnée avec l'existence de la matière. Elle serait l'action que tous les corps organiques et inorganiques de l'univers (si éloignés soient-ils) exercent réciproquement les uns sur les autres. Le système nerveux de chaque animal aurait pour fonction de dégager de cette masse multiple mais confuse les réactions intéressantes pour l'organisme : il soulignerait, en quelque sorte, et mettrait en relief certains phénomènes dont la perception pure se muerait ainsi en perception acquise.

Mais quelle que soit l'hypothèse que l'on adopte, il est essentiel

prit? Pourquoi ne serait-elle pas essentielle et inhérente à l'âme? Pourquoi n'en ferait-elle pas partie intégrante? De la perception extérieure à l'intuition spirituelle, comme du corps à l'âme, il y aurait une différence de nature.

IV

Certains adeptes du monisme nous répondront sans doute qu'ils ont tenté vainement cette observation spirituelle. Ils nous diront que chaque fois qu'ils ont voulu atteindre leur pensée, ils n'ont jamais trouvé qu'une connaissance intellectuelle, une formule matérielle, image, concept ou mot. En ce qui concerne leurs sentiments et, d'une manière générale, tous leurs actes psychiques, le résultat de leur effort aurait été le même. C'est toujours à la pensée discursive que leurs constatations auraient abouti.

Ceux qui nous font cette objection sont peut-être sincères, mais il faut leur signaler l'erreur dont ils sont les victimes. Une pensée n'existe qu'au moment même où elle est pensée. Un sentiment n'existe qu'au moment même où il est senti. Quand

de retenir que la perception pure (c'est-à-dire dégagée du subjectivisme de son acquisition) nous livre effectivement la réalité objective extérieure.

ces faits psychiques sont connus intellectuellement c'est-à-dire analysés par notre intelligence, ils ont déjà perdu leur originalité première, ils ont cessé d'être ce qu'ils étaient.

Il ne faut donc pas s'illusionner au point de confondre connaissance intellectuelle et intuition de l'âme. La vision que nous avons de nos énergies immatérielles ne correspond que d'une manière très relative aux descriptions formelles de nos états intimes : elle est la réalité même que notre réflexion morcelle et découpe en phénomènes psychologiques.

Comment, d'ailleurs, notre intelligence connaîtrait-elle ces phénomènes avec quelque exactitude, si, antérieurement déjà, ils n'avaient été, sous un mode différent, directement et immédiatement observés ?

Les philosophes qui n'ont jamais examiné leur moi que dans la pensée discursive qui prétend l'exprimer demeurent étrangers à la vie de l'esprit : ils n'ont même pas le droit de dire qu'ils ont cherché leur âme.

V

La perception spirituelle ne saurait se présenter à tous les hommes avec la même netteté : il en est même auxquelles elle ne peut se révéler que grâce à un effort prolongé.

Cette vision immatérielle n'a pas en effet le caractère de la perception extérieure. Elle en diffère, comme le corps diffère de l'âme, d'une manière irréductible. Tandis qu'il est inévitable que nous soyons en contact sensible ininterrompu avec le monde physique, notre perception de l'âme ne s'impose pas à nous avec la même nécessité. L'univers s'est constitué et a évolué indépendamment de notre volonté. L'âme que nous portons en nous dès notre naissance ne se réalise, au contraire, d'une manière intégrale que par la culture spirituelle que nous en faisons. A défaut d'une certaine formation qu'il dépend de nous de lui donner, elle reste presque insaisissable, presque étrangère à notre vie, et ne se révèle spontanément à nous qu'en de rares circonstances.

Voilà pourquoi tant de gens qui ne se sont occupés que très peu de leur âme, qui ne l'ont développée qu'à peine et par occasion, éprouvent quelque difficulté à trouver la perception spirituelle.

D'autres, et ils sont hélas très nombreux, sont même convaincus de la vanité d'une pareille intuition. Ceux-là, en effet, au lieu de se diriger dans le sens du progrès de l'esprit, n'ont jamais poursuivi qu'un seul but, la satisfaction de leurs convoitises ; et chacune de leurs mauvaises actions a diminué leur âme. Ces malheureux ont ainsi fait perdre à leurs énergies immatérielles le peu de vitalité qu'elles pouvaient avoir : ils les ont conduites aux confins de la mort[1].

Il n'est pas cependant de crimes, quelle qu'en soit la gravité, qui puisse ici-bas anéantir complètement une âme; l'homme le plus coupable de la terre peut, s'il le veut, revenir à la vie spirituelle et par des efforts prolongés trouver enfin la vraie route.

A défaut du développement intégral de notre âme, il nous est à tous possible d'arriver à une vision assez nette pour qu'il ne nous soit plus permis de mettre en doute sa réalité.

VI

Si nous ne nous efforçons pas de rechercher notre âme, nous vivrons le plus souvent à côté d'elle et sans nous douter de sa présence : ce n'est que bien rarement qu'elle se révèlera d'elle-même à

---

[1] « ... On pourrait dire qu'il y a en dernière analyse deux grandes classes d'hommes : ceux qui ont *un* caractère c'est-à-dire une nature dont ils sont les esclaves quand ils ne le sont pas des circonstances et du milieu; ceux qui ont *du* caractère, c'est-à-dire qui se rendent maîtres de leur nature, s'élèvent au-dessus d'elle et la rapprochent d'un certain idéal qu'ils ont conçu. » Malapert. *Les Eléments du caractère*, p. 228.

nous¹. A vrai dire, nous ne faisons presque jamais notre vie : c'est elle qui s'impose à nous toute faite. Notre individualité est fréquemment déterminée tout entière par notre organisme, notre atavisme et notre milieu. Les habitudes prises jouent dans notre existence un rôle essentiellement prépondérant : elles nous étreignent dans leur engrenage et nous devenons leurs esclaves. Vivre, c'est presque toujours se répéter.

Dans la plupart de nos décisions, nous subissons l'impulsion du moment, la pression du besoin ou du désir. Nous laissons agir en nous des préjugés que nous essayons parfois de nous dissimuler à nous-mêmes : nous choisissons les motifs les plus faciles, ceux que l'on nous a transmis et qui s'adaptent plus ou moins bien à toutes sortes de cas différents. Ce n'est pas nous-mêmes qui prenons nos déterminations, ce sont les circonstances qui décident. L'état de l'atmosphère, la difficulté de nos digestions, l'inopportunité de notre réveil sont très fréquemment les facteurs principaux de nos actions. Une visite reçue, une promenade, un regard échangé, un simple salut peuvent transformer no-

---

1. « Il est tragique que si peu de gens *possèdent leur âme* avant de mourir. Rien, dit Emerson, n'est plus rare dans un homme qu'un acte qui soit de lui. C'est absolument vrai. La plupart des gens sont d'autres gens. Leurs pensées sont les opinions de quelque autre; leurs vies une parodie, leurs passions une citation. » Oscar Wilde. *De profundis*, p. 91.

tre destinée. Notre moi est bien le plus souvent, selon la thèse matérialiste, un amalgame de perceptions, de sensations, d'images, de concepts, de mots : il est un composé artificiel dont notre système nerveux réalise l'unification : il n'est pas libre, mais assujetti au déterminisme physique qui se retrouve même dans l'enchaînement et l'association de nos connaissances intellectuelles. Notre réflexion, entièrement orientée vers l'action pratique, adopte, pour ses études scientifiques, des pensées discursives qui lui sont livrées toutes prêtes en des phrases conventionnelles. Tout ce que nous savons n'est qu'un édifice de formules, et cet édifice n'est même pas notre œuvre personnelle : notre éducation, nos lectures, notre profession, nos relations, en sont le véritable architecte. Les paroles même que nous échangeons au cours de nos conversations ne sont guère que des clichés que notre évolution intellectuelle a préparés et qui surgissent d'eux-mêmes en présence des mots qui nous sont adressés. Nous ne pensons pas, *nous sommes pensés*. Nous n'agissons pas, *nous sommes agis* [1].

Notre moi ainsi défini est surtout un mécanisme physiologique, un fragment du monde physique : l'immatériel vit à peine en lui.

1. « Nous ne saisissons de nos sentiments que leur aspect impersonnel, celui que le langage a pu noter une fois pour toutes, parce qu'il est à peu près le même, dans les mêmes conditions, pour tous les hommes. » Bergson. *Le rire*, p. 157.

VII

Quel que soit le degré d'inertie de notre âme, il est cependant certaines circonstances qui ne manqueront pas de la ranimer.

Ces circonstances sont rares, relativement à toutes celles dont nous subissons l'influence ; mais quand elles se produisent, l'homme le plus orienté vers la matière prend contact avec son moi spirituel.

A ces heures solennelles de notre existence, notre âme essaye de nous avertir de sa présence et nous éclaire de ses rayons. Mais la recherche de nos intérêts matériels nous détourne aussitôt de cette vision jugée inutile et même nuisible. Nous décrétons de plus fort qu'il n'y a de vérité que dans les choses matérielles et nous gardons l'impression que cette apparition n'a été qu'imaginaire.

A la mort d'un être chéri, par exemple, quand nous sommes agenouillés aux pieds de sa dépouille, il nous semble que les images au milieu desquelles nous étions accoutumés à vivre se sont soudain écartées sous la poussée d'une force nouvelle; le mécanisme de nos habitudes se trouve bouleversé ; les formes cristallisées de notre pensée se brisent en morceaux; notre moi normal se déchire. Tout cela même qui, d'ordinaire, nous semblait constituer l'essentiel de notre vie, plaisirs et affaires, préoccupations pécuniaires et sociales, nous apparaît, tout à coup, dénué d'intérêt, vain et contingent. Le caractère factice et misérable de tous nos désirs et de tous nos projets se révèle subitement à nous, au moment même où la surface de notre être s'effondre sous le jaillissement de l'aspiration nouvelle qui nous envahit. Cette force qui nous détache pour quelques instants au moins de notre moi habituel, qui nous irradie et nous renouvelle, c'est notre âme. Mais les préoccupations matérielles ne tardent pas à surgir de nouveau, à se redresser impérieuses et obsédantes : ce sont des ordres à donner pour l'organisation du cortège funèbre, des visites à recevoir, des questions d'intérêt à débattre. Notre ancien moi réapparaît à peine modifié dans les lignes de sa cristallisation. Notre âme vaincue se retire et reprend son rôle d'oubliée.

Ce n'est pas seulement en présence de la mort que l'immatériel se manifeste à nous. Nous le retrouvons encore à ces instants de notre vie où nous prenons les décisions définitives, celles qui, nous le savons, entraîneront des conséquences inéluctables et peut-être terribles.

Un industriel est sur le point d'engager sa fortune tout entière dans une entreprise, un juré est appelé à se prononcer sur la culpabilité d'un criminel et à décider ainsi de sa tête, un marin ou un aviateur vont entreprendre un voyage malgré la tempête effrayante, un malade se résout à subir une opération qu'il sait presque à coup sûr mortelle : en de pareilles circonstances, comme en toutes celles où il suffit d'un oui ou d'un non pour changer une destinée, l'âme fait une apparition. Nous avons longuement réfléchi aux avantages et aux inconvénients de la décision à prendre : nous avons pesé consciencieusement le pour et le contre et à mesure que nous avons prolongé nos calculs et nos raisonnements, nous avons senti grandir notre appréhension. Si nous voulions analyser jusqu'au bout les conséquences possibles de ces actions importantes, nous resterions toujours inactifs. Et cependant, les nécessités de la vie nous pressent ; nous ne pouvons plus tarder ; il faut opter, sans autre délai, entre ce oui et ce non aussi graves l'un que l'autre. Le mécanisme de notre intelligence reconnaît son impuissance et subit un temps d'arrêt. Nous lançons un appel suprême à toutes les lumières de notre être. Et c'est alors que surgit subitement en nous une force supérieure à notre misérable logique : elle embrasse en une seule intuition toutes les données intellectuelles au milieu desquelles nous nous débattions ; elle les dépasse et les synthétise ; elle en dégage ce qui lui paraît être la vérité. Cette force qui s'est élancée en nous après avoir traversé la région inférieure où sont entassées nos raisons d'agir, cette force qui a décidé, c'est notre âme. Elle a puisé en elle seule cette décision qui échappe au déterminisme de la nature et qui est un acte spirituel et libre. Cette vision de l'âme est souvent instantanée : elle est rapide comme la volition libre elle-même. Dès qu'elle a eu lieu, la matière reprend ses habitudes et nous nous imaginons que c'est le motif le plus fort qui nous a déterminés à agir.

VIII

Telles sont les perceptions spirituelles que les hommes les plus éloignés de leur âme ont tous éprouvées dans le cours de leur existence. Au fur et à mesure que nous progressons dans la voie de l'esprit, ces perceptions deviennent plus fréquentes : les moindres circonstances peuvent leur devenir un prétexte. Une naissance, la fondation d'une famille, la contemplation des spectacles grandioses de la nature, la lecture d'un livre profond, les cérémonies religieuses ou patriotiques, la souffrance et la douleur rencontrées autour de nous, presque tous les détails dont est fait le tissu de l'existence humaine sont susceptibles d'être associés à une vie spirituelle.

Puisqu'il est possible à tous les hommes d'arriver à une expérimentation de plus en plus lumineuse de leur âme, il doit y avoir une méthode permettant d'obtenir ce résultat. Aux matérialistes qui persisteront à nier l'existence de leur esprit, au prétexte que les intuitions que nous leur avons signalées sont trop rares, trop courtes, et trop douteuses, il faut bien indiquer le moyen d'obtenir des perceptions spirituelles plus fréquentes, plus longues et plus éclatantes. Cette question a été, jusqu'à ce jour, très négligée par les psychologues, et il serait à désirer que la méthodologie de l'expérimentation intérieure devienne l'objet d'une véritable science philosophique. Ne pourrions-nous pas cependant indiquer, dès à présent, un procédé qui serait efficace pour la culture de l'âme ?

IX

L'effort moral sera, à notre avis, le seul moyen capable d'orienter et de lancer sur la voie spirituelle ceux d'entre nous qui n'auraient jamais encore pu percevoir avec quelque évidence leur âme.

On propose à un homme d'affaires une opération qui serait très lucrative : il l'étudie et il découvre qu'on lui demande de se prêter à une combinaison d'une honnêteté douteuse. Il refuse la brillante affaire et sent aussitôt que, par ce refus, il s'est rendu meilleur. Il a très nettement conscience que dans les profondeurs de son moi quelque chose s'est agrandi.

L'occasion se présente à nous, dans une réunion,

de dire un mot drôle et mordant. Ce mot enlèvera peut-être à notre prochain un peu de sa réputation d'honorabilité, ou tout ou moins d'intelligence ; et sûrement, il le rendra ridicule. Au moment même où l'intervention de notre trait d'esprit aurait été opportune, nous avons subitement compris que nous allions diminuer notre prochain en faisant rire à ses dépens et nous nous sommes abstenus. Nous avons aussitôt éprouvé la satisfaction d'avoir bien agi. Et à cet instant, nous avons eu la conscience évidente que nous nous étions rendus meilleurs : nous avons jugé, à n'en pas douter, que nous valions mieux que quelques minutes auparavant. Aussi vrai que nos yeux voient la lumière, notre moi se voit amélioré par cette décision.

Il est donc des actions qu'accompagne la vision de notre progrès moral. Au fur et à mesure que nous multiplions de telles actions, nous éprouvons un plus grand épanouissement, un plus grand élargissement de notre être. Chaque nouvelle étape dans cette voie est pour nous un accroissement de vitalité immatérielle.

Le moyen de former notre âme consistera à choisir, parmi les actions qui nous sollicitent, celles qui nous apportent la conscience de notre amélioration [1]. Le sentiment que nous devenons meilleurs

1. Former son âme équivaut dans le langage de l'ascétisme chrétien à acquérir les diverses vertus qui (comme autant d'acquisitions intellectuelles et morales) enrichissent la vie de

est l'aube de la vie spirituelle : il nous conduira à la perception très claire de notre âme.

Ce résultat ne sera pas, sans doute, l'œuvre de quelques rares efforts. C'est par une longue persévérance dans le sens du progrès moral que notre moi spirituel se révélera de plus en plus intense. Mais, dès le début même de notre culture, nous sentirons en nous l'élan d'une réalité qui se forme, qui se développe et qui cependant n'est pas notre corps : nous aurons des intuitions de notre âme. Il faudra surtout se garder de ne pas se laisser entraîner aux actions qui nous apportent la conscience d'une flétrissure, d'une diminution morale. Elles retarderaient notre accès de l'immatériel et fréquemment répétées, elles nous le rendraient de plus en plus difficile. Tel est en effet le triste résultat de ces actions souvent renouvelées que celui qui les accomplit finit par ne plus savoir si ce qu'il fait le rend meilleur ou plus mauvais. Quand l'âme est atrophiée et insensibilisée, quand elle est en léthargie, rien ne nous indique plus qu'elle existe.

Il serait donc en notre pouvoir de vivifier notre moi spirituel, d'accroître en lui la force intensive, en un mot, de le former : et il nous serait aussi possible de l'affaiblir et de le priver de vie. L'homme aurait l'âme qu'il se ferait.

l'âme et augmentent pour le bien la portée de nos facultés naturelles.

Puisque nous prenons pour guide les avertissements de notre conscience, puisque nous avons foi en cette lumière intérieure, nous devons scrupuleusement veiller à écouter ses injonctions. La sincérité avec soi-même est une vertu essentielle à la culture de l'esprit [1]. Tant qu'on lui reste fidèle, on marche sur la voie qui conduit à l'âme : on s'améliore réellement. Et par un grand effort de sincérité, on peut même retrouver le droit chemin si on a eu le malheur de le perdre [2].

Ce principe qui paraît, au premier abord, facile à observer est, hélas, très souvent renié par les hommes. Parfois la violation en est brutale et catégorique : c'est le cas de celui qui agit ouvertement à l'encontre des prescriptions de sa conscience. Cet homme sait qu'il s'amoindrit moralement et ne s'en cache pas, c'est l'arriviste éhonté. Celui-là ne percevra pas son âme : au lieu de la vivifier, il la détruit.

Parfois la violation du devoir de sincérité est plus dissimulée. Notre conscience capitule sur des raisons que nous savons bien, au fond, n'être pas absolument bonnes, mais qui nous paraissent ce-

1. « Regarde au dedans de toi. Au dedans de toi est la source du bien. » Marc-Aurèle. *Pensées*, L. VII, 59.
2. Nous n'ignorons pas que, selon l'enseignement catholique, la vie spirituelle intégrale, dans la condition présente de l'humanité, est la vie surnaturelle de la grâce : le péché mortel nous prive de la grâce : mais l'homme pécheur peut, avec l'aide de Dieu, la recouvrer par le repentir.

4

pendant expliquer et excuser notre conduite. Ces capitulations de conscience sont, de nos jours, extrêmement fréquentes : elles sont la tare de notre époque. Que de fonctionnaires, professeurs, magistrats, officiers traitent avec leur conscience ? Que de politiciens, que d'hommes d'affaires, que de commerçants cherchent à s'illusionner sur leurs actions plus ou moins mauvaises ? Tous ces gens-là sont arrêtés dans leur culture spirituelle et ne peuvent avoir de leur âme très affaiblie que des perceptions si rares et si imprécises qu'ils doutent même de leur réalité. Lorsque nous nous sentons en présence du mal, nous ne devrions rien nous permettre à l'encontre des prescriptions strictes de notre conscience. Il est certaines représentations et certaines réunions auxquelles nous devrions nous refuser d'assister. Il est certains livres et certains journaux que nous ne devrions pas lire. Il est certaines conversations que nous ne devrions pas nous permettre. Tous ces légers manquements à la sincérité avec soi-même proviennent de ce que, tout en ne voulant pas faire le mal, nous désirons profiter, autant que possible, des avantages matériels du mal. Nous essayons de nous persuader que, pour bien agir, il suffit de rester près de la limite défendue, sans jamais la dépasser, et qu'il est permis de côtoyer le danger. C'est là une première capitulation de conscience qui ne tarde pas à en entraîner de nouvelles et de plus graves. Nous en arrivons ainsi à retarder notre progrès spirituel, à diminuer la vitalité de notre âme, à obscurcir en nous la notion des actions qui nous rendent véritablement meilleurs. Il nous faut alors faire un plus grand effort sur nous-mêmes pour revenir à la sincérité que nous aurions dû toujours observer. Et en certains cas, il sera même trop tard.

Des hommes, malheureusement trop nombreux, ont déjà si souvent et si gravement trahi leur conscience que leur âme s'est complètement insensibilisée. Ils auraient beau vouloir se conformer dorénavant aux prescriptions de leur conscience, celle-ci est devenue incapable de les guider : c'est un grand châtiment de leurs fautes.

Même à ceux-là cependant, le progrès moral n'est pas à tout jamais impossible [1]. Une voix que rien ne saurait réduire au silence se fait encore entendre en eux, c'est la voix de la charité. L'homme le plus dévoyé qui accomplit des actes de bonté peut retrouver une conscience. Par des efforts charitables fréquemment répétés, son âme mourante reprendra bientôt un peu de vie et acquerra de nouveau la notion exacte de son amélioration. Tel est le pouvoir merveilleux de la charité.

Si tant de spiritualistes et si tant de chrétiens n'arrivent que très difficilement à percevoir leur

---

1. « On peut, par la vie à venir, sauver et ennoblir la vie passée ». Novalis. *Les disciples à Saïs*, page 214.

âme, trop peu cultivée, ce n'est pas seulement parce qu'ils manquent de sincérité envers eux-mêmes, c'est encore et surtout parce qu'ils manquent de charité.

L'inobservation de la loi de bonté est le grand crime des catholiques actuels. Beaucoup d'entre eux ont une foi admirable et pratiquent les moyens de progrès religieux qui leur sont proposés, mais ils pèchent quotidiennement contre la charité.

Alors qu'ils ne cessent de violer le commandement essentiel de leur religion, ils sont malvenus à s'étonner que leurs prières restent inefficaces pour obtenir de Dieu le soulagement de leur Église opprimée. Ils se jalousent les uns les autres et cherchent sans cesse à infliger à leur prochain de nouvelles humiliations. Ils dénigrent et méprisent leurs frères et, sans oser se l'avouer à eux-mêmes, ils ont une joie secrète du mal qui leur arrive. Parfois ils ont bien soin de proclamer qu'ils ne mettent aucune malice dans leurs paroles ; et ce n'est qu'un raffinement de méchanceté. Les demi-mots laissent toujours entendre beaucoup plus qu'ils ne signifient. Et si certains d'entre eux hésitent à répéter ce qui peut entacher l'honorabilité, ils ne se font aucun scrupule de ridiculiser leur prochain. Ils savent bien cependant que le ridicule tue et qu'ils infligent à leurs victimes de terribles souffrances. Ah ! qui dira jamais toutes les larmes que les sourires moqueurs ont fait verser ! Et cependant leur religion enseigne aux catholiques que Dieu est venu sur la terre pour y prêcher la charité. Quelle honte pour eux si la vertu chrétienne par excellence était mieux pratiquée par leurs adversaires que par eux-mêmes !

Il importait de signaler la défaillance d'un grand nombre de catholiques ; mais il est juste de reconnaître que les ennemis de cette religion ne sont pas plus charitables que ses fidèles. Un vent de haine passe en ce moment sur la société tout entière. La bonté n'est plus enseignée aux hommes : l'éducation et l'instruction qu'on leur donne n'ont d'autre but que de les préparer à la lutte pour l'existence. On se garderait bien de leur dire que si la vie est un combat, l'unique adversaire est le mal contre lequel tous les hommes devraient se liguer. De tels enseignements portent leurs fruits. La haine engendre le crime et les gouvernements se demandent avec angoisse à quelles mesures répressives ils pourraient recourir pour intimider les malfaiteurs dont l'armée s'accroît chaque jour. Parfois ils prennent la décision de les frapper ; mais à peine se sont-ils dressés pour en faire le geste qu'ils sentent le sol trembler autour d'eux : et les gouvernements ne frappent pas, car la révolution gronde et menace de les engloutir.

Il faut donc que les hommes reviennent à la charité.

Et ceux qui voudront loyalement se poser le problème de leur âme, ceux qui voudront sincèrement essayer de la chercher pour mieux la connaître devront commencer par devenir charitables. C'est en pratiquant la bonté que nous pouvons ramener à la vie notre âme agonisante. C'est en aimant notre prochain que nous pouvons progressivement développer, élargir et intensifier cette puissance spirituelle, qui ne tardera pas à se révéler à nous comme l'intime réalité de notre être.

X

Il est donc en notre pouvoir de former notre âme par l'effort moral. Mais ce n'est qu'à un certain degré de vie, ce n'est qu'après une recherche sincère que cette énergie spirituelle nous apparaîtra en des perceptions d'une évidente clarté.

La culture morale est susceptible, à elle seule, de produire chez certaines natures de prodigieux résultats. On a vu des hommes d'une très grande sainteté chez qui la suréminente perfection suppléait même à toute culture intellectuelle. N'est-il pas admirable qu'une femme aussi peu instruite que sainte Thérèse ait pu écrire des œuvres sublimes où s'avère une connaissance très approfondie des choses humaines et divines? Ceux qui sont capables d'élever leurs âmes à de pareilles hauteurs sont des êtres privilégiés. À nous autres, qui ne prétendons pas à l'héroïque sainteté, il sera nécessaire, pour obtenir une culture aussi complète que possible, d'adjoindre à l'effort moral d'autres efforts sur la nature desquels nous nous expliquerons tout à l'heure.

Mais la voie que nous venons d'indiquer peut déjà suffire à expérimenter notre moi spirituel. En nous contraignant à la suivre, nous arriverons insensiblement à retrouver notre âme dans presque toutes nos actions, et nous l'apercevrons avec une netteté et une précision que l'observation sensible elle-même ne saurait nous donner.

Qu'apprendrons-nous ainsi par cette vision de notre âme ?

Toutes nos perceptions, aussi bien spirituelles que matérielles, sont données inexprimées. C'est à notre connaissance intellectuelle que nous devons nous adresser pour les analyser et les décrire. Sans doute, nous ne manquerons pas de les dénaturer en les revêtant des formes de la pensée discursive ; mais, à moins de refuser toute valeur de vérité à notre intelligence, nous sommes bien obligés d'admettre qu'il nous est possible de les connaître d'une manière relative. Nous allons donc tenter une brève analyse des données intuitives de l'esprit. Nous essayerons de dégager les caractères de ce moi intime, tel qu'il apparaît à quiconque monte les degrés de l'ascension morale.

SECTION II. — Données de l'expérimentation spirituelle

1. — *Personnalité.* — Au fur et à mesure que nous expérimentons notre âme, nous sentons qu'elle se réalise. Elle devient notre moi le plus profond. Elle s'avère constitutive de l'être que nous sommes. Elle vit en nous et nous vivons en elle. Notre âme est personnelle.

2. — *Activité.* — Dès qu'elle est perçue, c'est toujours en un acte. Elle ne se manifeste jamais qu'agissante. Nous avons l'intuition d'une énergie intime qui s'accroît et devient de plus en plus intense. L'âme est activité.

3. — *Liberté.* — Nous avons en outre conscience que cette âme est libre [1]. Nous nous sentons capa-

---

1. « Nous nous croyons et nous sommes libres, nos actes dépendent de nous, notre caractère entre comme facteur dans la constitution de nos actes, et, nous-mêmes, par l'activité rationnelle que nous sommes, entrons comme facteur dans la formation de nos idées, dans la résolution des indéterminations que nous sentons en nous et par là aussi dans la constitution de notre propre caractère. » Fonsegrive. *Essai sur le libre arbitre*, page 467.

« Il est enfin des variations de moi que je sens procéder de moi-même exclusivement. Telles sont mes volitions. Celles-ci, j'ai la conscience de n'en être pas simplement traversé ; je les sens dépendre de moi et uniquement de moi. Avoir conscience que je veux, c'est avoir conscience d'une variation psychique en moi telle que je n'y sens absolument rien d'étranger en

bles de décider, à notre gré, de nos volitions. Et cette foi en notre libre arbitre ne saurait jamais être abolie en nous. Tout être humain, quelles que soient ses croyances intellectuelles, éprouve, en de certaines circonstances, le sentiment de sa liberté [1]. Et grâce à notre culture morale, grâce à nos progrès dans la voie spirituelle, nous rendrons de plus en plus nombreuses ces circonstances où il nous est donné d'agir librement. Il ne dépend que de nous de briser les liens qui, trop souvent, enchaînent notre volonté, et d'atteindre à la vie libre.

4. — *Unité*. — Cette individualité qui est *nôtre* nous apparaît essentiellement une. Elle ramène à elle toutes nos connaissances, tous nos sentiments, toutes nos perceptions sensibles, toutes nos intuitions, toutes nos volitions. Le moi spirituel est un principe d'unité.

5. — *Identité*. — Notre individualité possède, en outre, le privilège de rester identique : elle ne cesse de se retrouver toujours la même pendant le cours de notre vie. Le moi spirituel est un principe d'identité.

---

moi, que je n'y sens que moi ». Sully Prudhomme. *Psychologie du libre arbitre*. Ch. I, p. 20.

1. « L'activité de l'esprit apparaît donc comme une activité purement interne c'est-à-dire qu'au lieu de subir la nécessité d'une contrainte extérieure, elle trouve en elle les ressources de son développement. En un mot, la liberté est le caractère qui définit l'esprit. » Brunschvicg, « La vie religieuse », *Revue de Métaphysique et de morale*, 1900, p. 3.

6. — *Simplicité et inextensivité*. — Notre individualité se révèle encore simple et indivisible. Cette double qualité n'est que la conséquence de l'inextensivité de l'âme.

L'extensivité est la propriété essentielle de la matière. C'est grâce à elle que les phénomènes physiques apparaissent toujours *étendus* à la connaissance intellectuelle. C'est grâce à elle qu'il nous est permis de localiser la matière, de la diviser numériquement et de la mesurer. L'opération numérique élémentaire consiste en effet à répéter, en les alignant dans un espace extensif, des phénomènes extensifs. Et si notre connaissance des quantités matérielles n'est pas absolument vraie, elle a cependant une portée relative fondée sur l'extensivité même de la matière.

Notre âme nous apparaît, au contraire, sans extension. Il nous est absolument impossible de la situer et de la localiser. Elle ne se manifeste pas en un endroit déterminé. Étant inextensive, elle ne saurait être divisée et évaluée d'une manière quantitative. Pour pouvoir la démembrer et la mesurer, il faudrait en effet la découper et l'aligner dans un espace supposé extensif. Et pour pouvoir ainsi la localiser, il faudrait la considérer elle-même comme une réalité extensive. En vertu même de son inextensivité, l'âme est numériquement indivisible. Quand nous comptons ou quand nous mesurons la matière, nous pouvons, de ce point de vue quantitatif, atteindre la vérité relative. Quand nous comptons ou quand nous mesurons la réalité spirituelle, nous devons, sous peine d'erreur, modifier l'interprétation de ce compte ou de cette mesure. Toute division que nous introduisons en notre âme n'a une valeur de vérité que si elle revêt un sens de multiplicité qualitative. Telle est la portée qu'il convient de donner à l'analyse psychologique qui discerne en nous une multiplicité d'états de conscience [1].

1. « Considérés en eux-mêmes, les états de conscience profonds n'ont aucun rapport avec la quantité; ils sont qualité pure; ils se mêlent de telle manière qu'on ne saurait dire s'ils sont un ou plusieurs, ni même les examiner à ce point de vue sans les dénaturer aussitôt. La durée qu'ils créent ainsi est une durée dont les moments ne constituent pas une multiplicité numérique. » Bergson. *Essai sur les données immédiates de la conscience*, page 103. Dans le chapitre 1ᵉʳ de ce livre, Bergson a fait justice de la prétention qu'ont certains savants de mesurer les phénomènes psychiques : il a « démontré que ces états étaient purement intensifs et que l'homme ne pouvait mesurer que leurs causes et leurs concomitants physiologiques ou physiques ».
Voir encore William James. *Principes de psychologie*, volume Iᵉʳ, chapitre 9. On retrouve dans William James sous le nom de théorie du *Stream of consciousness* l'explication bergsonnienne de l'écoulement continu, ininterrompu et numériquement indivisible des phénomènes de conscience. Notre doctrine ne saurait cependant se confondre avec celle de W. James.
A notre avis, toute division introduite dans le *Stream of consciousness* n'est pas absolument fausse ; mais elle ne peut être vraie que si elle a une portée qualitative et si elle correspond à la variété intime et à la richesse intensive des aspects de notre âme. Nous verrons plus loin comment notre esprit

7. — *Diversité et changement.* — Malgré qu'elle soit une et identique, notre âme réalise à toute heure une certaine diversité et un certain changement. Elle recèle une richesse de nuances, une variété d'énergies, qui nous permettent de distinguer en elle, sinon quantitativement au moins qualitativement, des états psychiques différents. Ainsi pouvons-nous démêler la complexité de nos pensées, de nos sentiments, de nos affections, de nos désirs. Notre moi est en outre susceptible de se développer ou de s'amoindrir spirituellement : il peut progresser, il peut rétrograder ; et en dépit de son identité, il ne cesse de se transformer.

8. — *Pensée.* — Notre âme se manifeste encore à nous comme pensée spirituelle. A ce point de vue, elle se distingue d'abord de la pensée discursive qui est essentiellement vêtue de concepts et de mots. Elle se connaît intuitivement elle-même ; et, nous le verrons plus loin, elle a le privilège de s'élever au-dessus de la pensée discursive, qu'elle domine et qu'elle pénètre. Elle se distingue encore, et très nettement, de la conscience biologique qui diffère d'elle comme la matière diffère de l'âme.

---

peut s'élever jusqu'à la notion de multiplicité qualitative. D'ores et déjà, il est essentiel de retenir qu'il y a en notre âme des distinctions réelles comme elle : les volitions, désirs, pensées, affections, sont des modalités objectives de notre âme : mais cette multiplicité intime n'est pas extensive et, dès lors, quantitative comme celle du monde physique. On ne peut la démembrer et la mesurer que du point de vue inextensif.

9. — *Immortalité.* — Toute âme apporte en elle le sentiment de son immortalité. Cette croyance apparaît impérieuse dès qu'on suit la voie du progrès moral : elle est à l'origine même de toute culture spirituelle. La croyance à l'immortalité de l'âme se retrouve dans toutes les civilisations. Les plus anciens vestiges de sépulture humaine découverts ces dernières années établissent qu'aux époques préhistoriques l'homme croyait avoir une âme immortelle.

10. — *Devoir et désir d'absolu.* — Notre certitude d'un au-delà où nous continuerons à vivre est intimement liée au désir d'absolu qui est au fond de notre âme. Ce besoin essentiel de progression surnaturelle s'accroît en nous au fur et à mesure de notre progression morale. Il semble même que notre moi ne serait qu'une tendance vers l'Être qui est sa fin dernière : et cette tendance s'impose ainsi qu'un devoir.

Tout homme entend parler en lui la voix de la conscience ; c'est elle qui lui prescrit de se dépasser sans cesse en un essor jamais interrompu : c'est elle qui lui révèle, en une intuition ineffable, le but suprême auquel il aspire et vers lequel il *doit* tendre. Désir et devoir se confondent sur la route de l'Absolu. Et lorsqu'il s'est élevé jusqu'aux sommets de l'âme, lorsqu'il a atteint la vraie vie, l'homme perçoit enfin les clartés éternelles et sent passer le souffle de Dieu.

CHAPITRE TROISIÈME

L'AME

CHAPITRE III

L'âme

Sommaire

SECTION I. — Possibilité de l'Ame

I. — Possibilité métaphysique de l'existence de l'âme.
II. — Possibilité de la connaissance de l'âme. — Erreur du positivisme.
III-V. — Possibilité scientifique de l'existence de l'âme. — Coopération de l'âme et du corps. — Le déterminisme de la matière et la liberté de l'âme.

SECTION II. — Impossibilité du matérialisme

VI-XIII. — Les diverses formes du monisme matérialiste. — Le monisme mécanique. — Le monisme énergétique. — Le monisme paralléliste. — Le monisme pansensationniste. — Le moniste scientiste. — L'animal et l'homme : la subconscience biologique. — Impuissance du monisme.

SECTION III. — Réalité de l'âme

XIV-XVI. — Existence de l'âme. — Son hétérogénéité. — Son principe unitif.

SECTION IV. — Valeur de la connaissance intellectuelle de l'âme

XVII-XIX. — Relativité de la science positive. — Valeur de la science de l'âme. — Certitude de l'existence de l'âme.

L'Ame

Nous avons essayé d'analyser intellectuellement les principales données de l'expérimentation spirituelle.

Notre moi nous est apparu comme une activité personnelle, libre, inextensive, pensante et immortelle. Il s'est manifesté un et identique malgré certaines variétés et modifications qualitatives. Il a affirmé sa tendance essentielle vers l'Absolu.

Après avoir ainsi résumé ces intuitions de notre vie intérieure telles que la pensée discursive est susceptible de les atteindre, nous devons nous demander si notre intelligence elle-même ne nous oblige pas à les déclarer inacceptables.

SECTION I. — Possibilité de l'âme.

A. — On a reproché au spiritualisme de se heurter à une contradiction initiale. Il pose en principe que l'âme est irréductible au corps et qu'entre l'esprit et la matière existe une différence non seulement de degré, mais même de nature. Il affirme cependant que l'âme est unie au corps et qu'elle peut agir sur lui ; après avoir supprimé toute relation possible entre ces deux termes, on ne devrait pas, semble-t-il, admettre leur union.

Cette objection n'a qu'une valeur apparente. En postulant l'existence de Dieu, le spiritualisme la résout. Nous prétendons en effet qu'il y a hétérogénéité entre l'âme et le corps ; l'abîme qui sépare ces deux réalités est, relativement à elles, infranchissable ; l'une ne saurait, par ses seules puissances, devenir l'autre : elles ne sont pas de même nature. Mais cette différence qui est radicale vis-à-vis d'elles ne l'est plus vis-à-vis d'un être qui est distinct de l'une et de l'autre, qui les a faites l'une pour l'autre [1], et à qui, dès lors, toutes deux sont relatives : et le spiritualisme affirme l'existence de cet Être qu'il appelle Dieu. Grâce à leur tendance analogue vers Dieu, l'union de l'âme immatérielle et du corps matériel est possible, et en cette relation avec leur Créateur commun l'esprit peut connaître la matière.

La différence qui existe entre l'âme et le corps n'est donc pas *absolument absolue*, puisque ces deux réalités tendent l'une et l'autre, quoique par des moyens divers, à la même Fin dernière, à Dieu.

B. — S'il nous est permis d'admettre que l'esprit et la matière puissent être unis en dépit de leur irréductibilité, n'est-il pas contradictoire de supposer

---

1. C'est cette adaptation que l'Église catholique a entendu définir au concile de Vienne en disant que l'âme est *forma corporis humani per se et essentialiter*.

que l'âme soit une et identique et puisse cependant réaliser une certaine diversité et un certain changement.

L'unité et l'identité de notre moi n'étant que relatives, il n'est pas inconcevable que cette double qualité soit compatible avec un principe divers et changeant. Notre moi n'est pas l'Être Absolu puisqu'il tend toujours vers ce but sans jamais pouvoir l'atteindre, et la coexistence en notre âme de l'être relatif et de la tendance est concevable sans contradiction.

Ne sommes-nous pas d'ailleurs obligés de reconnaître aussi, quoique avec une portée différente, que tout phénomène matériel est à la fois un et divers, identique et changeant. D'une part, nos perceptions nous affirment, sans qu'il nous soit permis d'en douter, les variétés et les transformations du monde de la matière. D'autre part, s'il n'y avait pas dans tous les faits physiques un principe d'unité et d'identité relatives, il ne nous serait pas possible d'établir entre eux des rapports de constance : la science positive n'aurait aucune valeur, même approximative, et nous n'aurions pas le droit d'accorder le moindre crédit de vérité aux lois naturelles.

Une même chose peut donc à la fois être relativement et devenir : et le principe d'identité qui domine notre intelligence reste sauvegardé, puisqu'il affirme seulement qu'une même chose ne saurait d'une manière absolue être et ne pas être. En tant qu'être relatif, notre moi est un et identique ; en tant que tendance, il est divers et changeant.

Nous aurons soin de noter que les variations et les transformations de notre âme sont purement qualitatives, à raison même de l'inextensivité de l'esprit, et cela nous aidera à comprendre que, n'étant point quantitatives, elles puissent conserver une unité et une identité relatives. Au surplus, nous confesserons bien volontiers que notre connaissance intellectuelle n'éclaire que très imparfaitement cette coexistence de l'être relatif et de la tendance : il nous suffit de constater qu'elle ne nous oppose pas la contradiction absolue.

L'expérimentation spirituelle nous révélera directement et immédiatement, en une intuition d'activité, cet être qui devient et qui est notre moi le plus profond. Et nous verrons, dans un prochain chapitre, qu'un moyen rationnel peut nous faire connaître encore mieux l'intime réalité de notre âme.

II

Mais, objectera-t-on avec l'école positiviste, comment pourrait-on connaître l'âme ? En admettant que l'existence de l'âme immatérielle soit métaphysiquement possible, comment saurait-elle se révéler d'une manière positive à notre intelligence ? Puisqu'il nous est seulement permis d'analyser les circonstances de la production des phénomènes et de les rattacher les uns aux autres par des relations de succession et de similitude [1], nous n'avons pas le droit d'affirmer qu'il existe une âme distincte de la matière. Nous ne pouvons parler que de phénomènes psychiques qui, au même titre que les phénomènes physiques, ne seront jamais que des phénomènes.

On a, depuis longtemps déjà, répondu victorieusement à cette objection. On a fait observer que, même en adoptant le point de vue positiviste, la question de la distinction radicale de l'esprit et de la matière subsisterait toujours. Supposons en effet que l'âme et le corps soient deux ordres différents de phénomènes : il importera de se demander si ces deux ordres de phénomènes sont de même nature ou sont, au contraire, irréductibles l'un à l'autre, et les prétentions positivistes se trouvent ainsi anéanties.

Mais, pour rendre encore plus inébranlable la position de la doctrine spiritualiste, nous allons essayer de percer à jour l'erreur qui est la base du positivisme.

A. — Le positivisme déclare — et c'est là l'essentiel de son enseignement — que nous ne pouvons connaître ni l'âme ni la matière parce que

---

1. Auguste Comte. *Philosophie Positive*, page 24.

nous ne pouvons connaître que *des phénomènes*.

Qu'entend-il donc par *phénomènes?*

Le positivisme voudrait-il dire que nous ne pouvons atteindre que des apparences et non point l'être objectif lui-même? Opposerait-il comme Kant le phénomène, ce qui paraît, au noumène, ce qui est? Il se confondrait alors avec l'idéalisme et, professant que toute connaissance est subjective, nous conduirait au doute universel. Si tous les phénomènes, bien ou mal constatés, n'étaient que des apparences et si aucun contrôle ne nous permettait de distinguer la vérité de l'erreur, le réel de l'imaginaire, l'objectif du subjectif, la science positive n'existerait pas. Le pur phénoméniste, en présence de cet ensemble de phénomènes qui s'appelle le monde dans lequel il vit et les hommes qui l'entourent, devrait avouer qu'il ne sait pas si, après sa mort, quelque chose de tout cela continuera à subsister; ou, plus exactement, son doute étant lui-même un phénomène, il n'aurait même pas le droit d'affirmer que réellement et véritablement il doute. Dans ce système, apparences de vérité et apparences d'erreur se confondent, et le positivisme ainsi entendu devient inséparable du scepticisme absolu.

Nous ne reprendrons pas la réfutation de l'idéalisme que nous avons déjà esquissée et qu'il serait bien facile d'appliquer au phénoménisme. Nous avons établi que toute connaissance intellectuelle, c'est-à-dire phénoménale, révèle un objet qui ne se confond pas avec elle. Nous ne connaissons pas d'apparences qui ne possèdent à un degré quelconque une réalité objective [1]. Il est nécessaire que dans le phénomène se manifeste le noumène. Il faut qu'il y ait dans les faits psychiques que nous observons, ainsi que dans tous les faits physiques, une réalité qui existe effectivement, au milieu d'apparences subjectives.

Le positivisme ne pourra même pas tenter de soutenir qu'il ne nous est pas possible de discerner le degré d'objectivité ou de subjectivité des phénomènes. En ce cas, en effet, nous n'aurions pas le droit d'affirmer qu'il y a une plus grande objectivité dans un phénomène scientifiquement établi que dans la vision d'un halluciné, et nous serions ainsi ramenés au scepticisme absolu.

Nos adversaires doivent donc convenir que nous pouvons connaître quelque chose de la réalité objective des phénomènes soit physiques soit psychiques. Et Comte n'en fait-il pas lui-même l'aveu lorsqu'il donne la définition de la méthode positiviste. « L'explication des faits, réduite à ses termes
« réels, n'est plus désormais que la liaison éta-
« blie entre les divers phénomènes particuliers et

---

[1]. Il n'est pas jusqu'à notre connaissance des « Iles Fortunées » qui ne possède un fond d'objectivité. Les chimères sont faites avec des fragments de réalité.

« quelques faits généraux dont les progrès des
« sciences tendent de plus en plus à diminuer le
« nombre ¹. » « Comte définissant ainsi, comme
« l'idéal d'une connaissance positive de l'univers,
« la représentation de tous les phénomènes en
« qualité de cas particuliers d'un seul fait général,
« réunit nécessairement sous ce nom de *fait*, qui
« sans cela serait impropre, l'infinité des phéno-
« mènes sous l'hypothèse d'un déterminisme éter-
« nel, universel ². » Le fondateur du positivisme
lui-même n'a pas pu refuser à notre intelligence le
pouvoir de discerner, dans l'apparence phénoménale, un fond de réalité nouménale, une essence
d'objectivité qu'il appelle les lois *effectives* des
phénomènes, leurs relations *invariables*.

B. — Battu sur ce terrain, le positivisme va nous
présenter son objection sous une forme différente.
Notre intelligence, nous dira-t-il, ne peut connaître
que des relations. Comment, dès lors, lui serait-il
possible de pénétrer jusqu'à la réalité nouménale ?
L'homme peut connaître les rapports objectifs des
phénomènes, leurs lois, mais non pas leur être en
soi.

Nous ferons observer que l'objection ainsi formu-

---

1. Auguste Comte. Cité par Renouvier. *Histoire et solution des problèmes métaphysiques*, p. 394
2. Renouvier. *Histoire et solution des problèmes métaphysiques*, p. 395.

lée ne s'adresse qu'à la connaissance intellectuelle. Ce sont bien des objets concrets que nous livre notre perception, et, si nos données immédiates sensibles atteignent directement et en elle-même la réalité objective, nous pouvons bien nous flatter de la connaître en quelque manière.

En ce qui concerne la connaissance intellectuelle, qui se confond d'ailleurs avec la connaissance scientifique, nous nous empressons de confesser qu'elle ne nous révèle parfaitement ni l'essence de la matière, ni l'essence de l'âme. Nous discuterons même tout à l'heure, à la fin de ce chapitre, la valeur de notre connaissance et son caractère d'inévitable imperfection. Mais faut-il en conclure que nous ne puissions rien connaître de l'être de l'âme et de l'être de la matière ? N'est-il pas absurde et contradictoire de prétendre que nous connaissons quelque chose de leurs relations objectives et que nous ne connaissons rien de leur être ? Peut-on connaître une relation sans connaître ses termes ? L'absurdité et la contradiction de ce verbiage positiviste proviennent certainement d'une erreur initiale. Le positivisme semble supposer que, d'après le spiritualisme, l'être de l'âme ou de la matière serait absolu et il constate que notre intelligence ne nous fait connaître ces réalités que relatives. Mais nous déclarons au contraire que ces réalités ne sont pas absolues : leur être est en même temps devenir. L'essence de l'âme est relative, l'essence de la matière est relative. Et c'est parce que l'être de l'âme et de la matière est *relatif* que la connaissance de leurs *relations* nous apporte nécessairement une certaine connaissance de leur *être*[1].

C. — Enfin, si nous poussons le positivisme jusque dans ses derniers retranchements, nous obtiendrons de lui l'aveu qu'il nous est possible de connaître quelque chose de la matière parce que cette connaissance repose sur les données de la perception sensible. L'observation et l'expérimentation intelligemment pratiquées nous seraient une garantie de l'objectivité de notre savoir matériel. Mais le positivisme ajoute qu'il ne saurait en être de même à l'égard de l'âme parce qu'il n'y a pas d'observation et d'expérimentation immatérielles.

Nous avons dû nous élever, dans un chapitre précédent, contre une semblable allégation. Nous avons démontré qu'il existe une perception spirituelle et nous en avons indiqué la méthode. Sans doute, cette perception n'aura pas les caractères de la perception sensible : elle ne pourra pas notamment — et par cela même qu'elle est inextensive — révéler une réalité qui soit à la fois identique et directe-

---

[1]. N'est-il pas vrai d'ailleurs que notre intelligence ne nous fait jamais connaître les rapports des phénomènes du seul point de vue du *devenir* et reste inadéquate à leur activité continue ? Notre intelligence en effet ne peut rien connaître que du point de vue de l'être et ne peut affirmer que ce qu'un rapport *est* ou ce qu'il n'*est* pas.

ment observable pour tout le monde. Mais comment oserait-on reprocher à l'expérience de l'âme d'être irréductible à l'expérience de la matière, alors que telle est justement sa qualité essentielle ? Cette intuition de la vie de notre âme et de sa richesse intérieure se présentera à celui qui la cherche sincèrement avec un caractère d'évidence aussi incontestable, et plus incontestable même, que nos intuitions sensibles. Tandis que la perception acquise à l'aide des sens altère la perception pure qui livre immédiatement l'objet matériel, et, par exemple, tandis que notre vision oculaire détache trop complètement les êtres observés du milieu naturel dans lequel ils sont immergés et avec lequel ils ne cessent d'évoluer, la perception spirituelle nous révèle immédiatement la multiplicité qualitative de nos états de conscience et leur fusion intensive. Nous sommes en droit d'affirmer que la vision intérieure est plus immédiatement objective que la vision oculaire : elle se confond en effet avec la vie même de l'esprit. A l'égard de l'âme, plus encore qu'à l'égard de la matière, l'observation et l'expérimentation intelligemment pratiquées nous sont une garantie de l'objectivité de notre savoir immatériel.

En dépit des prétentions positivistes, nous pouvons donc connaître notre âme.

III

Serait-il vrai, comme d'aucuns le prétendent, que les conclusions de la science positive nous obligent à reconnaître le caractère illusoire des données de l'expérimentation spirituelle ? Les monistes affirment en effet que notre moi ne saurait être un et identique, puisqu'il est susceptible de se dédoubler et de s'altérer sans laisser aucune trace de cette unité et de cette identité. Ils ajoutent que nous n'avons pas une âme libre, puisqu'une simple lésion cérébrale en entraînant notre folie supprime cette prétendue liberté.

On peut citer notamment le cas de certains déments qui se voient et qui se connaissent doubles ; ils parlent d'eux au pluriel, au prétexte qu'il y a toujours quelqu'un avec eux [1].

De nombreux médiums déclarent qu'ils ne sont pas à l'état somnambulique la même personne qu'à l'état de veille et envisagent cette autre individualité comme une personne étrangère : chacune d'elles a un caractère différent et peut même ignorer complètement ce que fait l'autre [2].

---

1. Ribot. *Maladies de la Personnalité*, page 140.
2. Binet. *Les Altérations de la Personnalité*, p. 74 et *passim*.
Pierre Janet. *L'Automatisme psychologique*, p. 132 et *passim*.
Myers et Podmore. *Les hallucinations télépathiques*, *passim*.

Janet cite, entre maints exemples, celui de Mme Hugo d'Alesy qui incarnait successivement des âmes diverses et réalisait tout autant de personnalités distinctes. Certains hystériques manifestent même simultanément un double moi: c'est ainsi que l'un d'eux racontait l'emploi de sa journée et, en même temps, écrivait des chiffres et faisait des opérations arithmétiques, sans que le moi occupé à parler ait conscience du moi occupé à écrire et à calculer [1].

Que devient donc l'unité et l'identité du moi chez ces hommes dont la personnalité est ainsi altérée ? Que devient la liberté chez ces êtres anormaux et, d'une manière générale, chez tous les fous ?

Nous répondrons que tant que l'homme vit, son âme une, identique et libre, demeure unie à son corps. Pour comprendre qu'il puisse en être ainsi, il faut avoir soin de distinguer en nous deux *moi* : le moi spirituel et le moi matériel. Ce dernier, dénommé avec plus de précision le moi biologique, joue un très grand rôle dans notre vie : nous le retrouvons plus spécialement pendant nos distractions ou pendant notre sommeil. C'est lui qui accomplit toutes nos actions habituelles : c'est le moi mécanique, le moi pratique [2]. Il est essentiellement

---

1. Pierre Janet, *loc. cit.*, page 263.
2. Bergson met en relief cette distinction des deux moi dans son *Essai sur les données immédiates de la conscience*, p. 97 et suivantes.

formé de nos perceptions acquises associées au langage intérieur par lequel nous les traduisons en jugements et en raisonnements. Nos perceptions acquises consistent elles-mêmes en perceptions pures auxquelles se mélangent nos sensations affectives, nos mouvements réactifs appropriés, les images conservées des perceptions antérieures.

Cette substitution de la perception acquise à la perception pure est l'œuvre de notre organisme lui-même. Il en est de même de l'association d'une série de formules plus ou moins nombreuses (images, concepts et mots) à une perception déterminée, association qui, pour notre cerveau, n'est qu'une habitude [1].

1. « En quoi consiste... la fonction du système cérébral ? « L'ébranlement périphérique au lieu de se propager directement à la cellule motrice de la moelle et d'imprimer au muscle une contraction nécessaire, remonte à l'encéphale d'abord puis redescend aux mêmes cellules motrices de la moelle... Qu'a-t-il donc gagné à ce détour ?... Je ne comprends pas, je ne comprendrai jamais qu'il y puise la miraculeuse puissance de s'y transformer en représentation des choses... Mais ce que je vois très bien c'est que ces cellules des diverses régions dites sensorielles de l'écorce.... permettent à l'ébranlement reçu de gagner à volonté tel ou tel mécanisme moteur de la moelle épinière et de choisir ainsi son effet. » Bergson, *Matière et Mémoire*, pages 15 et 16. C'est ce choix organique, c'est cette coordination esquissée par le cerveau qui est l'essentiel de notre conscience biologique. La perception, nous l'avons déjà dit, serait donnée avec la matière et notre organisme ne ferait que choisir les perceptions qui l'intéressent pratiquement (celles sur lesquelles il est susceptible d'agir ou de réagir), et leur adapter des mouvements appropriés et des formules.

Il existe donc une double série d'associations, l'une entre les perceptions pures et acquises, l'autre entre les perceptions acquises et le langage intérieur ; et l'une et l'autre sont biologiques et résultent d'une certaine organisation de notre système cérébral.

L'intervention de l'esprit au cours de cette double opération engendre la connaissance intellectuelle.

Mais notre pensée spirituelle ne peut prendre pour base de son choix intellectuel que les perceptions acquises déjà cérébralement ordonnées ainsi que la série des formes discursives que notre organisme est amené à lui présenter en vertu même de son fonctionnement. Dès lors, si d'une part, les perceptions pures et les perceptions acquises qui se substituent à elles, si, d'autre part, les perceptions acquises et le langage intérieur qu'elles provoquent cessent d'être normalement associées, notre pensée spirituelle aura une assise intellectuelle incoordonnée : elle se trouvera en présence d'un moi biologique différent du moi biologique normal : elle sera unie à un moi matériel nouveau dont la constitution sera modifiée et pourra même être incohérente comme dans la folie. Dès que cette désorganisation physiologique aura pris fin, notre moi normal reparaîtra et la folie fera place au bon sens.

Il est maintenant facile de comprendre pourquoi

l'on ne saurait se prévaloir contre le spiritualisme de ce que notre intelligence est conditionnée par notre cerveau [1].

Sans doute, l'enfant qui vient de naître, ayant un organisme insuffisamment formé, ne manifeste aucune connaissance, tandis que le vieillard, dont le système nerveux est usé par l'âge, ne vit plus que dans l'hébétude.

Sans doute, le travail intellectuel est véritablement une fatigue physique et on peut mesurer un effort cérébral. Il y a certainement une corrélation entre l'intelligence et la conformation du cerveau. Et puisque notre système cérébro-spinal est à la merci des agents physiques, puisqu'il suffit de quelques gouttes d'une boisson pour troubler notre connaissance, il faut bien convenir que notre intelligence est en dépendance de notre corps. Mais nous n'avons pas le droit d'en conclure que le cerveau est l'organe de la pensée comme le foie est l'organe de la bile.

Dans notre moi biologique, se forment, grâce à notre organisme, des séries de perceptions et des

---

[1]. Telle est cependant l'erreur de très nombreux matérialistes. « Une lésion matérielle arrête la pensée, donc la pensée ne saurait avoir une essence différente de la matière. » Le Dantec. *Le conflit*, page 196. « Pour ma part, quand je pense, *je me fatigue* et c'est là un phénomène chimique, je crois donc que la pensée correspond à un phénomène chimique et qu'il y a équivalence entre de la pensée et du travail. »
Le Dantec. *Les lois naturelles*, page 239.

séries de formules que l'atavisme et l'éducation ont associées. Ce sont ces états de subconscience biologique que notre cerveau présente au choix de notre pensée spirituelle : et c'est de ce choix que dérive notre pensée discursive, notre connaissance intellectuelle.

Lorsque ces états sont anormalement ordonnés, lorsqu'une intervention physique quelconque désorganise la sériation de ces perceptions et de ces formules, notre esprit, dont le choix est limité aux perceptions et aux formules présentées, cesse de connaître intellectuellement d'une manière normale.

Si l'enfant qui vient de naître n'est pas encore intelligent, c'est parce que l'organisation matérielle de ses perceptions et de ses formules n'est pas encore formée, c'est parce que sa pensée spirituelle ne possède pas encore ce clavier d'états biologiques grâce auquel elle connaîtra intellectuellement.

Si le vieillard cesse de comprendre, c'est parce que, comme le fou, quoique avec des modalités différentes, il est victime de la désorganisation de son moi biologique.

Si l'effort intellectuel nous fatigue, c'est parce qu'il correspond à un effort cérébral pour offrir au choix de notre esprit des séries de plus en plus complètes de perceptions, d'images et de mots. Les hommes qui peuvent donner sans trop de fatigue un grand effort cérébral ont une supériorité intellectuelle sur les autres.

Notre intelligence est donc au confluent de l'esprit et de la matière : elle participe de l'un et de l'autre et il n'est pas surprenant qu'à ce dernier point de vue, elle soit en dépendance du système nerveux. Les savants contemporains ont essayé de donner l'explication physiologique des phénomènes de désorganisation cérébrale. Nous estimons que l'on devrait accepter la description schématique du professeur Grasset [1] à la condition que l'on ne dise pas que le centre O est le centre de la pensée et de la liberté (ce qui laisserait entendre que s'il disparaissait, pensée et liberté disparaîtraient). Le centre O doit être considéré (et je crois bien que telle est la doctrine du professeur Grasset) comme le centre de la coordination intellectuelle. Lorsque se produit la désagrégation cérébrale, notre âme, une, identique et libre, ne cesse pas d'être unie à notre organisme tout entier ; mais elle cesse de s'adapter à des perceptions acquises et à des formes discursives normalement coordonnées. Et comme nos actions restent toujours sous l'influence de notre raisonnement intellectuel, dès que ce dernier est désorganisé, nous ne sommes plus responsables, en dépit de la liberté de notre âme, ni de nos ac-

---

1. Grasset. *L'hypnotisme et la suggestion*, pages 5 à 51. *Introduction physiologique à la philosophie*, pages 44 et suiv. *Le spiritisme devant la science*, pages 99 à 174. *Idées médicales*, pages 1 à 50.

tions ni de nos pensées discursives elles-mêmes [1].

Les objections tirées des altérations de la personnalité et de la subordination de l'intelligence à l'état cérébral sont donc sans valeur contre les données de notre perception spirituelle.

II

La liberté de l'âme ne serait-elle pas incompatible avec le déterminisme universel que proclame le positivisme[2] ?

S'il était en effet établi que l'univers est un système de rapports absolument constants, il semble-

---

[1]. On peut distinguer la désagrégation cérébrale non pathologique, qui se produit pendant la distraction ou le sommeil, de la désagrégation cérébrale pathologique qui caractérise la folie et l'hypnose et s'étend des phénomènes de suggestibilité les plus élémentaires à ceux de cumberlandisme et à l'apparition d'une personnalité nouvelle chez les médiums. (Ex. : Roman martien et roman royal d'Hélène Smith, rapporté par Flournoy). Mais dans tous ces cas, il se produit toujours un phénomène de désagrégation cérébrale qui rend plus ou moins anormale la coordination intellectuelle.

[2]. On a présenté cette objection sous une forme différente « Puisque l'âme doit être regardée comme un principe actif, appeler une âme à l'existence en la tirant du néant serait nécessairement ajouter une force nouvelle à la somme de force préalablement existante de l'Univers. » Draper. *Les conflits de la science et de la religion*, page 90, chapitre V. Cette argumentation a perdu toute sa valeur depuis qu'il n'est plus admis que la conservation de l'énergie soit absolue.

rait bien que, sous peine de contradiction formelle, toute liberté devrait en être exclue. Mais la science positive contemporaine est elle-même la première à reconnaître que les lois naturelles ne sont pas absolument nécessaires. Depuis la thèse retentissante de Boutroux[1], il est avéré que le monde, tel que nous le connaissons, manifeste un certain degré de contingence véritablement irréductible.

De très grands savants, tels qu'Henri Poincaré, Emile Picard, de Lapparent, avouent que la science positive n'est qu'un système d'approximations : les lois physiques sont plus ou moins probables : elles n'offrent jamais la garantie de la nécessité absolue[2].

---

1. Boutroux. *De la contingence des lois de la nature.*

2. « Aucune loi particulière ne sera jamais qu'approchée et probable », Henri Poincaré. *La Valeur de la Science*, page 251. H. Poincaré se contredit lorsqu'à la page suivante il se refuse à admettre la possibilité de l'intervention d'une volonté libre. Puisque la science ne pourra *jamais* aboutir à la certitude de la nécessité absolue, il y aura toujours une place pour la volonté libre.

« On juge très faussement de la science quand on oublie qu'elle est essentiellement mobile et n'est formée que d'approximations successives, dont la convergence, dirait un mathématicien, reste un postulat. » Emile Picard. *La Science moderne et son état actuel*, page 5.

« La rigoureuse précision des formules de la *physique mathématique* ne doit donc pas nous faire illusion. Ce qui peut être *mathématiquement* démontré dans ce domaine, c'est que, *si les prémisses posées dans les équations différentielles sont exactes*, la conséquence sera sûrement celle que l'intégration fait ressortir. Mais les prémisses peuvent toujours être discutées ; d'autant mieux que, pour rendre les calculs possibles, on dé-

Les ouvrages d'Henri Bergson [1] et de William James [2] ont apporté sur ce problème des clartés qui resteront décisives. L'erreur du mécanicisme est de supposer que les phénomènes sont des systèmes clos se répétant identiques à eux-mêmes [3]. Le monde matériel au milieu duquel nous vivons est en voie

bute invariablement par quelque hypothèse qui simplifie la question beaucoup plus peut-être que la chose ne le comporte. » Lapparent, *Science et Apologétique*, page 103.

« Même l'inflexibilité des lois mathématiques qui règlent la matière ne doit pas être considérée comme un dogme. M. Poincaré établissait récemment que si les lois physiques sont vraies quant à leur formule brute, on trouve des écarts difficilement explicables dans leurs dernières décimales qui nous montrent que ces grandes lois physiques ne sont pas la vérité tout entière et que quelque chose de mystérieux nous en échappe. » Richet et Sully Prudhomme. *Le problème des causes finales*, page 140.

1. Henri Bergson. *Essai sur les données immédiates de la conscience. Matière et mémoire. L'évolution créatrice.*

2. « ... Le développement des sciences a fait naître et grandir cette idée que la plupart de nos lois, toutes nos lois peut-être, sont de simples approximations. » William James. *Le Pragmatisme*, page 66.

3. Émile Picard a mis en relief le caractère de vérité relative des explications mécanistes : « Pris dans un sens général le mot d'explication mécanique est vide de sens. Mais dans des catégories étendues de phénomènes, en portant son attention sur des variables bien précisées dont le rôle est regardé comme prépondérant, on pourra former entre ces variables des relations fonctionnelles (en général, équations différentielles) se rapprochant *le plus possible* de ce qu'exigent les postulats fondamentaux de la mécanique rationnelle, relations dont la forme particulière est fournie par des expériences ou observations simples et qui permettront de prédire dans des cas plus complexes l'état futur du système. Quand il en est ainsi, on dit

de perpétuel changement : l'univers se transforme continuellement, nous ne connaissons jamais deux phénomènes identiques : Héraclite disait avec raison qu'on ne se baigne pas deux fois dans le même fleuve.

Deux phénomènes qui ne différeraient en rien devraient coïncider dans le temps et dans l'espace : ils ne seraient pas *deux* mais un seul phénomène[1]. Dès lors, il devient indiscutable que deux événements ne dépendront jamais d'une même série de causes. Connaître toutes les conditions d'un fait matériel supposerait la connaissance de tout ce qui l'a précédé et de tout ce qui l'accompagne, et cette série de conditions différerait avec chaque fait matériel puisque chacun d'eux se distingue de tous les autres. Tant qu'un phénomène n'est pas réalisé, il ne peut pas être *absolument* prévu[2] et quand il

---

qu'on a une explication mécanique de ces phénomènes. » Émile Picard. *La science moderne et son état actuel*, page 126.

« Alors même que l'on serait disposé à admettre les solutions les plus étranges du problème..., on ne parvient jamais à construire un édifice qui puisse contenir tous les faits connus. Même la mécanique si compréhensive d'un Hertz échoue là où n'a pu aboutir la mécanique classique. » Lucien Poincaré. *La Physique moderne*, page 17.

1. « J'ai aussi remarqué qu'en vertu des variations insensibles, deux choses individuelles ne sauraient être parfaitement semblables et qu'elles doivent toujours différer plus que *numéro*. »
Leibniz. *Théodicée*, Avant-propos, page 10.

2. « La méthode des sciences physiques repose sur l'induction qui nous fait attendre la répétition du phénomène quand se

est réalisé, il n'est jamais permis d'affirmer qu'il n'a pas été conditionné par du contingent, puisqu'il n'est permis de connaître qu'une infinitésimale partie de ses conditions [1]. Rien n'empêche que l'acte libre ne conditionne les phénomènes.

Que devient donc le principe de déterminisme universel qui faisait, il y a quelques années, l'orgueil de la science positive ? Quelle est donc la portée des lois naturelles qui établissent des rapports constants entre les phénomènes ? Il faut bien convenir qu'il serait absurde de parler de rapports absolument constants entre deux phénomènes, puisque ni l'un ni l'autre ne seront jamais identiquement reproduits. Mais il faut aussi reconnaître qu'à défaut de phénomènes identiques, il y a des phéno-

---

reproduisent les circonstances où il avait une première fois pris naissance. Si *toutes* ces circonstances pouvaient se reproduire à la fois, ce principe pourrait être appliqué sans crainte ; mais cela n'arrivera jamais ; quelques-unes de ces circonstances feront toujours défaut. Sommes-nous absolument sûrs qu'elles sont sans importance ? Évidemment non. Cela pourra être vraisemblable, cela ne pourra être rigoureusement certain. De là, le rôle considérable que joue dans les sciences physiques la notion de probabilité. » Henri Poincaré. *La science et l'hypothèse*, page 6.

1. « Nous ne pouvons absolument pas dire si en telle circonstance, un pouvoir extérieur ne peut pas produire un changement dans le système actuel des forces terrestres. Nous ne pouvons pas plus en être sûrs que, voyageant dans un train express, je ne puis être sûr qu'aucun aiguilleur n'a appuyé sur une poignée pour diriger le train sur telle ou telle voie. Je puis calculer exactement la quantité de charbon brûlé par kilomètre, de manière à pouvoir dire à chaque minute combien

mènes analogues. Entre ces phénomènes il existe des rapports de similarité qui ont un caractère de constance approximative, et le but très louable de la science positive est de découvrir ces rapports. Les savants formulent des lois naturelles qui sont plus ou moins probables : le degré de leur probabilité se vérifie par les prévisions qu'elles nous permettent [1].

Bien qu'elles ne possèdent pas une valeur de *nécessité absolue*, les lois scientifiques ne sont pas éphémères. Ainsi que le fait observer avec raison Sully-Prudhomme, « dussent-elles changer, ne dus-

---

de kilomètres nous avons couverts ; mais, à moins que je ne puisse voir sans interruption les aiguilles de la voie, je ne puis dire si elles ont été manœuvrées ou non avant le passage du train. Un être tout-puissant pourrait régler le cours de cet univers, sans qu'aucun de nous pût jamais en découvrir les ressorts cachés. »
William Crookes : Discours prononcé devant la Société pour les recherches psychiques le 29 janvier 1897, traduit par M. Sage. Cité par A. Sabatier : *Philosophie de l'Effort*, pages 192 et 193.

1. « Comme l'a dit Helmoltz, nous disons que nos représentations du monde sont *vraies* quand elles nous donnent une indication insuffisante de nos actes par rapport à ce monde extérieur et qu'elles nous permettent de tirer des conclusions exactes sur les modifications que nous pouvons en attendre. » Picard. *De la science, de la méthode dans les sciences*, p. 14.

« En résumé, quoi qu'il en soit des diverses tendances qui se présentent dans les différentes parties de la science, celle-ci se présente à nous comme une vue du monde extérieur à travers les concepts tirés par abstraction de l'expérience et rapprochés les uns des autres de façon à obtenir les lois qui rendent possibles la coordination et la prévision. » Picard. *Ibid.*, p. 29-30.

sent-elles demeurer invariables que pendant un âge géologique, pendant la durée de l'espèce humaine, la recherche patiente et passionnée dont elles sont l'objet serait, certes, amplement justifiée au point de vue de la curiosité pure comme au point de vue des applications industrielles de la science » [1]. Pour que les lois scientifiques méritent la confiance que nous leur accordons, il suffit qu'à défaut d'une exactitude parfaite dans la réalisation de leurs prévisions, les variations qui leur échappent soient si minimes qu'elles n'aient aucun intérêt pour nous et soient pratiquement sans importance : il suffit qu'elles nous apportent une certitude effective.

Quand on a dit que savoir c'est prévoir, on a défini la science positive ; mais on aurait dû ajouter que ces prévisions, si rigoureuses soient-elles, ne sont jamais entièrement adéquates à la réalité et ne sont pas absolument exactes [2].

1. Richet et Sully-Prudhomme. *Le problème des causes finales*, p. 113
2. « Aussi bien, nous ne saisissons jamais que des rapports particuliers de coexistence ou de succession entre les faits. C'est nous qui les érigeons en rapports universels. Personne n'a vu et ne verra jamais toutes les pierres qui tombent à la surface du globe durant l'espace d'une seconde, à plus forte raison, toutes celles qui sont tombées ou qui tomberont. A une telle expérience, l'humanité elle-même ne suffirait pas. Néanmoins nous ne nous bornons pas à universaliser les quelques rapports que nous sommes à même de constater, nous les déclarerons nécessaires alors que nous ne sommes pas sûrs qu'ils sont invariables. Pourquoi l'eau bouillirait-elle éternellement

Les lois physiques et chimiques du monde matériel n'excluent donc pas la liberté de l'âme. « Bien qu'elles ne soient pas arbitraires, il n'y a pas adéquation entre la réalité et elles. Ni purement rationnelles, ni exclusivement expérimentales, leur caractère de nécessité qui correspond à des constances effectives, n'engage pas le cours des choses et encore moins les actions des hommes [1]. »

V

Des considérations qui précèdent, il résulte que notre intelligence n'est pas autorisée à dénier les données si évidentes de notre expérimentation spirituelle. Elle n'a pas le droit de nous dire que cette pensée qui se pense elle-même n'est qu'une apparence. Elle n'a pas le droit de prétendre que cette intuition de la liberté, dont aucun déterministe n'a

---

à cent degrés ? De fait elle ne bout pas toujours à cette température, quand, par exemple, la pression change. Peut-on dire alors que la chaleur soit la cause de l'ébullition ? Pourquoi celle-ci de préférence à d'autres conditions. N'est-ce pas un pur artifice que d'isoler un antécédent des innombrables circonstances qui accompagnent ou précèdent l'apparition d'un phénomène ? Pouvons-nous saisir le lien de causalité, la production d'un fait quelconque par un autre?... Comment dans ces conjectures exiler la contingence pour introduire la nécessité? On ne la rencontre nulle part dans la nature. » Paul Gaultier. *La pensée contemporaine*, pages 125, 126, 127.

1. Paul Gaultier. *La pensée contemporaine*, page 117.

jamais pu faire abstraction dans la pratique de ses actes, n'est qu'un mirage. Autant vaudrait douter des objets qui nous entourent et que nous percevons à côté de nous.

Ni la philosophie, ni la science n'opposent de raison sérieuse à cette croyance. Et la certitude de notre spiritualité va s'accroître encore de l'impuissance radicale de tous les systèmes matérialistes.

SECTION II. — **Impossibilité du matérialisme.**

VI

De tout temps on a essayé d'expliquer la pensée par la matière et les progrès des sciences physiologiques au xix° siècle ont donné une nouvelle impulsion à cette doctrine. La corrélation incontestable qui existe entre les phénomènes psychiques et cérébraux a paru à certains auteurs une démonstration suffisante de la matérialité de l'esprit. Les spiritualistes ne nient pas cette corrélation ; mais ils prétendent qu'il y a hétérogénéité entre la pensée et le cerveau, entre l'âme et le corps ; ils ne sauraient admettre que le moi inextensif que leur révèle l'expérience spirituelle soit réductible aux phénomènes extensifs qui constituent le monde matériel.

Nous allons examiner les tentatives les plus importantes faites par les monistes matérialistes pour essayer de ramener la pensée à la matière. Nous n'aurons pas de peine à constater que toutes ont échoué.

VII

Cabanis et Carl Vogt affirment que la pensée est une sécrétion du cerveau comme la bile est une sécrétion du foie[1]. Lamarck partage cette opinion et estime que le cerveau transforme en pensées les sensations apportées par les sens: il lui importe peu qu'il n'y ait dans le cerveau aucune trace de ses productions spirituelles[2]. Mais Lamarck élude ainsi la difficulté tout entière dont le matérialisme prétend donner l'explication. Si la pensée était une sécrétion du cerveau, elle serait sensible. Si elle était un produit de l'encéphale, elle y siégerait et il suf-

---

1. « Pour se faire une idée juste des opérations dont résulte la pensée, il faut considérer le cerveau comme un organe particulier destiné spécialement à la produire ; de même que l'estomac et l'intestin à opérer la digestion, le foie à filtrer la bile, les parotides et les glandes maxillaires et sublinguales à préparer les sucs salivaires. »
Cabanis. *Rapports du Physique et du Moral*, page 130.

2. « Relativement aux *traces* que nos idées et nos pensées impriment dans notre cerveau, qu'importe que ces traces ne puissent être aperçues par aucun de nos sens, si, comme on en convient, il y a des observations qui ne nous laissent aucun doute sur leur existence ainsi que sur leur siège. »
Lamarck. *Philosophie Zoologique*. Part. III. Introduction, page 151.

rait d'ouvrir le crâne d'un homme pour y trouver une pensée sensible comme l'organe qui la sécrète ; et, fût-elle imperceptible, elle se révélerait tout au moins à une analyse chimique minutieuse. Une théorie, à ce point simpliste, ne pouvait qu'aboutir à un échec ; et elle a été abandonnée par tous les matérialistes eux-mêmes.

Buchner s'est contenté de déclarer, en des termes non précisés, que la pensée est une des formes du mouvement [1].

Haeckel proclame que le problème de la pensée est un problème physiologique ramenable comme tel aux phénomènes qui ressortissent à la physique et à la chimie [2]. Richet nous dit que l'esprit est un mécanisme *explosif* avec conscience et mémoire [3], mais ce mécanisme lui paraît tellement mystérieux qu'il avoue que nous voguons en pleines hypothèses sans aucune vraisemblance d'arriver à un terrain solide [4].

1. Buchner. *Force et Matière*, page 199.
2. Haeckel. *Les Enigmes de l'Univers*, page 210.
Dans le même sens : « La pensée comme la vie, comme la pesanteur, comme l'électricité est un mouvement, mais un mouvement dans la vie, dans un organisme, un mouvement dans un cerveau, moins encore dans une partie du cerveau. C'est une propriété spéciale d'un état très particulier de la matière. » A. Lefèvre. *La Philosophie*, page 414.

« La pensée est sûrement une propriété de la cellule nerveuse. » Dr Letourneau. *La Biologie*, page 454.

Id. Matisse. *L'intelligence et le cerveau*, page 35.
3. Richet. *Essai de psychologie générale*, page 175.
4. Richet. *Essai de psychologie générale*, page 117.

Comment pourrait-on en effet expliquer que la pensée se confonde avec un mouvement matériel ? Il est incontestable que le mouvement, quelle que soit la définition que l'on veuille bien en donner, ne se révèle immédiatement à nous que comme déplacement d'un corps matériel dans l'étendue. Tout mouvement ne peut être observé qu'en tant que transfert d'un mobile extensif. Nous n'avons pas à discuter ici la valeur scientifique d'une pareille conception mécanistique. Il nous suffit de constater un fait qui est indiscutable. Quelle que soit la réalité objective du mouvement, il est de son essence de se donner immédiatement et nécessairement à nous sous forme de translation d'un corps extensif (fût-ce un atome ou un électron) d'un point de l'étendue à un autre point de l'étendue : c'est à l'instant même que nous percevons un mouvement qu'il apparaît être déplacement extensif.

Tout mouvement cérébral ne sera donc immédiatement connu de nous qu'en tant que transfert d'un élément physique. Si l'on admet que le neurone est l'élément primordial du cerveau, tout phénomène cérébral se traduira par des déplacements soit *interneuroniques* (les boutons terminaux se rapprochant ou s'éloignant), soit *intraneuroniques* (modifications cellulaires ou neuro-fibrillaires à l'intérieur même du neurone) : tout phénomène cérébral nous sera donné sous forme de vibrations moléculaires.

La pensée nous est-elle immédiatement et essentiellement révélée comme déplacement d'un élément extensif ? Non, puisqu'elle nous apparaît, au contraire, inextensive. Non, puisque lorsqu'elle surgit, il nous est absolument impossible de la localiser.

Sans doute, la science positive nous apprend qu'il y a une certaine connexion entre l'activité psychique et les phénomènes encéphaliques, et cette connexion n'est pas contestée. Mais un homme peut penser pendant toute sa vie sans se douter que sa pensée a toujours été accompagnée de mouvements cérébraux [1].

La pensée ne se donne jamais immédiatement comme une vibration moléculaire. Et si, effectivement, elle est toujours accompagnée d'une translation d'éléments neuroniques, ce phénomène matériel est perçu tout à fait indépendamment de cette pensée qu'il ne nous fait en rien connaître.

D'une part, nous ne pouvons observer et saisir le mouvement de la matière que grâce à sa propriété essentielle de nous apparaître immédiatement ainsi qu'un déplacement sensible et extensif. D'autre part, nous ne pouvons observer et saisir la pensée que grâce à sa propriété essentielle de se révéler immédiatement inextensive. Il y a donc hétérogénéité entre le mouvement matériel et la pensée [2].

---

1. Tous nos mouvements physiologiques n'accompagnent-ils pas eux aussi notre pensée ?
2. « En allant du mouvement à sa cause, on ne trouve nulle

VIII

En présence de l'insurmontable difficulté que l'on rencontre à vouloir ramener la pensée au mouvement, un certain nombre de savants et de philosophes ont cru pouvoir justifier le monisme psychophysique du point de vue énergétique. Un des plus illustres chimistes contemporains, Ostwald, prétend éviter l'écueil du passage de la matière à l'esprit grâce à la notion d'énergie qui s'appliquerait à tous les phénomènes [1]. A ses yeux, il y aurait une

part un élément psychique, ce qui n'est que tout naturel : la cause d'un mouvement ne pouvant être qu'un mouvement. »
Bohn. *La Naissance de l'Intelligence*, page 54.

Le matérialisme n'échappe pas à la logique de la réfutation idéaliste. « Quand donc vous dites que toutes les idées sont occasionnées par les impressions du cerveau, concevez-vous ce cerveau, oui ou non ? Si vous le concevez, vous parlez alors d'idées qui sont gravées dans une idée qui cause cette idée même, ce qui est absurde. Si vous ne le concevez pas, alors vous parlez d'une façon inintelligible, bien loin de former une hypothèse raisonnable. »
Berkeley. *Dialogues entre Hylas et Philonous*, page 194.

Cette argumentation a été très habilement développée par Henri Bergson dans *Matière et Mémoire* (page 4) et dans un article : « Le Paralogisme Psycho-physiologique » (*Revue de Métaphysique et de Morale*, 1904, pages 895 et suivantes).

1. « On n'a plus à se préoccuper de découvrir comment l'esprit et la matière peuvent agir l'un sur l'autre ; la question que l'on a à résoudre est celle de savoir dans quelle relation la notion d'énergie qui est beaucoup plus large que celle de matière se trouve avec la notion d'esprit... Je crois pouvoir pré-

liaison constante entre les manifestations les plus simples de l'énergie, c'est-à-dire ses manifestations mécaniques et ses manifestations les plus complexes, c'est-à-dire ses manifestations psychiques[1].

Cresson affirme, dans le même sens, qu'il n'est pas plus extraordinaire de voir les formes de l'énergie que nous apercevons sous l'aspect matière se changer dans les formes de l'énergie que nous apercevons sous l'aspect esprit, que de voir se transformer les unes dans les autres les diverses formes de l'énergie physique[2].

Abel Rey se demande lui aussi pourquoi on ne considère pas les faits psychiques et biologiques comme deux ordres de faits naturels qui agissent et réagissent l'un sur l'autre, ainsi que tous les autres ordres de faits naturels : phénomènes caloriques, électriques, optiques, chimiques, etc...[3].

Le Dr W. Nicati va même jusqu'à assimiler la pensée à l'énergie électrique[4].

---

senter la chose ainsi : les phénomènes psychologiques peuvent être conçus comme des phénomènes énergétiques et interprétés comme tels aussi bien que tous les autres phénomènes. Entre les opérations psychologiques et les opérations mécaniques, il semble y avoir à peu près la même différence et la même ressemblance qu'entre les opérations électriques et les opérations chimiques. »
Ostwald. *L'Energie*, page 200.
1. Ostwald. *L'Energie*, page 217.
2. Cresson. *Les Bases de la philosophie naturaliste*, page 134.
3. Abel Rey. *La Philosophie moderne*, page 259.
4. Dr W. Nicati. *La Psychologie naturelle*, page 185.

La théorie du monisme énergétique n'a pas, au point de vue philosophique, une grande portée. Elle pose comme un principe établi qu'une même notion, celle d'énergie, s'applique à l'esprit et à la matière, alors que telle est précisément l'hypothèse dont il faudrait apporter la démonstration [1].

Au lieu de résoudre la difficulté, on la suppose résolue : voilà bien une singulière façon de raisonner. Comment passera-t-on de l'énergie nerveuse à l'énergie pensante? Les énergétistes ne l'expliquent pas. Comment doit-on définir l'énergie ? Les énergétistes ne sont pas d'accord sur ce point. A vrai dire, ce mot n'est pour eux qu'une entité, qui ne correspond à aucune perception précise.

Si nous essayons d'approfondir cette notion, nous nous trouvons obligés de reconnaître que toutes les formes de l'énergie physique peuvent se manifester à nos sens comme des déplacements extensifs, c'est-à-dire des mouvements : nous pouvons admettre en conséquence qu'elles soient réductibles les unes aux autres, puisque nous leur connaissons un élément qui, relativement à nous, leur est essen-

---

1. Hoffding nous signale ainsi le vice de l'énergétisme : « Ostwald croit avoir résolu le problème des rapports du physique et du moral ; il est manifeste que le problème se pose toujours de nouveau puisque alors il devient la question de savoir comment se fait la translation de l'énergie nerveuse inconsciente à l'énergie nerveuse consciente... Le concept de l'énergie nerveuse semble être chez Ostwald un pur concept mystique ». Hoffding. *Philosophes contemporains*, page 112.

tiel : la translation extensive. Mais la pensée ne participe pas à l'extensivité : elle ne se manifeste jamais en tant que mouvement. Dès lors, l'énergie pensante et l'énergie physique seront aussi des réalités hétérogènes, et ce n'est que par métaphore qu'on aura le droit de les désigner par le même mot : énergie.

IX

Une autre théorie, très répandue aujourd'hui parmi les adversaires du spiritualisme, est celle du parallélisme. Maudsley a été un des premiers à la formuler et Huxley l'a résumée en cette phrase lapidaire : « La conscience accompagne les états du cerveau comme l'ombre les pas du voyageur. »

Le parallélisme a voulu éviter le problème de la genèse matérielle de la pensée et il s'arrange en effet pour ne pas le poser. Au lieu de placer le physique et le psychique bout à bout, il les place parallèlement, l'un à côté de l'autre. La pensée serait un épiphénomène parallèle au phénomène nerveux.

Telle est la doctrine de Taine qui prétend que l'événement cérébral et l'événement mental ne sont qu'un même événement à deux faces : l'un psychique et l'autre sensible [1]. Supposant un livre écrit

---

1. Taine. *De l'Intelligence*, tome I, page 329.

dans une langue originelle et muni d'une traduction interlinéaire, il compare la nature au livre, la langue originelle à l'événement moral et la traduction interlinéaire à l'événement physique [1].

C'est d'un point de vue analogue que Bain déclare que, quoique l'esprit et la matière soient les faits les plus opposés de notre expérience, il y a pourtant entre notre pensée et notre organisme une sorte de parallélisme [2]. Entre le corps et l'esprit existerait une causalité conjointe et non réciproque.

Ribot enseigne que, dans tout événement psychique, il y a un processus nerveux et un processus conscient. Dès que le processus nerveux se produit, l'événement existe en lui-même; dès que la conscience s'y ajoute, l'événement existe pour lui-même : la conscience le complète, l'achève mais ne le constitue pas [3].

Godfernaux nous dit que le fait de conscience est surajouté comme le bruit que fait une branche lorsqu'on la brise [4], et croit observer un parallélisme constant et rigoureux entre la vie psychique et la vie physiologique [5].

1. Taine. *De l'Intelligence*, tome I, page 331.
2. Bain. *Les Sens et l'Intelligence*, page 7. Voir aussi : *L'Esprit et le Corps*.
3. Ribot. *Maladies de la personnalité*, page 6.
4. Godfernaux. « Le parallélisme psycho-physique », *Revue Philosophique*, 1904, tome II, page 497.
5. Godfernaux. *Le Sentiment et la Pensée*, page 200.

Paulhan, au nom du même principe, ne nie pas la distinction d'un processus purement physiologique et d'un processus psycho-physiologique; mais il soutient que ces différences sont purement physiologiques, la conscience n'étant qu'un signe de ces différences [1].

Ebbinghaus, sans paraître se douter des contradictions qu'il accumule, expose que les mêmes faits auraient deux aspects : l'un matériel, l'autre psychique ; et ces deux aspects seraient les anneaux de deux séries, parallèles, étrangères les unes aux autres dans leur enchaînement causal, et qui seraient cependant, de par leur propre nature, une seule et même chose [2].

Le Dantec s'est fait un des défenseurs les plus ardents de la thèse épiphénoméniste [3].

Il proclame que la pensée n'est qu'un reflet intérieur de mouvements physico-chimiques du cerveau [4]; mais il essaie vainement de faire comprendre en quoi peut bien consister ce reflet intérieur. Il n'hésite pas cependant à admettre que celui qui saurait au moyen d'un appareil ingénieux lire pen-

---

1. Paulhan. *Les phénomènes affectifs et les lois de leur apparition*, pages 11, 12 et 13.
2. Ebbinghaus. *Précis de Psychologie*, pages 61 et 62.
3. Le Dantec. *L'Athéisme*, ch. VII et ch. VIII. *Le Conflit. Le Déterminisme biologique. L'individualité et l'erreur individualiste*. Le Dr Laumonnier adhère formellement à l'épiphénoménisme de Le Dantec. *Physiologie générale*, page 561.
4. Le Dantec. *L'Athéisme*, p. 100.

dant quelque temps ce qui se passe dans la substance cérébrale d'un homme saurait, par là même, tout ce que cet homme aurait pensé, senti et voulu pendant cet intervalle [1]. Le Dantec est persuadé que cet appareil qu'il appelle phrénoscope sera un jour réalisé. Le phrénoscope ne montrerait pas la pensée elle-même, mais des hiéroglyphes mesurables qui permettraient de la traduire [2]. Et pour essayer de se faire comprendre, Le Dantec emploie une comparaison [3]. Un sourd qui posséderait un phonographe pourrait en étudiant le cylindre enregistré, impressionné par un morceau de musique, connaître tous les mouvements vibratoires des ondes sonores ; mais le son de ce morceau de musique est un épiphénomène de ces mouvements vibratoires qui n'existera pas pour lui : il en connaîtra seulement la traduction, l'équivalent en mouvements vibratoires. La pensée de l'individu dont le cerveau sera observé au phrénoscope sera un épiphénomène lié aux phénomènes mesurables révélés par le phrénoscope, comme le son est un épiphénomène lié aux phénomènes mesurables révélés par le phonographe. L'observateur ne connaîtra pas la pensée épiphénomène, mais il en aura sous les yeux la traduction, l'équivalent en mouvements cérébraux.

1. Le Dantec, page 190, page 187.
2. Le Dantec, page 204.
3. Le Dantec, pages 198 et suivantes.

Le vice essentiel de la doctrine paralléliste est celui-là même que nous avons déjà signalé dans le monisme mécanique ou énergétique. On procède par pétition de principe et les raisonnements que l'on édifie péniblement supposent déjà démontrée l'hypothèse dont il faudrait faire la preuve. Ce défaut apparaît avec évidence dans la comparaison que Le Dantec établit entre le sourd avec son phonographe et l'observateur avec son phrénoscope.

Dans les limites très discutables où il peut être vrai que le sourd voit sur le cylindre du phonographe un équivalent du son, la comparaison de Le Dantec reste même sans valeur ; elle adopte en effet pour point de départ que l'on peut assimiler les vibrations auditives que le sourd ne perçoit pas à la pensée que l'observateur phrénoscopique, lui non plus, ne perçoit pas : elle postule donc que la pensée est physique comme le son : elle suppose établi ce qu'il faudrait établir.

Le parallélisme, qui se donne pour un progrès du matérialisme mécanique, n'en est au contraire qu'une inutile complication. Il enseigne que le mental et le physique forment deux séries parallèles : mais il ne nous donne aucune explication raisonnable des rapports de ces deux séries. Il nous dit que la pensée est un épiphénomène : mais il reste impuissant à nous montrer d'où provient cet épiphénomène et ce qui le distingue d'un phénomène.

De deux choses l'une : ou bien la pensée qui est

parallèle au fait physiologique en est indépendante, les deux séries sont irréductibles : et nous aboutissons au spiritualisme : l'esprit aurait une existence distincte du corps et leur parallélisme ne serait explicable que par une harmonie transcendantale. Ou bien la pensée se trouve en dépendance immédiate du fait physiologique auquel elle est liée et enchaînée et par lequel elle est produite ; et il faut bien en ce cas expliquer : 1° le mécanisme de l'enchaînement de la pensée avec les états cérébraux, 2° celui de la production même de la pensée par la matière.

Tandis que le monisme mécanique n'avait qu'une difficulté à résoudre, celle de la production du mental par le physique, le parallélisme se heurte inévitablement à celle-là d'abord et rencontre ensuite celle du parallélisme de la pensée et de l'état cérébral.

Et quand les parallélistes, essayant de s'illusionner par de vaines images, comparent le psychique et le physiologique au voyageur et à son ombre, à deux séries d'anneaux, au livre et à sa traduction, à la branche cassée et au bruit qu'elle fait, ils croient naïvement discuter leur croyance alors qu'ils l'admettent comme indiscutée.

X

La doctrine du monisme pansensasionniste est une des moins connues. On la retrouve sous le nom de panpsychisme ou psychomonisme chez quelques auteurs et notamment chez Max Werworn [1]. Elle a été plus spécialement approfondie par le philosophe autrichien, Ernst Mach. L'idée maîtresse de ce système est que le mental et le physique se ramènent à la sensation et concernent réellement une même chose : des complexus de sensations. Considérons, dit Mach, les éléments rouge, chaud, froid, etc. ; quel que soit leur nom, ils sont immédiatement donnés ; ils dépendent d'éléments extérieurs à notre corps ou physiques et d'éléments intérieurs à notre corps ou psychiques ; mais, dans les deux cas, ils sont toujours les *mêmes*, ce sont des données immédiates [2]. Le physique et le psychique contiennent donc des éléments communs et ne sont pas l'un en face de l'autre en opposition absolue, comme on le croit généralement [3]. En somme, Mach s'imagine résoudre le problème en déclarant que le psychique et le physique sont les

---

1. Max Werworn. *Physiologie générale*, pages 43 et suiv.
2. Ernst Mach. *La connaissance et l'erreur*, page 23.
3. Ernst Mach. *La connaissance et l'erreur*, page 22.

éléments communs de toute sensation et, par suite, de toute réalité.

Et d'abord, est-il prouvé que la sensation soit toute la réalité ! Non, puisqu'il faut précisément expliquer comment la sensation pourrait se transformer en pensée. Mach est bien d'ailleurs obligé de distinguer deux éléments : l'un physique et l'autre psychique. Il évite de se prononcer sur cette dualité d'éléments qu'il envisage d'une façon plutôt mystique [1] ; mais par le fait même qu'il les distingue, il les considère comme différents. Quand vous et moi nous regardons le même cheval, c'est bien la même sensation, si nous entendons par ce mot l'élément physique et objectif ; mais ce n'est pas la même sensation, si nous entendons par ce mot l'élément psychique et subjectif. De quel droit Mach, après avoir distingué ces deux éléments, les identifierait-il, les ramènerait-il l'un à l'autre ? Il faudrait qu'il commence par nous expliquer comment le physique pourrait bien se transformer en mental et c'est là tout le problème.

1. « Peut-être Mach passe-t-il ici trop facilement sur de grosses difficultés. Les éléments *communs* de la physique et de la psychologie sont là d'une manière un peu indéterminée et mystique, comme une masse de nuages qui n'a ni forme, ni articulation. »
H. Hoffding. *Philosophes contemporains* page 103.

XI

Voici enfin une des formes du monisme qui a eu la plus grande influence sur les esprits contemporains ; et il serait trop long d'énumérer tous les auteurs qui ont contribué à la répandre. Elle ne manque pas d'un caractère séduisant et beaucoup de matérialistes lui doivent leurs convictions. Nous devons même reconnaître qu'un certain nombre de spiritualistes mal éclairés ont pu se sentir ébranlés par l'apparence scientifique de cette doctrine. Il est nécessaire de l'examiner et d'en préciser la portée.

Le monisme scientiste ne cherche pas à expliquer comment l'esprit serait réductible à la matière ; c'est d'un autre point de vue qu'il prétend ruiner le spiritualisme. Il pose en principe que l'animal est certainement conscient. Peu lui importe de pénétrer le mystère de ce phénomène ; il lui suffit d'en constater l'exactitude. L'animal perçoit, l'animal se rappelle, l'animal comprend, l'animal agit intelligemment ; il donne même parfois des preuves de raisonnement. Romanes[1], Fabre[2], Lubbock[3], pour ne citer que des naturalistes célèbres, ont raconté

---

1. Romanes. *L'intelligence des animaux.*
2. Fabre. *Nouveaux souvenirs entomologiques.*
3. Lubbock. *Les sens et l'instinct chez les animaux.*

des faits merveilleux et scientifiquement vérifiés qui confirment d'une façon éclatante les observations que chacun de nous a pu faire sur les animaux. Les sciences biologiques ont établi que le psychisme de l'animal est en relation proportionnelle avec son organisation nerveuse. Le degré de perfectionnement du système cérébral conditionne le degré de perfectionnement mental. L'homme est de tous les êtres vivants celui dont l'organisation nerveuse est la plus parfaite ; il devra être celui dont la conscience est la plus parfaite. De l'amibe à l'homme se réalise une progression psychique en dépendance constante de la progression physiologique. Sans doute, l'homme a bien une supériorité mentale sur tous les autres animaux : mais dès qu'on reconnaît qu'il y a du psychisme chez les êtres inférieurs, on est en droit de dire que celui de l'homme n'est pas d'une nature différente [1].

Ou bien la pensée implique l'existence d'un principe immatériel et les animaux ont une âme immatérielle : ou bien la matière peut penser et l'âme

---

1. « Il y a sans doute une difficulté à vaincre avant d'adopter pleinement la conclusion à laquelle nous sommes ainsi conduits sur l'origine de l'homme, c'est la hauteur du niveau intellectuel et moral auquel s'est élevé l'homme. Mais quiconque admet le principe général de l'évolution doit reconnaître que chez les animaux supérieurs les facultés mentales sont à un degré très inférieur de même nature que celles de l'espèce humaine et susceptibles de développement. » Darwin. *Descendance de l'homme*, 2ᵉ partie, ch. XXI, page 640. Dans le même sens : Lamarck. *Philosophie zoologique*, 3ᵉ partie.

humaine devient une hypothèse inutile [1]. Si l'on ne veut pas admettre que les animaux ont une âme spirituelle, il faut bien convenir que l'homme peut penser sans âme spirituelle.

Les spiritualistes, qui se refusent avec raison à attribuer aux animaux un germe immatériel, ont tort de l'attribuer à l'homme.

Telle est l'argumentation du monisme scientiste.

On peut encore la résumer ainsi : Les animaux ont une conscience dont la perfection est très variable ; l'homme a lui aussi une conscience ; pourquoi celle-ci s'explique-t-elle par une âme, tandis que celle-là ne s'explique que par la matière ?

On a renoncé à prétendre au moins en France que, selon l'opinion de Descartes [2], l'animal n'a pas plus de conscience qu'une machine. Seule, une école nouvelle de biologistes allemands semble revenir à l'hypothèse cartésienne. Uesckul affirme que, pour le savant, il ne saurait y avoir de psychologie animale. Bethe, Beer et Nuel estiment avec

---

1. Beaunis. *Nouveaux éléments de physiologie humaine*, tome I, page 9.

2. D'après Descartes les animaux ne sont que des mécanismes et il explique par ce fait la supériorité des animaux dans leurs actes instinctifs.

« C'est la nature qui agit en eux selon la disposition de leurs organes, ainsi qu'on voit une horloge qui n'est composée que de roues et de ressorts peut compter les heures et mesurer le temps plus justement que nous avec toute notre prudence. » Descartes. *Discours sur la Méthode*, 5ᵉ partie.

Uesckul que les animaux ne sont que des mécanismes soumis comme toutes les machines à la loi de la conservation de l'énergie [1].

La théorie de l'animal-machine nous paraît inacceptable; il suffit d'avoir vécu, pendant quelque temps et familièrement, auprès d'un chien ou d'un chat pour s'insurger contre elle.

Et cependant il faut bien avouer avec le Dr Claparède [2] et avec le Dr Bohn [3] qu'il nous est scientifiquement impossible de savoir si les animaux ont une conscience et quelle peut être cette conscience. On ne saurait trop mettre en garde le savant et le

1. Dr Bohn. *La naissance de l'intelligence*, pages 53,55.
2. D'après le Dr Claparède, il est impossible de savoir si les animaux ont une conscience. *Revue philosophique*, 1901.
Les animaux sont-ils conscients ? Tome I, page 481.
3. Le Dr Bohn déclare qu'on ne peut rien connaître de la conscience des animaux (*La naissance de l'intelligence*, p. 111) et qu'il nous sera toujours interdit de savoir ce que sont les sensations des animaux et même si ceux-ci en ont. Au point de vue des réactions, tout se passe comme si elles n'existaient pas (page 56). Cependant il croit à la sensibilité des animaux et au rôle de cette sensibilité dans les phénomènes associatifs, non seulement, chez les animaux supérieurs mais même chez l'animal unicellulaire le plus simple, l'amibe (*Id.*, pages 320 et 321). Il fait d'ailleurs ses réserves sur la nature de ces sensations qu'on ne saurait identifier avec celles de l'homme. En somme, il postule une *sorte* de conscience chez l'animal.
Piéron admet la conscience des animaux (*L'évolution de la mémoire*, pages 151 et suivantes) sans croire « en l'existence d'états identiques à ceux que, grâce à l'introspection, nous constatons en nous-même, lorsque notre organisme présente à d'autres observateurs les phénomènes objectifs qui sont désignés par les mêmes termes » (*Id.*, page 184).

philosophe contre une tendance qui consiste à prêter aux animaux nos propres facultés [1]. Quand on soutient que le chien, qui, après avoir désobéi à son maître, vient se coucher à ses pieds comme pour lui demander pardon, *sait* pourquoi il agit ainsi [2], on se fait de cet animal une conception anthropomorphique. Savoir, c'est s'affirmer quelque chose à soi-même en un langage intérieur; savoir, c'est croire en la vérité d'un jugement que l'on formule ; savoir, c'est penser et réfléchir comme nous pensons et réfléchissons nous-mêmes. De quel droit attribuons-nous à un chien un savoir que nous ne connaissons qu'humain ?

Romanes, Fabre, Lubbock donnent dans ce travers de l'anthropomorphisme : ils parlent des animaux ainsi qu'ils parleraient d'eux-mêmes : ils font comme les fabulistes, ils prêtent aux bêtes l'âme de l'homme. Et puisque, d'autre part, rien ne leur

---

1. Telle est l'illusion dont Maeterlinck est victime lorsqu'il écrit : « Si nous étions seuls à posséder et à maintenir une parcelle de matière en cet état particulier de floraison ou d'incandescence que nous nommons l'intelligence, nous aurions le droit de nous croire privilégiés, de nous imaginer que la nature atteint en nous une sorte de but : mais voilà toute une catégorie d'êtres, les hyménoptères, où elle atteint un but à peu près identique. » Maeterlinck. *La vie des abeilles*, page 126.

C'est cette identification presque absolue de l'intelligence humaine et de l'intelligence des abeilles qui permet à Maeterlinck de ne voir dans toute intelligence qu'une parcelle de matière en un état particulier de floraison et d'incandescence. Et c'est là l'erreur fondamentale du matérialisme.

2. Cresson. *Les bases de la philosophie naturaliste*, page 87.

indique que cette âme qu'ils croient trouver chez les animaux est spirituelle, ils en concluent que la pensée humaine doit s'expliquer par la biologie comme l'intelligence des bêtes.

Quand Romanes cite le cas du chien à qui son maître dit : cherche ! cherche ! et qui se met aussitôt à chercher, il a tort d'en déduire que ce chien a raisonné. Pour que cet animal ait raisonné, il aurait fallu d'abord qu'il comprît le sens des paroles qu'on lui adressait ; il aurait fallu ensuite qu'il prît la décision d'obéir à cet ordre ; il aurait fallu enfin qu'il sût ce que c'est que chercher. En réalité, c'est l'intonation et la consonance et non pas le sens des mots qui ont déterminé un acte que ce chien était déjà dressé à accomplir. J. Delbœuf a révélé les raisons de cette illusion qui nous porte à croire très souvent qu'un animal comprend certains mots, alors que le véritable facteur de son action n'est autre que le ton avec lequel ces mots sont prononcés [1].

Si le sphex languedocien dont Fabre raconte les mœurs merveilleuses comprenait la portée des diverses opérations qu'il accomplit lorsqu'il paralyse sa victime, il égalerait le niveau mental de nos plus remarquables chirurgiens. Sans doute, les animaux manifestent une faculté que nous appelons leur mémoire ; mais la matière inorganique possède

---

1. J. Delbœuf. « De l'intelligence des animaux », *Revue Scientifique*, janvier 1886, pages 3-10.

elle aussi un privilège analogue. La chimie ne nous enseigne-t-elle pas qu'un colloïde porte la trace de toutes les modifications que nous lui avons fait subir et les enregistre toutes dans leur ordre : ses propriétés dépendent de toutes les circonstances de sa vie[1]. Est-il donc surprenant que la mémoire des animaux ne soit qu'une fonction de leur système nerveux, et de quel droit la comparons-nous à notre mémoire spirituelle qui dans sa manifestation essentielle consiste à penser librement le passé ?

C'est la même erreur anthropomorphique qui a pu faire dire à un psychologue que le phénomène de l'abstraction sur lequel repose le raisonnement de l'homme se retrouve chez les animaux[2].

En nous plaçant au point de vue purement positif, qui est bien celui du monisme lui-même, nous devons donc reconnaître que nous ne savons rien de la conscience de l'animal, pas même si elle existe. Nous pouvons envisager et étudier les actions et les mouvements des animaux; mais il nous est interdit, au nom même de la science, d'aller au delà et d'interpréter ces actions et ces mouvements par une conscience dont nous ignorons tout.

L'objection du monisme s'écroule tout entière : elle n'a rien prouvé contre le spiritualisme. Si on nous demande maintenant d'abandonner le point

---

1. J. Duclaux. « La synthèse chimique », *Revue du mois*, n° 26, 10 février 1908, page 173.

2. Ribot. *L'évolution des idées générales*, pages 17 et suiv.

de vue de la science positive pour celui de l'hypothèse, nous dirons quelle est notre opinion sur la conscience des animaux.

XII

Nous admettons que l'animal n'est ni une simple machine, ni une activité pensante comparable à l'homme.

Il n'est pas une simple machine, parce que le mécanisme pur n'est qu'une création de l'esprit humain et n'existe pas complètement réalisé dans la nature. Le mécanisme parfait supposerait l'identité absolue dans la répétition.

Or le même phénomène ne se retrouve jamais identique ; la matière change et se transforme sans cesse. Il peut seulement se produire des phénomènes ayant entre eux des ressemblances, des phénomènes qui se révèlent à nous comme soumis à un ordre et à une harmonie. Les savants contemporains, nous l'avons déjà dit, sont unanimes à reconnaître l'impuissance de toute explication mécanistique [1]. Certains d'entre eux ont essayé de

---

1. Voir ci-dessus, p. 81 et suivantes.

« Que le mécanisme gouverne le monde, cela n'est pas douteux, comme vous le dites si bien. Mais rien n'est expliqué par le mécanisme. »

Richet et Sully-Prudhomme. *Le Problème des causes finales*, page 140.

suppléer à l'insuffisance du point de vue mécanique par le point de vue énergétique. Mais il ne suffit pas d'employer un mot nouveau pour résoudre une difficulté. A quoi nous servira de parler d'énergie si nous ne comprenons pas la portée de ce terme, et il faut bien avouer qu'à moins d'en revenir à l'explication mécanique et de se représenter l'énergie comme un facteur de rapports constants, ce mot d'énergie ne peut que signifier *tendance vers un but*. Il y a dans la nature autre chose que des rapports plus ou moins constants, il y a la réalisation d'une fin [1]. Tout phénomène matériel synthétise un élément mécaniste et un élément finaliste [2] et, de tous les phénomènes matériels, les phénomènes biologiques sont ceux qui s'avèrent les moins mécaniques et qui tendent le plus vers une fin.

La notion d'un progrès continu dans l'évolution générale des êtres vivants s'impose aujourd'hui à

1. « L'hypothèse que tous les effets de la matière brute sont d'essence mécanique ne rend aucun compte de la commune tendance qui sollicite tous ses effets. » P. Duhem. « L'Évolution de la mécanique », *Revue générale des sciences pures et appliquées*, 30 janvier, 15 et 28 février 1903. Voir Lachelier : *Du fondement de l'induction*. Bergson, Sabatier, Lapparent, Henri Poincaré, etc.

2. « C'est dans une explication finaliste que sera la dernière explication de la matière. » Wiébois. « L'esprit positif », *Revue de métaphysique et de morale*, 1901, page 638.

Leibnitz avait déjà dit : « Les lois de la matière ne sont ni tout à fait nécessaires, ni tout à fait arbitraires. »

tous les esprits. Une tendance, qu'aucun obstacle n'a pu vaincre, entraîne les êtres organisés à une individualisation croissante vis-à-vis de leur milieu. Le monde animal choisit ses énergies parmi celles que le monde végétal a accumulées, et le monde végétal emprunte les siennes au monde inorganique. Le sens de l'évolution est l'accroissement de la vie sur la terre par une plus grande indépendance des organismes.

Et cette loi de progrès se révèle aussi bien dans le développement de l'individu que dans celui du groupe. « L'organisation des êtres vivants consiste « en une série d'actes d'une complexité extrême, « ayant pour résultat la formation d'organes admirables pour leur parfaite adaptation à des fonctions déterminées, fonctions qui concourent à « l'accomplissement de phénomènes vitaux cellulaires et individuels ainsi qu'à la réalisation de « la reproduction, en d'autres termes, fonctions « qui concourent à la subsistance de l'individu et « à la perpétuation de l'espèce [1]. » La cellule ne manifeste son activité que pour s'accroître et ne s'accroît que pour se diviser. Tout être vivant réagit à son milieu comme s'il cherchait intelligemment ce qui peut augmenter la vie en lui pour la propager ensuite. Au fur et à mesure que les animaux progressent, leurs réactions sont plus indépendan-

---

1. Paulesco. *Philosophie Biologique*, « Finalité, Matérialisme, Ame et Dieu », pages 14 et 15.

les et moins déterminées : ils les choisissent comme s'ils en comprenaient la portée.

C'est donc en conformité à une tendance et en vue d'une fin que sont coordonnées les activités animales. C'est dans la poursuite d'un but, c'est dans l'exécution d'un plan que se trouve la véritable explication de l'instinct. Et c'est grâce à la progression du système nerveux dans l'échelle des êtres vivants que cette finalité, progressive elle aussi, se manifeste en des actions animales si merveilleuses qu'on a cru pouvoir les confondre avec les actions humaines. Si grande est la distance qui sépare l'être inorganique de l'animal que les matérialistes se sont imaginé qu'en elle seule résidait toute la diversité du réel ; et ils en ont conclu à tort que de l'animal à l'homme, il n'y aurait qu'une différence de degré, alors qu'il y a véritablement une différence de nature.

Si l'animal n'est pas une simple machine, il n'est pas davantage une activité pensante comme notre esprit. Il a des perceptions et des sensations qui sont conscientes, mais d'une conscience qui ne saurait être comparée à notre pensée. De l'animal à l'homme, il y a un abîme : celui qui sépare la matière de l'esprit.

L'homme a fait ce qu'aucun animal n'a pu faire [1] :

1. « L'enfant naît, sans contredit, le plus déshérité, le plus nu au point de vue psychique de tous les animaux que nous connaissons et, d'autre part, il doit parvenir à un niveau intellec-

l'invention et l'usage du feu, le perfectionnement des outils, la création de l'œuvre purement esthétique, le martyre pour la défense d'une conviction, sont, entre mille, des actions dont les animaux sont incapables.

Notre connaissance intellectuelle, réalisée dans la parole, affirme qu'elle se connait elle-même et exprime cette affirmation.

Un animal n'a jamais exprimé et n'exprimera jamais son *affirmation qu'il sait* quelque chose. L'animal a des perceptions et agit d'après ses perceptions : mais il ne peut pas affirmer, comme l'homme, *qu'il sait* qu'il perçoit ; et c'est seulement par anthropomorphisme qu'on pourra dire qu'il agit comme s'il savait qu'il perçoit. Nous ne pourrions

tuel très supérieur à aucun d'eux. Il y a donc là, et dans un laps de temps relativement très court, une somme d'acquisitions formidable à réaliser. » Dr H. Bouquet. *L'évolution psychique de l'enfant*, page 3. « On essaye de montrer que certains cerveaux d'animaux supérieurs sont voisins comme qualité de certains cerveaux humains inférieurs, et l'on arrive ainsi à quelques résultats d'apparence. D'apparence seulement ; l'hiatus ne se comble jamais. L'animal le plus intelligent reste un animal, et l'homme le plus primitif invente le canot, le feu, la flèche. » Remy de Gourmont. *Promenades philosophiques*, 3ᵉ série, page 75.

« Quoi qu'il en soit de son origine, ne l'oublions pas, l'homme a fait ce qu'aucun animal n'a pu faire : il a découvert le feu, il a fabriqué des outils, il a pratiqué le langage ; en un mot, il a fait plus que prévoir les phénomènes, il en est devenu maître en quelque sorte. Il y a un hiatus entre l'intelligence des animaux et l'intelligence humaine. » Dr Bohn. *La naissance de l'intelligence*, page 336.

même pas avoir la moindre notion de ce que sont la perception, la sensation, la mémoire d'un animal, si nous n'étions nous-mêmes doués d'un organisme matériel[1]. Sans doute, nous n'arriverons pas à exprimer absolument ces états de notre vie physique, puisque ce n'est que par un effort de notre connaissance intellectuelle que nous pourrons tenter de les traduire avec des mots. Et cependant nous sentons qu'il ne nous est pas tout à fait impossible de tendre vers une existence purement biologique.

Essayons de retrouver ce que peut être notre conscience réduite à la perception, à la sensation. Dans nos distractions, par exemple, nous allons jusqu'aux confins de la *conscience* animale. Nous passons dans la rue près d'une personne que nous saluons *sans y penser*. Nous l'avons bien perçue, puisque nous l'avons saluée, et cependant nous ne *savions* pas à ce moment-là que nous la percevions et que nous la saluions. D'une part, cette perception devait bien contenir en elle-même *une sorte*

---

1. L'école thomiste elle-même reconnaît l'existence d'une sorte de conscience biologique. Dans son ouvrage sur *l'Ame humaine*, le P. Coconnier attribue à l'animal *une ébauche de conscience* (page 454) et cependant admet que l'âme de l'animal « dépend du corps dans toute l'étendue de son activité et ne manifeste rien par où elle le dépasse ; donc elle en dépend dans toute sa nature et dans tout son être et n'est point spirituelle » (page 478). R. P. Marie-Thomas Coconnier. *L'Ame humaine, Existence et nature.*

de conscience, puisque, quelques instants après, un effort de notre pensée a pu nous la faire retrouver intellectuellement ; nous avons pu en évoquer l'image. D'autre part, cette perception n'était pas consciente, si l'on donne au mot de conscience le sens de connaissance, puisque, au moment même où elle avait lieu, nous l'ignorions. Cette perception était à la fois biologique et subconsciente.

Quand nous marchons, quand nous parlons, sans penser aux mouvements que nous faisons, nous avons de ces mouvements une subconscience biologique. Quand nous gravissons dans l'obscurité un escalier souvent fréquenté sans penser à l'acte que nous accomplissons, c'est notre mémoire biologique qui nous guide. Enfin, — et en cela même notre subconscience biologique est plus complète que celle de l'animal, — quand notre pensée discursive fonctionne sans que nous pensions spirituellement, quand nous affirmons des formules dont nous ne pénétrons pas le sens, c'est notre subconscience biologique qui est en activité.

En somme, l'animal possède une subconscience biologique de même nature que la nôtre ; mais il n'y a rien en lui qui ressemble à notre pensée. La conscience de l'animal se trouve être simplement une réalité de même ordre que notre subliminal biologique. Cette réalité matérielle est en progression continue avec le perfectionnement du système nerveux dans la série des êtres vivants.

C'est grâce à son degré d'organisation cérébrale que l'animal élabore la perception pure en perception acquise, coordonne ses réactions physiologiques, édifie ses habitudes, et manifeste ses plus prodigieux instincts. Nous sommes donc amenés à distinguer en nous deux réalités tout à fait différentes et qui ne sont pas une seule et même réalité continuée et développée : d'un côté, la subconscience matérielle qui est de nature biologique et que nous venons de retrouver à des degrés divers chez les animaux ; d'un autre côté, la pensée qui est la conscience spirituelle.

La subconscience biologique complète la perception pure et la sensation pure. En elle nous nous trouvons au seuil même de la matière et nous entrons en communion avec le monde physique. Nos perceptions pures flottent dans les choses elles-mêmes ; nos sensations pures sont immanentes à notre organisme lui-même. La subconscience biologique, progressive avec le développement du système nerveux, coordonne chez nous comme chez l'animal les perceptions, les sensations et les réactions physiologiques, mais sans jamais sortir du domaine de la matière [1].

1. Pendant la vie humaine la pensée et la subconscience biologique ne sont jamais complètement désunies. Notre moi biologique et notre moi spirituel ne se trouvent jamais tout à fait séparés. Nous dirons de notre moi qu'il est biologique quand

XIII

Nous venons d'envisager les principales théories du matérialisme et nous avons constaté la vanité de leurs attaques contre l'enseignement spiritualiste. Non seulement notre intelligence n'a aucun motif suffisant pour refuser d'adhérer aux intuitions de notre perception intérieure, mais toutes les formes du monisme lui ont apparu inacceptables : toutes ont été incapables d'expliquer comment la pensée pourrait bien dériver de la matière : toutes ont dû s'arrêter au bord de l'abîme qui sépare ces deux réalités. Pourquoi douterions-nous donc de l'expérimentation intime de notre esprit ? Pourquoi, sur les conseils de ceux qui nous précèdent dans la voie spirituelle, ne cultiverions-nous pas notre âme pour mieux la connaître ensuite ?

Mais puisque le matérialisme a voulu dresser devant nous les exigences de notre intelligence, espérant vainement ruiner notre vision intérieure, puisqu'il a voulu faire appel à notre connaissance, interrogeons-la à notre tour. Demandons-lui de nous donner les raisons intellectuelles de la dualité de l'âme et du corps.

la subconscience prédomine en lui. Nous dirons de notre moi qu'il est spirituel quand la pensée, le mental, l'esprit prédominent en lui.

SECTION III. — Réalité de l'âme.

XIV

Notre connaissance intellectuelle nous révèle, entre le physique et le mental, une hétérogénéité irréductible [1]. Cette constatation résulte avec évidence de l'impuissance de tous les efforts qui ont été faits pour passer de la matière à l'esprit. Comment, en effet, une réalité qui nous est toujours donnée comme extensive, la matière, et une réalité qui nous est toujours donnée comme inextensive, l'esprit, pourraient-elles coïncider ?

L'extensif ne saurait se transformer en inextensif sans cesser d'être lui-même et réciproquement.

Il suffit, d'ailleurs, de comparer les manifestations (même les plus rapprochées) de notre activité matérielle et de notre activité spirituelle pour se rendre compte de leur hétérogénéité. Percevoir est une chose et savoir que l'on perçoit en est une

---

1. « Le corps et l'esprit, la conscience et le mouvement moléculaire cérébral, le fait psychique et le fait physique, tout en étant simultanés, sont hétérogènes, disparates, irréductibles, obstinément deux. »

Flournoy. *Métaphysique et psychologie*, Genève, 1890, page 17, cité par Binet, *L'âme et le corps*, page 187.

autre. Sentir est une chose et savoir que l'on sent en est une autre. La connaissance d'une douleur n'est pas douloureuse, mais vraie¹. Se souvenir biologiquement et se souvenir psychiquement sont deux choses tout à fait différentes, tellement différentes que le développement exagéré de la mémoire biologique nuit à la mémoire psychologique. On en trouve un exemple remarquable dans le cas de l'écolier qui récite mot à mot sa leçon d'un bout à l'autre et qui est incapable de répondre à une question de détail posée soudain au moyen d'une interruption, sans reprendre d'un bout à l'autre la récitation de sa leçon². Tandis que la mémoire biologique est réductible à la sensation, la mémoire psychologique lui demeure irréductible. Le souvenir spirituel d'une grande douleur physiologique n'est pas, comme on l'a dit à tort, cette douleur elle-même diminuée. H. Bergson, dans son ouvrage *Matière et Mémoire*, a très bien mis en lumière la différence de *nature* qui existe entre ces deux mémoires³.

Les savants qui ont voulu fonder une psycho-physiologie expérimentale se sont toujours bornés à observer des mouvements matériels, c'est-à-dire des mécanismes. Ceux mêmes qui ont eu la pré-

---

1. Lachelier. *Du fondement de l'induction*, pages 148 à 155.
2. Piéron. *L'Évolution de la mémoire*, page 283.
3. H. Bergson. *Matière et mémoire*, chapitre II et chapitre III.

somptueuse ambition d'embrasser de ce point de vue la synthèse de la pensée personnelle n'ont pu que se conformer aux exigences du principe mécanique et n'ont jamais cessé de mesurer des actions physiques et des réactions biologiques [1].

Notre intelligence nous impose donc l'hétérogénéité de la matière et de l'esprit [2].

XV

La nécessité d'une âme distincte de nos perceptions, de nos sensations, de nos souvenirs biologiques, nous apparaît encore incontestable pour un nouveau motif.

L'opinion de ceux qui, comme Ribot, ne voient dans le moi spirituel qu'un complexus d'états

---

1. Telle est par exemple la méthode d'expérimentation psychologique proposée par le Dr Toulouse et H. Piéron dans leur livre : *Technique de Psychologie expérimentale*. Cette technique n'a de psychologique que le nom; elle ne s'occupe jamais que des phénomènes physiologiques concomitants de l'activité psychique.

2. « Si donc, par la pensée, nous atteignons l'immatériel; si même nous le créons, d'une certaine manière, par l'abstraction que notre pensée réalise, c'est qu'il y a en nous un principe supérieur aux activités de la matière. Et cela, pour peu qu'on y regarde de près, est aussi évident qu'il est évident que nous pensons et qu'il est évident qu'un effet doit avoir une cause à son niveau; une fonction, un organe qui lui soit adapté. » Sertillanges. *Les sources de la croyance en Dieu*, page 166.

de conscience physiologiques est insoutenable [1].

Nous voulons bien admettre que ces états réalisent, relativement tout au moins, une certaine harmonie résultant de l'organisme qui les coordonne. Mais il ne nous est pas possible de concevoir que cette poussière de faits biologiquement subconscients, que ces agrégats de sensations sans autre lien qu'un système nerveux, puissent produire spontanément une unité qui les pense, un moi qui les concentre en une conscience supérieure [2].

---

[1] « Je me rattache à l'opinion des contemporains qui voient dans la personne consciente un composé, une résultante d'états très complexes. » Ribot. *Maladies de la mémoire*, page 83.

Dans le même sens : Binet. *Les Altérations de la personnalité*. Tome II, page 316.

[2] « Tant qu'il s'agit de l'homme, la conscience, fût-elle réduite à son minimum d'intensité, est toujours l'acte par lequel une multiplicité et une diversité d'états sont rattachés à un moi et à un seul, l'appropriation des phénomènes à un sujet permanent. Ce qui varie c'est la clarté de la perception, ce n'est pas l'unité du moi. Mais quand il s'agit d'êtres inférieurs, de leur irritabilité et de la finalité de leurs actes, la conscience n'est plus et ne peut plus être l'attribution de différentes sensations à un moi unique. Car l'unité de la conscience a pour condition la comparaison entre les sensations ; et cette comparaison suppose à son tour un centre où aboutissent les impressions causées par différents objets...

Or, ainsi réduite à sa valeur réelle, la conscience que l'on attribue aux êtres inférieurs présente avec la conscience humaine plus qu'une différence de degré. Ce n'est plus un moi concentrant en lui et comparant une multiplicité et une diversité ; c'est un agrégat de sensations conscientes sans lien entre elles. » Boutroux. *De la Contingence des lois de la nature*, p. 108.

« L'idée réfléchie *du moi* n'est qu'une manifestation distincte

Le système nerveux n'est en somme qu'un fait biologique, matériel comme toute perception et comme toute sensation, capable de produire peut-être des effets subconscients très complexes, mais qui ne saurait créer la pensée consciente de toutes nos perceptions et nos sensations. On ne pourrait admettre le contraire qu'en déclarant qu'il y a, entre le système nerveux et les autres perceptions et sensations, une différence de nature ; on aboutirait ainsi à une dualité irréductible, qui serait la condamnation du monisme et ferait du système nerveux une entité immatérielle.

Notre système nerveux n'est pas notre moi. Ce n'est pas relativement à lui seul que nous connaissons et coordonnons nos états de conscience. Puisqu'il n'est que matériel, il n'y a rien en lui qui diffère essentiellement des autres phénomènes biologiques. Il peut bien contribuer à la détermination de l'ordre des perceptions, il peut bien aider à les ranger en séries et à les associer, mais aucun

et contrastée de notre existence, de notre pensée ; cette connaissance analytique que nous avons de notre existence est dérivée. Le sentiment spontané, au contraire, la conscience immédiate de l'être, de la pensée, ne semble plus une résultante tardive des sensations, mais un élément immédiat et toujours présent à chaque sensation sous une forme implicite, élément sans lequel la sensation ne serait pas sentie, ne serait pas consciente. »

Fouillée. *Le Déterminisme et la Liberté*, p. 77, ou voir : Lachelier. *Du Fondement de l'induction*, page 42.

privilège ne l'autorise à avoir conscience de l'ensemble de ces perceptions. La subconscience biologique lui est immanente, comme est immanente la subconscience biologique à tous les phénomènes vitaux. D'où proviendrait donc cette conscience unificatrice des données subconscientes ?

Comme le fait très justement observer William James, il n'y a rien de commun dans le fait de se représenter l'alphabet comme tel et dans le fait de se représenter chacune des vingt-six lettres séparément [1].

Un certain nombre d'états de subconscience, même rattachés à un système nerveux, ne sont pas le même fait que la pensée unique de tous ces états à la fois devenus conscients. Comment une série se connaîtrait elle-même? L'unité d'une multiplicité doit nécessairement être autre chose que cette multiplicité en tant que telle. Nous sommes donc ainsi conduits à admettre la dualité de l'esprit et du corps.

Et cette dualité nous paraîtra d'autant plus certaine que nous savons déjà que la matière ne peut pas exister seule. Si elle existait seule, notre connaissance ne serait que matérielle et par conséquent devrait être absolue.

1. William James. *Philosophie de l'expérience*, pages 177 à 179.

XVI

Notre intelligence vient de conclure à l'existence de l'âme immatérielle. Elle a confirmé de son autorité la vision spirituelle que notre expérience avait pu nous donner. Et de toutes les explications que nous venons de présenter se dégage une théorie scientifique de l'âme qu'il serait intéressant de développer plus longuement. Le cadre que nous avons assigné à cette étude nous empêchera de nous attarder à l'édification de ce système intellectuel. Il nous suffira d'en avoir posé les bases essentielles et d'avoir très brièvement esquissé une philosophie, à laquelle s'adapteraient aisément les formes classiques du spiritualisme.

Il existe donc une science de l'âme comme il existe une science positive de la matière. Ont-elles l'une et l'autre la même valeur intellectuelle ?

SECTION IV. — Valeur de la connaissance intellectuelle de l'âme

XVII

La connaissance scientifique n'est vraie que d'une manière relative. Les mots de matière, d'énergie, de force, de loi physique, sont avant tout des abstractions [1].

La science ne nous livre pas les phénomènes matériels tels qu'ils nous sont immédiatement donnés et nous avons déjà signalé que, du devenir des choses, elle nous laissait ignorer la réalité.

Elle veut tout expliquer par des transformations de mouvements ou d'énergies et elle reste tout à fait impuissante à nous faire concevoir ce que peuvent être ces transformations. Son principe lui-même aboutit à l'inintelligible, car nous ne comprenons pas qu'un mouvement ou qu'une énergie puisse s'anéantir pour donner naissance à un nouveau mouvement ou à une nouvelle énergie [2].

A vrai dire, quand elle nous parle de mouvement, la science n'envisage que l'immobilité : elle considère le mobile à son point de départ, le mobile à son point d'arrivée et le temps qui s'est écoulé pendant le trajet; mais du mouvement en lui-même,

---

1. « Les entités de la science, de quelque nom qu'on les appelle, nature, matière, énergie, mouvement, attraction, affinité, principe vital, n'ont pas plus d'être en soi, de réalité substantielle, de ressemblance ou d'analogie avec leur objet, que celles de la métaphysique : finalité, causalité, spontanéité, liberté, etc. » Brunetière. *Sur les chemins de la croyance*, page 143.

2. « Est-il intelligible qu'un mouvement soit la raison suffisante de son propre anéantissement et de l'apparition d'un mouvement nouveau? Peut-on admettre un lien de nécessité entre ce qui n'est plus et ce qui est, entre ce qui est et ce qui n'est pas encore, entre l'être et le non-être? »
Boutroux. *De la contingence des lois de la nature*, page 58.

du passage d'un point à un autre, elle ne connaît
rien. Il ne pourrait, certes, en être autrement,
puisqu'il est de l'essence des lois scientifiques de
supposer la répétition de phénomènes identiques et
non leur évolution en un changement continuel. Le
principe constitutif de la science, celui de causalité,
suppose que les mêmes causes produisent les mêmes
effets. Or, deux phénomènes absolument identiques
ne se produisant jamais, le fondement de la science
n'est que relatif.

Comment, d'ailleurs, le principe de causalité pourrait-il parvenir à une explication suffisante des
relations interphénoménales?

Si nous admettons que la cause contient intégralement l'effet, il n'y a plus à proprement parler de
cause et d'effet et les deux termes se confondent.
Si nous admettons, au contraire, que l'effet diffère
de la cause, comment le principe de causalité pourrait-il suffire à nous faire comprendre la relation
phénoménale de la cause et de l'effet[1]? Ne sommes-

---

1. « La cause... ne contiendra jamais ce en quoi l'effet se distingue d'elle, cette apparition d'un élément nouveau qui est la condition indispensable d'un rapport de causalité. Si l'effet est de tout point identique à la cause, il ne fait qu'un avec elle et n'est pas un véritable effet; s'il s'en distingue, c'est qu'il est jusqu'à un certain point d'une autre nature; et alors comment établir non pas une égalité proprement dite, chose inintelligible, mais même une proportionnalité entre l'effet et la cause, comment mesurer l'hétérogénéité qualitative et constater que dans des conditions identiques, elle se produit toujours au même degré. » Boutroux. *De la contingence des lois de la nature*, p. 26.

nous pas contraints de reconnaître qu'une véritable cause doit être, en quelque manière, transcendante à son effet, et l'explication causale ne nous conduit-elle pas ainsi à franchir les limites de la science positive qui prétend n'envisager que des phénomènes ? Il semble bien, dès lors, que le principe de causalité ne pourrait trouver d'application absolue que dans le rapport de la réalité phénoménale à une autre réalité qui ne lui serait pas immanente, à une Cause Transcendante et Créatrice.

Si nous nous demandons quelle est la raison de cette impuissance radicale de la science positive à expliquer absolument les phénomènes, nous la trouverons dans les conditions mêmes du fonctionnement de l'intelligence.

Nous ne pouvons rien connaître intellectuellement sans formule discursive et toute formule discursive affirme essentiellement *l'être*. Connaître un phénomène, c'est déterminer ce qu'il est : c'est le considérer du seul point de vue de *l'être*, alors qu'il faudrait aussi le considérer du point de vue du *devenir*. Mais la loi même de son fonctionnement interdit formellement à notre intelligence de se placer d'une manière directe à ce point de vue. Pour connaître qu'un phénomène devient, nous devons nécessairement affirmer qu'il *est* devenir et l'envisager encore du point de vue de *l'être* : nous ne pouvons considérer le mouvement de ce phénomène que sous un aspect d'immobilité[1]. Et c'est ainsi que le devenir des choses ne peut être connu de nous que relativement.

De plus, les signes, les mots dont se sert la pensée discursive sont distincts, séparés, déterminés, arrêtés ; comment exprimeraient-ils adéquatement le continuel et le changeant ? Notre connaissance applique « à la mobilité du réel une méthode qui est faite pour donner des points de vue immobiles sur elle »[2].

Telle est la raison principale de la relativité de la science positive.

Et cependant, ses enseignements ont une portée objective certaine. Elle est susceptible d'aboutir à une vérité relative et c'est dans l'accord des données de notre intelligence avec celles de notre expérience que nous puisons cette certitude. Il ne nous est pas possible de douter de la vérité de certaines lois scientifiques ; nous avons la conviction qu'elles ont dans l'échelle des relativités une des valeurs de vérité les plus hautes.

Notre doctrine ne doit donc pas se confondre avec celle qui nie toute vérité absolue : nous prétendons, au contraire, qu'il existe une vérité absolue, mais

---

1. « Les qualités de la matière sont autant de vues stables que nous prenons sur son instabilité. » H. Bergson. *L'Evolution Créatrice*, page 326.

2. H. Bergson. « Introduction à la métaphysique », *Revue de Métaphysique et de Morale*, 1903, page 21.

que notre science ne saurait l'atteindre que d'une manière imparfaite.

XVIII

La connaissance intellectuelle de l'âme ne peut évidemment que participer aux causes de relativité de la connaissance intellectuelle de la matière. Le point de vue de *l'être* est incomplet et insuffisant pour nous faire connaître notre âme, qui est susceptible de progresser et de se perfectionner. Nous savons qu'il dépend de nous de la développer, de la transformer, de la rapprocher du Parfait vers lequel elle tend. La pensée discursive, qui ne peut envisager les choses qu'en tant qu'elles *sont*, ne nous permettra donc d'atteindre que très mal la variété des nuances de notre *moi* et sa tendance vers une fin. Il faut cependant remarquer que l'âme *est* d'une manière moins relative que la matière par cela même qu'il y a en elle plus de divin. Et cet être de notre âme se trouve d'autant moins relatif que nous nous sommes efforcés davantage à la vie spirituelle et que nous nous sommes élevés plus près de Dieu. Il dépend de nous d'accroître la participation de notre âme à l'être : il dépend de nous de donner à notre moi une réalité plus parfaite. Mais alors même que nous serions très peu avancés sur la voie de la recherche immatérielle, l'intuition de notre unité et de notre identité spirituelles nous garantirait que lorsque nous affirmons *l'être* de notre âme, nous proclamons une des vérités les plus nécessaires et les plus évidentes auxquelles il nous soit possible de parvenir. Notre connaissance intellectuelle de l'esprit s'avère même, en ce sens, plus parfaite que celle de la matière. Mais nous devons avouer que, sous un autre aspect, elle lui est inférieure.

La matière est extensive, et on comprend que les mots par lesquels nous l'exprimons puissent la traduire avec une exactitude au moins relative puisqu'ils sont extensifs comme elle. Mais de la matière à l'esprit il y a une différence de nature, et ces deux réalités sont irréductibles. Comment admettre, dès lors, que le mot qui est extensif, c'est-à-dire matériel, puisse signifier l'âme ?

Ne semble-t-il pas qu'en devenant objet de connaissance, c'est-à-dire en revêtant les formes de la pensée discursive, l'esprit devrait cesser d'être lui-même ?

Comment saurait-il être à la fois sujet connaissant et objet intellectuellement connu, c'est-à-dire participant à la matière ?

Cette corrélation existe cependant et dérive de l'union même de notre âme et de notre corps ; elle s'explique, parce que ces deux réalités, tout en étant irréductibles l'une à l'autre, n'en ont pas moins quelque chose de commun, une relation à l'Être

Absolu. Relativement à l'Être Absolu dont tout être découle, le mot peut correspondre à l'âme. C'est ainsi que le moi spirituel devient relativement objet de connaissance. La différenciation du sujet et de l'objet dans toute opération intellectuelle ne vicie pas radicalement notre connaissance de l'esprit : elle entraîne seulement sa relativité.

La science de notre âme est donc susceptible d'une valeur de vérité ; en un sens plus parfaite, en un sens moins parfaite que la science positive de la matière, elle nous donne la certitude lorsqu'elle s'impose intellectuellement à nous et que la perception intérieure nous en apporte la vérification. Nous avons vu avec quelle évidence, en dépit de son caractère relatif, notre intelligence affirme l'existence d'une pensée spirituelle, principe d'unification de notre moi tout entier. Et nous savions déjà qu'une expérience intime peut nous livrer l'intuition très nette de notre âme.

XIX

En présence de ces conclusions, nous avons le devoir de croire qu'un être spirituel est en nous. Les matérialistes ne sauraient plus se refuser à tenter loyalement et en toute sincérité l'expérimentation de leur âme. Ils n'ont pas le droit d'éviter la route peut-être un peu pénible qui leur est indiquée et qui les conduirait à la lumineuse vision de cette puissance immatérielle. Certes, leur intelligence ne peut la leur faire connaître que d'une manière relative ; mais ce qu'ils savent de la matière n'est pas plus positif; et s'ils ont le moindre souci de la vérité, l'obligation leur incombe d'une recherche spirituelle persévérante et désintéressée. Ils seraient d'autant plus impardonnables, qu'indépendamment des penseurs spiritualistes des temps modernes, l'humanité tout entière, depuis ses origines les plus lointaines, affirme sa foi en l'existence d'une âme immortelle [1].

Il a fallu les arguments trompeurs d'un intellectualisme mal éclairé pour persuader à certains hommes que de pareilles visions intérieures n'étaient qu'illusoires ; et c'est ainsi que le matérialisme a surtout séduit de vains philosophes.

Mais aujourd'hui que la connaissance discerne

---

1. « Si haut que l'on remonte dans l'histoire de la race indo-européenne dont les populations grecque et italienne sont les branches, on ne voit pas que cette race ait jamais pensé qu'après cette courte vie tout fût fini pour l'homme. Les plus anciennes générations, bien avant qu'il y ait des philosophes, ont cru à une seconde existence après celle-ci. » Fustel de Coulanges. *La Cité antique*, livre I, chapitre I, page 7.

« Comme tous les peuples primitifs sans exception, les Hébreux croyaient à une sorte de dédoublement de la personne, à une ombre, figure pâle et vide, qui, après la mort, descendait sous la terre et, là, dans des espèces de salles sombres menait une vie triste et morne. » Renan. *Histoire du peuple d'Israël*, I, page 128.

mieux ses limites et sa valeur, aucun matérialiste n'est en droit de se dérober à la tâche qui prépare la vie de l'esprit.

Quant aux spiritualistes, alors qu'ils viennent de trouver, dans la réflexion et dans le raisonnement logique, la vérification de leurs croyances, ils ont l'obligation de répondre à l'appel de leur âme [1]. Puisqu'ils ont le pouvoir de développer et d'enrichir les forces intérieures de leur moi, puisqu'il ne dépend que d'eux de les vivifier, leur inertie et leur indifférence seraient criminelles.

Et cette culture spirituelle ne manquera pas de leur procurer les satisfactions les plus précieuses ; la réalisation de leur âme les conduira au seuil de l'Absolu.

---

1. « La mission la plus importante et la plus nécessaire à accomplir dans notre existence est de chercher à être conscient de notre vie intérieure. »

Tolstoï. *Pensées recueillies par Ossip-Lourié*, X, page 4.

CHAPITRE QUATRIÈME

DIEU

CHAPITRE IV

Dieu

Sommaire

SECTION I. — **Possibilité de Dieu.**

I. — Possibilité métaphysique de l'existence de Dieu.
II. — Possibilité métaphysique de la connaissance de Dieu. — II. Spencer et l'agnosticisme.
III-VI. — Possibilité scientifique de l'existence de Dieu. — Dieu et la science positive. — Dieu et le transformisme. — Dieu et l'unicisme bio-physique. — Evolution et finalité.

SECTION II. — **Preuves de l'existence de Dieu.**

VII. — Classification traditionnelle. — Un choix de preuves

§ 1. — Preuves métaphysiques et physiques.

VIII. — *A.* Un aspect de la preuve ontologique. — *B.* L'immanentisme idéaliste. — *C.* Le panthéisme.
IX. — Preuve par la contingence. — X. *A)* Par le mouvement. *B.* Par les causes. — XI. Par l'ordre. — XII. Par l'union de l'âme et du corps.

§ 2. — Preuve morale.

XIII. — Impossibilité d'une morale scientifique. — Quelques systèmes. — Transcendance du Bien.

§ 3. — Preuve par l'irréductibilité de la croyance religieuse.

XIV. — Irréductibilité de la croyance religieuse (L'animisme: Reinach. — Durkheim. — Hoffding).

SECTION III. — **De la Science de Dieu.**

XV. — Brève énumération des attributs de Dieu.

SECTION IV. — **De la valeur de la connaissance intellectuelle de Dieu.**

XVI. — Portée analogique de cette connaissance.

Dieu

Le spiritualisme enseigne qu'il existe un Dieu, Créateur de l'esprit et de la matière, Être Absolu et Transcendant qui possède au degré de perfection les qualités de ses créatures. Examinons, du point de vue intellectuel, ce que vaut cet enseignement.

SECTION I. — **Possibilité de Dieu.**

I

On a prétendu que le principe fondamental de notre intelligence nous interdisait de croire en l'Absolu. L'impossibilité de Dieu résulterait de la contradiction qu'il recèle.

Ne semble-t-il pas, en effet, que si l'Absolu est

tout, il ne devrait y avoir aucune place pour le relatif? La coexistence de Dieu et de sa créature n'est-elle pas inadmissible ?

Le spiritualisme répond que Dieu est bien *tout ce qui est*, mais qu'il n'est pas ce qui *devient*.

Le mot être ne s'applique pas avec une même portée à l'absolu et au relatif. *L'être* ne se trouve absolument réalisé qu'en Dieu et la créature n'est pas au sens de *l'être* de son Créateur : elle devient. Le devenir est à l'être ce que le relatif est à l'absolu. L'existence de la créature ne diminue donc en rien l'infini de Dieu. Nous ne nous contredisons pas nécessairement en croyant à la coexistence de Ce qui Est et de ce qui devient, de l'Absolu et du relatif.

Mais, objectera-t-on encore, comment les rapports de Dieu et de l'univers seraient-ils logiquement concevables ? Si le Créateur est extérieur au monde créé et n'a aucun point de contact avec lui, si l'Absolu est en dehors du relatif et que rien ne les unisse, comment pourrait-on raisonnablement expliquer que Dieu puisse agir sur sa créature? Cette objection a le grave défaut de prêter au spiritualisme une doctrine qui n'est pas la sienne.

Certes, Dieu n'est, à proprement parler, ni extérieur ni intérieur à l'univers puisqu'il est inétendu et n'a dès lors aucun rapport de situation avec lui. Il est distinct de la matière et de l'âme, et on ne saurait les confondre. Mais Dieu est en relation avec sa créature, en relation de Créateur à créature. Si le relatif est en rapport avec l'Absolu, c'est précisément en ce qu'il est relatif à l'Absolu.

La raison humaine ne se trouve donc pas *à priori* empêchée de croire à l'existence de Dieu. Le spiritualisme ne se heurte pas à une contradiction initiale. Sans doute, il faut en convenir, les notions d'Absolu et de relatif, de Créateur et de créature sont bien loin d'apparaître entièrement compréhensibles à notre connaissance intellectuelle. Mais il nous suffira de constater dès à présent que l'existence de Dieu n'est pas logiquement une impossibilité.

II

Aussi bien, l'athéisme contemporain a-t-il généralement renoncé à présenter sous cette première forme son argumentation métaphysique contre le spiritualisme.

Il adopte une attitude tout à fait différente et bien plus dangereuse: il fait appel à l'agnosticisme. Cette doctrine se rattache intimement à l'idéalisme que nous avons déjà réfuté:

D'après la thèse idéaliste, l'homme ne pourrait connaître que sa connaissance et serait, par suite, incapable de rien savoir du monde extérieur, de l'âme ou de Dieu. Nous avons dénoncé le vice fon-

damental de l'idéalisme et mis en relief l'erreur de
Kant. Nous avons démontré que notre connaissance
atteignait des réalités distinctes d'elle, c'est-à-dire
objectives. L'idéalisme nous est apparu un simple
jeu d'esprit philosophique.

L'agnosticisme ne nie pas la portée objective de
la connaissance intellectuelle ; mais il proclame
que l'homme, qui est relatif, ne saurait connaître
Dieu, qui est absolu. Notre intelligence limite tout
ce qu'elle touche : ce n'est qu'une réalité finie
qu'elle nous révélera ; en aucun cas, ce ne sera Dieu.

Cette objection a été longuement développée par
Herbert Spencer. Huxley, Hamilton et Mansel
avaient déjà fondé la philosophie de l'inconnaissable
lorsque Herbert Spencer la reprit, essaya de la compléter et de la rectifier, et fut ainsi amené, d'une
manière insensible, à lui faire subir de telles modifications que son agnosticisme se mua en une théorie gnostique voisine du spiritualisme. Herbert
Spencer dut admettre en effet que l'inconnaissable
n'est pas une notion purement négative [1]. « De la
nécessité de penser en relation, il s'ensuit que le
relatif est lui-même inconcevable à moins d'être
rapporté à un non-relatif *réel* ; si nous ne postu-
lons pas un non-relatif réel, un *absolu*, le relatif
lui-même devient absolu, ce qui est une contradiction. Et l'on voit, en examinant la marche de l'es-

---

1. E. Boutroux. *Science et Religion*, page 86.

prit humain, combien il est impossible de se défaire de la conscience d'une *chose effective placée sous les apparences* et comment de cette impossibilité résulte notre indestructible croyance en l'existence de cette chose [1]. »

Herbert Spencer n'a pas manqué de s'apercevoir que ce raisonnement était en contradiction formelle avec le principe même de l'agnosticisme. Comment aurait-il pu postuler la réalité positive de l'Absolu et le déclarer en même temps inconnaissable ?

Affirmer l'existence « d'une chose effective placée sous les apparences », n'est-ce pas faire l'aveu qu'on la connaît en quelque manière ? Herbert Spencer en vint donc à convenir qu'il est possible de savoir quelque chose de l'Absolu : il déclara même que l'on pouvait en trouver des traces aussi bien dans le moi qui est le sujet de notre conscience que dans l'énergie universelle [2]. Dès lors, une telle doctrine cessait d'être agnostique : elle devenait une sorte de relativisme et se rapprochait singulièrement du spiritualisme. Herbert Spencer a même fini par confesser dans son *Autobiography* que la foi religieuse tient dans l'âme une place que la science positive ne saurait jamais combler et que, s'il ne partageait pas les croyances religieuses de ses contemporains, c'est seulement parce qu'il esti-

---

1. H. Spencer. Cité par Brunetière. *Sur les chemins de la croyance*, page 162 (c'est nous qui soulignons).

2. E. Boutroux. *Science et Religion*, pages 101 et 102.

mait qu'elles ne lui apportaient pas une solution véritable [1] : il croyait donc en la possibilité d'atteindre l'Absolu et il cherchait la vraie religion.

L'objection essentielle de l'agnosticisme n'est pas, en effet, opposable au spiritualisme.

Nous ne prétendons pas que l'homme, être fini et relatif, puisse connaître adéquatement Dieu infini et absolu. Mais il n'est pas nécessaire que cette connaissance soit parfaite et il nous suffira qu'elle soit vraie d'une vérité approchée. La possibilité de ce savoir divin s'explique par le rapport qui existe entre Dieu et nous. Pourquoi donc l'homme ne connaîtrait-il pas Dieu dans sa relation de créature à Créateur ? Pourquoi donc l'homme ne pénétrerait-il pas l'Absolu, imparfaitement tout au moins, et en cela même qu'il Lui est relatif et qu'il tend vers Lui ? C'est précisément parce que la créature est conditionnée par le Créateur, parce que le relatif dépend de l'Absolu, parce que le devenir participe à l'Être, qu'il existe un rapport entre ces deux séries de termes. C'est parce qu'il y a du divin en nous que nous pouvons nous rapprocher de Dieu.

Sans doute — et le spiritualisme n'hésite pas à le proclamer — nous ne saurions jamais atteindre Dieu que dans la limite de la relation qui nous unit à lui. Mais, si Dieu existe, il n'est pas métaphysi-

---

1. E. Boutroux. *Science et Religion*, page 107.

quement impossible que nous allions vers lui en une connaissance imparfaite.

III

La plupart des penseurs athées du xix⁰ siècle ont bien compris qu'aucune considération métaphysique ne pouvait ruiner la doctrine spiritualiste. Ils ne se sont plus donné la peine de contester la possibilité intellectuelle de l'existence de Dieu et de sa connaissance. Mais ils se sont refusés à adhérer à cette croyance, au prétexte qu'ils ne trouvaient en elle qu'une hypothèse inutile et démentie par les progrès scientifiques.

Est-il donc vrai que la science positive exclut l'existence de Dieu ? Établit-elle que cet Être Absolu, que nous avons la prétention de connaître, n'est en vérité qu'un produit de l'imagination humaine ? Apporte-t-elle, et est-elle susceptible d'apporter, une explication satisfaisante de l'univers et exclusive de Dieu ?

Vers le milieu du siècle dernier, alors que les sciences physiques et naturelles entraient dans l'ère des grandes découvertes, on avait cru pouvoir espérer qu'elles suffiraient un jour à pénétrer le mystère du monde. On opposait le savoir à la religion et on affirmait qu'il était destiné à la détruire.

Taine essayait méticuleusement de ramener la

raison à un mécanisme. Auguste Comte enseignait que l'humanité devait franchir trois états consécutifs : l'état théologique, l'état métaphysique et l'état positif ; les deux premiers venaient d'être dépassés : Dieu, l'âme, la liberté n'étaient plus que des entités sans signification réelle : le règne du positivisme commençait. Renan affirmait avec un lyrisme de poète que la science ne vaut qu'autant qu'elle peut rechercher ce que la révélation prétend enseigner [1]. L'illustre savant Berthelot, dans sa naïveté philosophique, considérait que la chimie est la panacée universelle et prophétisait des temps rapprochés où le bonheur descendrait scientifiquement sur la terre. Haeckel, sans dissimuler sa haine de Dieu, s'attachait orgueilleusement à résoudre les énigmes de l'univers : il voulait édifier le temple de la science sur les ruines de la religion.

Ces enthousiasmes délirants et ces espoirs sans bornes n'ont pas été de longue durée [2].

---

1. Renan. *L'Avenir de la Science*, page 29.
« La Science n'a réellement qu'un seul objet digne d'elle : c'est de résoudre l'énigme des choses, c'est de dire à l'homme le mot de l'univers et de sa propre destinée. » Renan, *Dialogues Philosophiques*, page 296.

2. « Depuis cette époque une analyse pénétrante a examiné à la loupe les fondements de l'édifice. En fait, là où les Lagrange et les Laplace trouvaient toutes choses simples, nous rencontrons aujourd'hui les plus sérieuses difficultés. Tous ceux qui ont à enseigner les débuts de la mécanique... ont senti combien les expositions plus ou moins traditionnelles des principes sont incohérentes. » Émile Picard cité par Lapparent. *Science et Apologétique*, page 79.

Les plus grands savants contemporains ont dû renoncer aux ambitions de ceux qui les avaient précédés. Ils ont déclaré la science en faillite partielle et sont revenus à des visées plus modestes. Ils reconnaissent que les progrès scientifiques les plus prodigieux ne sauraient jamais parvenir à nous donner le dernier mot du pourquoi et du comment des choses. Et de même que l'on n'a pas fait avancer d'un pas l'explication scientifique de la matière en la découpant en molécules ou en cellules, on ne pénétrera pas davantage son essence en la ramenant à des électrons. La difficulté n'est pas résolue, elle est simplement reculée : qu'il s'agisse de molécules, d'atomes ou d'électrons, le mystère reste le même [1].

Sans doute, on arrivera à constater des rapports de plus en plus nombreux entre les phénomènes,

---

1. « On reporte sur un élément de plus en plus petit les qualités physiques que l'on a d'abord dans l'antiquité attribuées à l'ensemble d'une substance, puis plus tard aux atomes chimiques dont la réunion constitue cet ensemble, puis aujourd'hui aux électrons qui composent ces atomes ; on rend en quelque sorte de plus en plus petit l'indivisible, mais on ignore toujours quelle peut être sa substance ; la notion de charge électrique que nous substituons à la notion de masse matérielle permettra de réunir des phénomènes que l'on croyait séparés, mais elle ne saurait être considérée comme une explication définitive, le terme auquel la science doit s'arrêter. » Lucien Poincaré. *La physique moderne*, page 306. Dans le même sens : Émile Boutroux. *De la contingence des lois de la nature*, pages 79 et 80.

mais on n'ira jamais au cœur de la matière et de la vie. Henri Poincaré a proclamé — et cette opinion n'est plus discutée — que la science positive, qui nous fait connaître non point les choses mais leurs rapports, n'est pas autorisée à nous garantir la constance absolue, la nécessité de ces rapports[1]. Quelles que soient les découvertes que lui réserve l'avenir, elle ne pourra nous enseigner que des probabilités, et les lois les plus exactes ne seront jamais qu'approximatives. Le déterminisme de la matière est indémontrable.

C'est donc de la science elle-même que nous vient la constatation de sa définitive impuissance ; elle est obligée d'avouer qu'il lui sera toujours interdit d'ébranler la croyance en Dieu : son domaine s'arrête à la limite même du domaine spiritualiste. Et non seulement elle proclame sa propre insuffisance, mais elle nous invite à compléter la notion de mécanisme par celle de finalité. Aux lois physico-chimiques qui établissent des rapports de constance, pourquoi ne pas adjoindre des lois de tendance vers une fin ? « L'accord réciproque de toutes les parties de la nature ne peut résulter que de leur dépendance respective à l'égard du tout ; il faut donc que dans la nature l'idée du tout ait précédé et déterminé l'existence des parties, il faut,

---

1. Sur la relativité de la science positive, voir ci-dessus le chapitre sur l'*Ame*.

en un mot, que la nature soit soumise à la loi des causes finales [1]. »

Il est acquis aujourd'hui que les lois physiques ne suffisent pas à expliquer la nature et demeurent elles-mêmes inexplicables si l'on n'a recours à une hypothèse téléologique ; et cette hypothèse nous conduit à la croyance en un Être Transcendant qui dirige le monde.

IV

Certains matérialistes, pourvus d'un modeste bagage scientifique, avaient cru trouver dans la thèse transformiste une arme sérieuse contre la doctrine de la création et de l'immortalité de l'âme. Ils oubliaient que le plus grand apôtre du transformisme, Charles Darwin, avait puisé au contraire dans sa théorie un argument nouveau en faveur de l'existence du Créateur [2].

L'hypothèse transformiste, d'après laquelle tous les êtres organisés qui vivent ou qui ont vécu sur la terre descendent d'une seule forme primordiale [3],

---

1. Lachelier. *Du fondement de l'induction*, page 79.
2. « N'y a-t-il pas une véritable grandeur dans cette manière d'envisager la vie avec ses puissances diverses attribuées primitivement par le Créateur à un petit nombre de formes, ou même à une seule ? » Charles Darwin. *L'origine des espèces*, page 576.
3. Charles Darwin. *L'origine des espèces*, page 570.

apparaît, d'ailleurs, de moins en moins certaine. Darwin et Lamarck ont essayé l'un et l'autre de justifier le transformisme par une explication différente ; mais il est aujourd'hui avéré que ces deux principes, l'un comme l'autre, laissent entière la difficulté qu'il faudrait résoudre.

A. — Le Darwinisme. — La célèbre thèse darwiniste, celle du progrès évolutif grâce à la sélection naturelle, se trouve dès à présent abandonnée. On a compris que la lutte pour la vie pouvait bien rendre compte de la disparition de certaines espèces, mais restait impuissante à éclairer le phénomène essentiel de l'évolution qui est la production des variations nouvelles [1].

Comment le fait de l'apparition des changements utiles, qui est constitutif de la progression des espèces, pourrait-il résulter de la sélection naturelle [2] ?

---

1. « La concurrence vitale de Darwin très séduisante pour expliquer l'extinction des espèces et même les disparitions des variétés intermédiaires ne rend aucun compte de la production de variations nouvelles, à tel point que Darwin se voit obligé de se remettre de ce soin au simple hasard, autant dire à l'inconnu. » C. Deperet. *Les transformations du monde animal*, page 37.

2. « Les critiques adressées à l'idée de sélection naturelle agissant sur les petites variations individuelles et amenant sans le secours d'aucun autre facteur toute l'évolution phylogénétique sont si sérieuses et si basées sur des preuves si irrécusables, qu'il est impossible désormais de lui reconnaître ce rôle exclusif. Elle peut incontestablement éliminer les va-

Darwin en est réduit à invoquer l'accidentel, c'est-à-dire le hasard. Cet appel à l'incompréhensible est un aveu d'impuissance : il condamne cette théorie.

Serait-il d'ailleurs admissible que les variations des espèces soient l'œuvre du hasard et aient suivi un ordre accidentel ? Bergson a très bien montré que des différences accidentelles étaient incapables d'expliquer l'identité de structure d'organes extraordinairement compliqués et chez des espèces cependant tout à fait divergentes. « Nous voyons que, sur des lignes d'évolution indépendantes, des structures identiques se sont dessinées par une accumulation graduelle d'effets qui se sont ajoutés les uns aux autres. Comment supposer que des causes accidentelles se présentant dans un ordre accidentel aient abouti plusieurs fois au même résultat, les causes étant infiniment nombreuses et l'effet infiniment compliqué [1]. » Par exemple, comment expliquer accidentellement la formation progressive d'un œil aussi bien combiné que le nôtre et la similitude de formation et de structure de l'œil de tous les autres animaux ?

Et si l'on admet des mutations brusques, la dif-

---

riations nuisibles, surtout si elles sont très accentuées, mais on s'accorde de plus en plus à reconnaître qu'elle ne peut faire développer les variations utiles. » Delage et Goldsmith. *Les théories de l'évolution*, page 338.

1. Henri Bergson. *L'Évolution créatrice*, page 61.

ficulté est encore plus grande. « Comment supposer en effet que, par une série de simples accidents, ces variations brusques se soient produites les mêmes dans le même ordre, impliquant chaque fois un accord parfait d'éléments de plus en plus nombreux et complexes le long de deux lignes d'évolution indépendantes [1]. »

Il faut donc reconnaître que science et hasard, progrès et accident, sont des termes incompatibles et contradictoires.

On a essayé de rectifier la théorie darwiniste en insistant sur le caractère infinitésimal des variations individuelles. Mais on ne fait ainsi que compliquer le problème, puisqu'il faudrait que ce soit, grâce à des séries innombrables de petites différences accidentelles, qu'un organe aussi merveilleux que l'œil ait été construit chez des animaux très divers et alors qu'il suffisait, au contraire, de la moindre petite différence accidentelle pour que l'œil cessât de voir [2].

Comment, dès lors, ne serions-nous pas conduits à admettre que ces mutations progressives tendent vers une fin ? Et il ne suffit pas de reconnaître avec les partisans de l'orthogenèse, Eimer par exemple,

---

1. Henri Bergson. *L'Évolution créatrice*, page 72.
2. L'hypothèse de la sélection par les petites variations individuelles aurait été en outre démentie par les expériences de de Vries qui aurait, paraît-il, formé deux espèces nouvelles en moins de vingt-cinq ans et sans intermédiaires avec les parents dont elles dérivent. Voir Gaston Bonnier. *Le Monde végétal*, page 273.

qu'il y a bien un ordre progressif dans les variations mais que cet ordre dépend de causes physico-chimiques : car il n'est pas possible que des agents physiques et chimiques construisent des organes dirigés dans un sens précis, si un but n'existe pas prédéterminé et vers lequel ils tendent. Comment la lumière, à défaut d'une impulsion directrice vers une fin, pourrait-elle construire un même organe visuel chez des animaux très divers et dont les œufs ont des compositions chimiques tout à fait différentes ? Il faut bien dépasser l'orthogenèse et en venir au finalisme.

B. — Le Lamarckisme. — La théorie de Lamarck est aussi insuffisante que celle de Darwin à justifier le transformisme. Elle suppose que l'être vivant, grâce à l'adaptation au milieu, a pu développer progressivement ses organes de façon à passer de la forme primitive de la vie aux formes des espèces actuelles.

Il faut d'abord observer que la loi même de l'adaptation au milieu qui est à la base du système de Lamarck n'est nullement démontrée [1].

Nous remarquons les harmonies de l'être vivant

---

1. « L'harmonie miraculeuse, l'adaptation exacte qu'il nous semble voir partout, n'est-elle pas souvent une illusion due à ce que nous ne percevons que le résultat brutal : l'animal ou la plante vit et nous ne pouvons estimer la somme d'efforts employés, de défaites subies, d'actions nuisibles supportées en vue d'assurer cette vie. » Delage et Goldsmith, *Les théories de l'Évolution*, page 319.

et de son milieu parce qu'elles sont plus nombreuses que ses désharmonies [1] et cela n'a rien qui puisse nous surprendre puisque, s'il en était autrement, l'être vivant aurait péri. Mais il est évident que ces harmonies sont loin d'être parfaites, et il faudrait tout un volume pour relever les cas innombrables où il n'y a pas adaptation complète de l'organisme à son milieu [2].

La théorie de l'adaptation ne peut donc pas être d'une application générale aux faits de l'évolution : elle doit se limiter à des explications de détail et dans l'état même où elle paraît devoir être admise,

---

1. Il importe d'observer que ces désharmonies ne sont que relatives et spéciales. Nous n'envisageons en ce moment que l'adaptation souvent incomplète de l'être avec son milieu et nous voulons seulement dire que la loi d'évolution ne consiste pas exclusivement dans l'adaptation au milieu qui fréquemment est imparfaite. L'harmonie universelle qui, à notre avis, est incontestable, dépasse le point de vue de l'adaptation au milieu.

2. Metchnikoff a cité dans ses *Études sur la nature humaine* un grand nombre d'organes véritablement nuisibles et qui subsistent néanmoins (appendice du cæcum, système pileux, etc.) ; quant aux organes qui au lieu d'être franchement nuisibles sont simplement indifférents, ils sont encore plus nombreux. D'autre part, n'est-ce pas un défaut d'adaptation au milieu que la disproportion entre la douleur qu'éprouve l'organisme et la gravité de la lésion qui l'atteint ? N'est-ce pas une désharmonie flagrante que l'acuité intolérable du mal de dents et le bien-être que l'on éprouve dans certaines maladies mortelles ? Si l'adaptation au milieu était la loi fondamentale de l'évolution, verrait-on la plupart des êtres vivants ne pas savoir discerner le poison de la nourriture saine ? Voir Delage et Goldsmith. *Les théories de l'évolution*, pages 340 et 341.

le contrôle en est le plus souvent impossible.
« Comment vérifier, par exemple, que c'est le
milieu marécageux qui crée la membrane des palmipèdes[1] ? » Dans tel ou tel cas déterminé, comment saura-t-on si c'est le besoin qui a créé l'organe, si c'est l'organe qui a créé le besoin ou si
c'est un troisième facteur qui a créé à la fois l'organe et le besoin ? L'expérience sera généralement
incapable de nous l'apprendre. Mais en supposant
même que l'on puisse considérer comme établie la
loi de l'adaptation au milieu, le transformisme demeurerait encore une énigme.

Alors même qu'il serait prouvé que « l'emploi
fréquent d'un organe devenu constant par les habitudes augmente les facultés de cet organe, le
développe lui-même et lui fait acquérir des dimensions et une force d'action qu'il n'a point dans les
animaux qui l'exercent moins »[2], il resterait encore à comprendre comment l'organe se développe
par l'usage et surtout comment les caractères acquis se transmettent par l'hérédité[3]. Et le Lamarc-

1. Remy de Gourmont. *Promenades philosophiques*, 3ᵉ série, page 80.
2. Lamarck. Cité par Delage et Goldsmith. *Les théories de l'évolution*, page 16.
3. « Cette théorie est incontestable lorsqu'elle démontre que les individus mal adaptés doivent être éliminés, mais elle n'explique nullement pourquoi des êtres adaptés existent, pourquoi d'heureuses variations ont surgi qui ont préservé l'espèce d'une complète destruction. » Roustan. « La méthode mécanique en biologie », p. 509, *Revue de métaphysique et de morale*, 1903.

kisme ne sait que répondre à cette double question. Comme le Darwinisme, il passe à côté du véritable problème qui est l'explication du fait même de la progression évolutive [1].

Ainsi que Bergson l'observe avec raison, l'adaptation, si elle est passive, cesse d'être l'adaptation. Si, en effet, elle se contente de reproduire le relief du milieu dans lequel l'être vit, elle ne construit rien du tout. Et pour concevoir que l'adaptation puisse être active, il faut bien qu'on la suppose soumise au principe de finalité. Le transformisme est donc une hypothèse inexpliquée. De plus, cette hypothèse n'est pas vérifiée et ne le sera certainement jamais. Ni la sériation des espèces, ni leur origine ne peuvent être scientifiquement contrôlées et des anneaux manqueront toujours à la chaîne. Il semble même que les découvertes les plus récentes de la paléontologie soient destinées à écarter définitivement la supposition de la descendance simiesque de l'homme [2]. Au surplus,

---

1. Delage a essayé d'une théorie nouvelle de l'hérédité. Très ingénieuse, elle est cependant tout à fait insuffisante. Elle laisse encore sans explication les deux problèmes essentiels : 1° comment un être est-il capable d'adaptation ? 2° comment un être en s'adaptant modifie-t-il ses éléments génitaux ? (ce qu'on énonce en disant que les caractères acquis sont héréditaires). Roustan, « La méthode mécanique en biologie », p. 514, *Revue de métaphysique et de morale*, 1903.

2. « Voici simplement une des opinions récentes : la terre était peuplée d'une multitude de mammifères quand l'homme

serait-il un jour prouvé que l'homme est issu de l'animal, le spiritualisme n'en demeurerait pas moins inébranlé. Dieu pour créer l'homme aurait toujours uni une âme et un corps. Que le transformisme triomphe ou disparaisse, Dieu et notre âme n'ont rien à craindre de lui.

V

On a encore opposé à l'enseignement spiritualiste la doctrine qui prétend ramener l'organique à l'inorganique, la vie à la matière. Des savants très nombreux et de haute valeur estiment qu'il doit y avoir continuité du corps brut au corps vivant et qu'un rudiment vital se trouve dans la matière. Ils ont écrit des ouvrages très documentés pour établir que l'inorganique n'existe pas et que l'organique est partout dans la nature. Ils ont essayé de montrer que les corps bruts ne sont pas *essentiellement* dissemblables de ceux qui vivent. Les différences, incontestablement très grandes, qui

---

est apparu par mutation brusque, avec un cerveau hypertrophié, sorte de monstre dont la pensée allait dominer l'animalité. Nous voilà loin de l'opinion répandue par les vulgarisateurs du Darwinisme : l'homme descend du singe. La science actuelle a prouvé que c'était là une erreur scientifique, et voilà qu'on va jusqu'à dire que ce sont les singes qui descendent de l'homme, que les singes sont des hommes *animalisés*. »
Bohn. *La Naissance de l'intelligence*, page 330.

existent entre eux, seraient des différences de degré et non de nature.

L'analyse chimique ne nous apprend-elle pas que la matière vivante ou protoplasma ne contient que douze corps simples qui en sont les éléments constants et sept autres corps simples qui en sont les éléments accidentels ? Et tous ces divers éléments ne se rencontrent-ils pas dans la matière inorganique [1] ? « La chimie moderne avec Lavoisier nous a montré que les phénomènes qui se passent dans les êtres vivants sont des phénomènes physico-chimiques identiques à ceux que présentent les corps bruts [2]. » Des efforts très intéressants ont été faits pour démontrer que « pris isolément, tout caractère considéré comme spécifique de phénomènes vitaux peut se rencontrer dans d'autres catégories de phénomènes chimiques » [3].

« A mesure que nous avançons dans l'étude des

---

1. Max Werworn. *Physiologie générale*, pages 113 et 114.
Hedon. *Précis de physiologie*, page 10.
D\` Letourneau. *La Biologie*, page 11.
« C'est en vain que l'on a cherché un phénomène caractéristique de la vie. » Stephen Leduc. *Théorie physico-chimiqu de la vie*. Introduction, page 5.
2. Mathias Duval. *Cours de Physiologie*, pages 1 et 2.
3. Piéron. *L'évolution de la mémoire*, page 344.
Il faut lire sur cette question le livre très captivant de Dastre : *La Vie et la Mort*.
Dans le même sens, tous les savants matérialistes : Haeckel, Buchner, Lamarck, etc. On peut citer encore :
« Jamais il ne se trouvera pour le physiologue un autre prin-

êtres vivants, nous découvrons que nous pouvons ramener un nombre de plus en plus grand de leurs fonctions à des phénomènes physiques ou physico-chimiques et nous sommes de plus en plus tentés de considérer leur étude comme se réduisant à celle de ces phénomènes. Quoique ce travail de réduction ne soit pas encore très avancé,... il n'y a pas de raison de supposer qu'il doive s'arrêter un jour à une limite déterminée et infranchissable. Quand il sera achevé, ce sera, en dernière analyse à la chimie ou à la physico-chimie qu'il faudra demander ce qu'elles nous apprennent de la vie et de la

cipe d'explication des phénomènes vitaux que celui de la physique et de la chimie relatif à la matière inanimée. »
Max Werworn. *Physiologie générale*, page 53.

« L'objet de la physiologie est l'explication des phénomènes de la vie, c'est-à-dire leur réduction aux lois générales des phénomènes matériels, physiques, chimiques, considérés comme simples. »
Dastre. *Méthode de la physiologie*, page 181.

« La vie est certainement répandue partout dans l'univers et elle n'a été refusée à aucun des éléments qui entrent dans sa composition ». Sabatier. *Philosophie de l'effort*, page 248.

Le Dantec considère que l'évolution organique est une suite naturelle de l'évolution inorganique. Le Dantec. *Philosophie biologique*, page 292.

Sans adhérer d'une manière très catégorique à l'unicisme biologique, Claude Bernard prétend que « le physiologiste et le médecin doivent chercher à ramener les propriétés vitales à des propriétés physico-chimiques et non les propriétés physico-chimiques à des propriétés vitales ».
Claude Bernard. *Introduction à l'Étude de la médecine expérimentale*, page 321.

mort [1]. » C'est ainsi qu'on a pu dire que les corps bruts accomplissaient des fonctions de nutrition, d'assimilation [2], de génération [3], de défense sociale : on a décrit la lutte du minéral contre la maladie,

---

1. Jacques Duclaux. *La chimie de la matière vivante*, page 226.
2. Consulter sur ce point et sur les points suivants le livre déjà cité de Dastre : *La Vie et la Mort*..

« La propriété caractéristique des matières vivantes, la propriété d'assimilation, de synthèse, est évidemment d'ordre purement chimique et les phénomènes physiques qui l'accompagnent (dégagement de chaleur, etc.) ne sont pas différents de ceux que nous constatons dans les réactions ordinaires de la chimie. »

D' Laumonnier. *La physiologie générale*, page 3.

Max Werworn prétend retrouver dans le monde inorganique non seulement la nutrition par apposition mais même la nutrition par intussusception. Il compare cette dernière à la diffusion des molécules d'une substance soluble dans un liquide. Max Werworn. *Physiologie générale*, page 138.

3. Max Werworn ramène le phénomène de génération à celui de séparation, de division dans l'organisme même : « Une amibe par exemple se scinde simplement en deux moitiés dont chacune continue à vivre comme une nouvelle amibe. Mais puisque la reproduction ne consiste essentiellement qu'en une simple division de la substance des corps, il n'existe alors aucune différence fondamentale entre la division d'une cellule vivante et celle d'un corps inorganique. » Max Werworn. *Physiologie générale*, page 136.

On compare encore à un phénomène de génération celui qui s'est produit dans un tonneau de glycérine envoyé en 1867 de Vienne en Angleterre : A son arrivée, la glycérine était solidifiée en aiguilles cristallines et, depuis lors, dès qu'on introduit une parcelle de cette glycérine cristalline dans une glycérine quelconque, celle-ci se cristallise aussitôt.

On a fait en outre observer que l'élément cellulaire se retrou-

ses blessures et leurs cicatrisations [1] : on a trouvé en lui de l'irritabilité et de la sensibilité [2]. Certains

vail dans les métaux et dans les fers comme dans tout organisme.

Voir encore G. Cartaud. *Revue générale des sciences*, 15 février 1903.

1. « Cette force de réaction nous la trouvons dans le monde inorganique qui tend à la forme cristalline : ainsi les forces intérieures des molécules font équilibre aux forces externes ; ainsi par une image empruntée au monde organisé, elles se trouvent résister à la destruction. C'est pourquoi, comme dans les êtres vivants, les cristaux laissés dans leur liqueur mère se nourrissent, reconstituent les parties qu'on leur enlève et cicatrisent leurs plaies. » De Launay. *Histoire de la terre*, page 298.

« La vieille idée que les roches sont des objets inertes et morts ne peut plus être défendue : tout au contraire y est en travail incessant. Les éléments des pierres s'arrangent suivant les conditions du milieu et, comme celles-ci changent constamment, la poursuite d'un état d'équilibre jamais atteint se continue sans relâche. Ainsi la comparaison s'impose-t-elle entre la condition des régions souterraines et le régime des organismes vivants animaux et végétaux. »

Stanislas Meunier. Les coups de grisou dans les mines de houille. Conférence du Muséum, 13 avril 1902. Cité par Sabatier. *Philosophie de l'Effort*, page 423.

2. « Cette sensibilité de la matière, si contraire à ce que l'observation vulgaire semblait indiquer, devient de plus en plus familière aux physiciens; c'est pourquoi une expression comme celle-ci : *la vie de la matière*, dénuée de sens, il y a seulement vingt-cinq ans, est devenue d'un usage courant. L'étude de la matière brute révèle de plus en plus chez elle, en effet, des propriétés semblant jadis l'apanage exclusif des êtres vivants. M. Bose montre par des expériences ingénieuses la *fatigue* des métaux et sa disparition après le repos, l'action des excitants, des déprimants et des poisons sur ces mêmes métaux. » Dr Lebon. *L'évolution de la matière*, page 234.

même ne seraient pas éloignés de croire que le germe de la conscience biologique se trouve dans toute matière [1].

Cette hypothèse de l'unicisme vital, qui d'ailleurs est fort ancienne, ne se révèle ni absurde, ni à jamais invérifiable : les savants qui ne l'ont pas adoptée n'hésitent pas à reconnaître la possibilité de son exactitude [2]. Sans doute, nous avouerons l'inanité de tous les essais de génération spontanée tentés à ce jour et notamment des expériences trop retentissantes de Stéphane Leduc. De ces prétentions exagérées, Gaston Bonnier a su faire justice [3]. Il est

---

1. Sans remonter jusqu'à l'antiquité, Leibnitz unifiait dans la monade la matière, la vie et la conscience.

Fechner prêtait une conscience à l'univers et notamment à la terre.

Dunan s'étonne qu'on n'attribue pas la conscience aux plantes. *Essais de philosophie générale*, page 470.

Le Dantec admet une conscience universelle. *Philosophie biologique*, pages 221-225. — Sabatier partage la même idée. *Philosophie de l'Effort*, page 248.

2. « Je crois fermement que la biologie est et restera une science séparée, distincte, irréductible à la science physico-chimique. Cependant, je dois ajouter que la limite qui sépare ces deux sciences est bien moins radicale, absolue et définitive que les suivantes. On ne peut pas dire qu'il soit antirationnel de supposer qu'un jour on trouvera le moyen de passer d'un corps brut à un corps vivant et, par suite, d'unifier ces deux sciences. Je ne crois pas que cela arrive ; mais je reconnais que cela peut arriver. »

Grasset. *Les limites de la biologie*, page 22.

3. « Malgré le *bluff* qui a été fait autour du nom de Stéphane Leduc en 1906 et 1907, je ne porterai pas des publications de

vraiment inadmissible que la science positive soit prête d'ores et déjà à nous indiquer le moyen de créer de la substance vivante. « Créer de la substance vivante ! Comment l'espérer un instant dans l'état actuel de la science ! Lorsqu'on pense à ce qu'il y a de caractères accumulés, d'hérédité, de devenir compliqué dans un fragment de protoplasma vivant. Si l'on songe que le développement d'un animal supérieur, ses transformations successives à l'état embryonnaire, en protozoaire, en vers, en poisson muni de branchies, arrivant à produire un mammifère, un homme, cet ensemble de formes futures se trouve en puissance dans un fragment microscopique de substance vivante initiale ! Si l'on réfléchit que cette réminiscence des ancêtres lointains, cette hérédité acquise pendant des milliards de siècles, tout cela existe dans cette minuscule gouttelette de protoplasma ! On comprend alors le sens de cette vérité : il n'est pas plus difficile de créer d'emblée un éléphant que de créer une parcelle de matière vivante [1]. »

cet auteur qui a cru trouver tous les caractères de la vie dans les précipités chimiques obtenus par Traube en 1865. Il n'y a dans ces arborescences bien connues, répétées dans les cours sous le nom de paysages chimiques, aucune assimilation possible avec des plantes vivantes. » Gaston Bonnier. *Le monde végétal*, page 383.

1. Gaston Bonnier. *Le monde végétal*, pages 383 et 384.
« Le mot génération spontanée n'a plus qu'un intérêt historique. De décisives et simples expériences ont établi — sinon

Il ne faut donc plus compter sur une prochaine vérification expérimentale de l'unicisme vital et cette doctrine est peut-être destinée à rester toujours hypothétique. Et cependant nous n'avons pas le droit de préjuger de l'avenir. La science n'a pas dit son dernier mot sur la génération spontanée, et le débat reste ouvert.

Mais, serait-il un jour prouvé que la matière vivante se dégage de la matière brute par continuité, nous nous demandons en quoi le spiritualisme en serait amoindri?

VI

Quelles que soient les destinées du transformisme et de l'unicisme vital, l'étude de ces théories aura servi à révéler et à consacrer une idée cosmologique qui répond à l'état d'esprit de tous les savants et de tous les penseurs contemporains : l'idée de l'évolution. Personne n'oserait contester aujourd'hui que l'univers évolue. La science physique elle-même est portée à admettre l'évolution de la matière : on a cru reconnaître que tous les corps solides tendaient vers une forme de plus en plus indivi-

---

que la génération spontanée est à jamais impossible — au moins que dans les conditions expérimentales les plus diverses que nous puissions imaginer, elle ne se produit jamais. »

Ch. Richet. *Dictionnaire de Physiologie* : au mot : *Génération spontanée*, tome VII, page 73.

dualisée, vers la forme cristalline [1] : une individualisation croissante serait le but poursuivi par le monde matériel inorganique. Quant aux sciences biologiques, à défaut d'une justification suffisante du transformisme, elles ne permettent plus aujourd'hui de douter de l'évolution du monde animal [2].

Le spiritualisme puise dans cette conception une raison nouvelle de croire en l'existence d'un Créateur. On a pensé longtemps que le monde n'était qu'un mécanisme qui fonctionnait régulièrement et suivant des lois qui nécessitaient la répétition indéfinie des mêmes phénomènes ; on se représentait l'univers comme une machine, comme une sorte d'horloge ; et les matérialistes prétendaient, non

---

1. Dr Lebon. *L'évolution de la matière*, page 24.
De Launay, *Histoire de la Terre*, page 298.

2. Deperet admet un perfectionnement graduel du monde organique et croit que les types d'animaux sont d'autant plus récents qu'ils sont d'une organisation plus élevée. Deperet. *Les transformations du monde animal*, page 259. « Si nous cherchons à caractériser dans son ensemble le sens général de l'évolution passée, nous sommes frappés (et ceci est encore un fait relativement précis) par la tendance croissante des êtres organisés à l'indépendance vis-à-vis de leur milieu et à la spécialisation. Cette tendance nous l'avons considérée jusqu'ici comme le résultat d'actions matérielles, de forces physiques équilibrées, de nécessités vitales... Mais nous n'en avons pas moins été conduits à invoquer une puissance de plus en plus développée, dans les organismes les plus récents, pour résister au milieu extérieur et reconstituer malgré lui un milieu intérieur plus propice à la vie de la cellule. » De Launay. *Histoire de la terre*, page 297.

sans apparence de vérité, que dans le déterminisme absolu de la matière, il ne pouvait y avoir aucune place pour l'action divine.

Le principe de l'évolution est, au contraire, la négation du déterminisme absolu. Le même phénomène ne se reproduit jamais identiquement dans la nature : les lois n'expriment plus que des rapports qui sont très probables, mais qui ne sont pas absolument nécessaires. Et, par suite, s'il peut y avoir de la contingence dans le monde, pourquoi l'intervention de Dieu ne se manifesterait-elle pas?

Quant à l'évolution elle-même, nous la considérons comme une loi; mais cette loi ne ressemble en rien à celles que formule la science positive et qui expriment toutes des rapports plus ou moins constants entre certains phénomènes précisés et déterminés; elle ne saurait jamais être connue physiquement, puisqu'elle devrait comprendre tous les rapports qui existent et existeront entre tous les phénomènes passés, présents et futurs : elle ne pourrait logiquement être formulée que lorsque le dernier phénomène aurait eu lieu, lorsque l'univers aurait cessé d'être. La notion de cette loi, d'apparence transcendante, et qui se présente à nous comme celle d'une véritable action créatrice, ne peut que fortifier la croyance spiritualiste.

Et il est très important de remarquer que nous ne pouvons pas concevoir cette loi, qui a commencé à fonctionner à l'origine du monde, qui dirige le monde et qui ne sera cependant entièrement réalisée qu'à la fin du monde, sans en faire une loi de finalité.

Un des penseurs les plus originaux de notre époque, Henri Bergson, a tenté un très remarquable effort pour essayer de dégager l'évolution tant du mécanisme que de la finalité. Cet effort qui a définitivement établi l'insuffisance du mécanisme a été impuissant vis-à-vis de la finalité. Le livre de *l'Évolution créatrice* démontre magnifiquement que le monde est un ensemble harmonisé, mais il ne peut pas expliquer sans aboutir à la contradiction, comment l'évolution réalise cette harmonie en l'absence d'un plan. On est bien obligé, après avoir vainement approfondi les trop brillantes pensées de cet ingénieux philosophe, de supposer une certaine direction dans l'évolution, et d'en venir malgré lui à l'idée de finalité. Dès lors, la transcendance de cette fin s'impose[1]. Ce serait un non-sens de prétendre que la finalité est immanente à la nature et se confond avec elle. Bergson lui-même en fait l'aveu : la finalité est externe ou elle n'est rien du tout.

Que serait donc cette fin transcendante au monde, sinon l'Être absolu dont le monde dépend ?

---

[1]. « L'idée du progrès par l'évolution ne me paraît une théorie suffisante que si l'on suppose dans l'être en progrès un sujet transcendant ou une idée directrice conduisant les particules matérielles, la formation des organes et du corps. » Maxwell, Préface à *La vie et la matière*, de Sir Oliver Lodge, page 4.

Le matérialiste devrait convenir que la science positive, bien loin de nous en détourner, nous achemine au contraire vers la croyance en Dieu.

Il nous reste maintenant à solliciter de notre intelligence, dans la limite même de son pouvoir, des preuves encore plus déterminantes de l'existence de Dieu.

SECTION II. — Preuves de l'existence de Dieu.

VII

Il n'entre pas dans notre dessein de rapporter ici toutes les preuves classiques de l'existence de Dieu. On les trouvera exposées sous leur forme traditionnelle dans les divers ouvrages de philosophie spiritualiste.

Il est d'usage de les classer en preuves métaphysiques, preuves physiques et preuves morales.

Parmi les preuves métaphysiques, on distingue d'ordinaire : la preuve par les vérités éternelles, la preuve par l'idée d'infini et la preuve ontologique ou par l'idée de perfection.

Parmi les preuves physiques, on cite le plus souvent la preuve par la contingence du monde, la preuve par le mouvement de la matière et la preuve par l'ordre de la nature, c'est-à-dire par les causes finales.

Enfin au nombre des preuves morales, on relève la preuve par le consentement universel, la preuve par les facultés de l'âme, la preuve par l'obligation et la sanction morale.

Chacune de ces différentes preuves possède une valeur de vérité incontestable et leur ensemble, s'il est bien compris, forme un faisceau qui doit entraîner notre certitude.

Nous nous proposons d'exposer ici certaines preuves qui, à notre avis, sont extrêmement déterminantes et suffisent à nous démontrer Dieu.

Nous avons revêtu quelques-unes d'entre elles d'une forme qui nous a paru répondre plus particulièrement aux exigences de la mentalité contemporaine.

En ce qui concerne les preuves métaphysiques et physiques, nous en indiquerons seulement l'armature essentielle, laissant au lecteur le soin d'édifier, sur cette base intellectuelle déjà très probante, un plus ample développement.

§ I. — Preuves métaphysiques et physiques

VIII

A. — Nous avons posé en principe absolument incontestable l'impossibilité du scepticisme intégral et la valeur au moins relative de notre connaissance intellectuelle. Il ne nous est pas permis de penser sans faire un acte de foi en notre intelligence. Ce principe va nous conduire à la certitude de l'existence de Dieu.

Toute connaissance intellectuelle est relative à *l'être*. Connaître, c'est affirmer qu'une chose *est* ou *n'est* pas [1]. Nous ne pouvons rien savoir de la connaissance sans proclamer sa relation à *l'être*. Or, nous ne pouvons connaître intellectuellement *l'être*, qu'en l'affirmant en rapport avec lui-même, c'est-à-dire en l'affirmant conditionné par lui-même, en l'affirmant absolu. Alors même que nous déclarerions que *l'être est* relatif à autre chose qu'à lui-même, nous reconnaîtrions ainsi implicitement que *l'être est*, c'est-à-dire qu'il est relatif à lui-même, qu'il se conditionne lui-même, qu'il y a en lui un principe d'absolu. Et si nous préférions affirmer que *l'être est* inconnaissable, nous serions encore obligés par là même de faire l'aveu qu'il *est*, et de proclamer son caractère d'absolu. Dès lors, ou bien notre intelligence n'a aucune valeur, ou bien puisque nous ne pouvons rien connaître intellectuellement sans affirmer l'être et puisque nous ne pouvons connaître intellectuellement l'être sans l'affirmer relatif à lui-même, c'est-à-dire absolu,

---

1. Chez les enfants et chez les peuples primitifs dont le langage ignore encore l'usage du verbe être, il n'y a cependant de connaissance intellectuelle possible que grâce à l'affirmation implicite de *l'être*.

notre intelligence ne peut pas douter de l'existence de l'Être Absolu. Si l'Être Absolu n'existait pas, notre connaissance de l'être serait radicalement fausse, puisque nous ne pouvons rien affirmer de l'être sans affirmer, en même temps et par la même opération intellectuelle, la relation de l'être à lui-même, c'est-à-dire son caractère d'absolu.

Et si notre connaissance de l'être était radicalement fausse, toutes nos connaissances le seraient aussi, puisqu'elles ont toutes pour caractère essentiel d'attribuer l'être, d'être relatives à l'être.

L'existence de l'Être Absolu est la condition nécessaire de la valeur de notre connaissance. Et puisque le scepticisme intégral est une impossibilité, nous ne pouvons pas douter de l'existence de l'Être Absolu.

B. — L'Être Absolu que nous venons de poser ainsi pourrait-il être considéré comme immanent à la connaissance intellectuelle ?

Évidemment non : puisque, si l'Être relatif à lui-même, c'est-à-dire absolu, était connaissance, la connaissance serait relative à elle-même, c'est-à-dire absolue.

Évidemment non : puisque l'Être Absolu, étant la condition de la valeur de la connaissance, ne saurait être la connaissance elle-même, sans que celle-ci devienne la condition de sa propre valeur et soit absolue.

Puisque la connaissance intellectuelle est toujours relative, l'Être relatif à lui-même, c'est-à-dire absolu, ne peut que lui être transcendant.

C. — L'Être Absolu, dont nous venons de prouver la transcendance à la connaissance, ne saurait non plus être immanent à l'univers.

Les panthéistes ont essayé de nier le Dieu du spiritualisme en l'identifiant à la création tout entière. Cette doctrine, qui a été celle de Spinoza [1] et dont on retrouve l'influence jusque dans les systèmes modernistes, ne saurait être acceptée par nous.

Si l'univers était vraiment absolu, il ne devrait y avoir en lui rien de relatif et chacun de nous devrait coïncider avec lui.

Et cependant il est bien évident que cette fusion n'existe pas. « Quoi que nous puissions dire, observe William James, chacun de nous est, non pas un tout, mais une partie ; et jamais, pour appréhender l'absolu, nous ne pourrons procéder autrement que s'il nous était étranger [2]. »

---

1. « Il ne saurait y avoir et l'on ne peut concevoir d'autres substances que Dieu. » Spinoza. *L'Éthique*, Proposition XIV. « Dieu est la cause immanente de toutes choses. » Spinoza. *L'Éthique*, Proposition XVIII.

2. William James. *Philosophie de l'expérience*, page 38.

« Spinoza fut le plus grand philosophe de l'absolu : or l'impossibilité d'être intime avec *son* Dieu est universellement reconnue. *En tant qu'infini* (quatenus infinitus est), *il est autre que ce qu'il est en tant que constituant l'intelligence humaine* (quatenus humanam mentem constituit). » William James. *Philosophie de l'expérience*, page 43.

Comment expliquer que l'univers soit absolu et que notre connaissance, qui est en lui, ne nous le livre que relatif ?

Ou bien notre connaissance n'a aucune valeur, ou bien l'Être Absolu ne se confond pas avec l'univers, qu'elle ne peut connaître que relatif. Si l'univers n'est autre que la réalité perçue et connue relativement, il ne saurait être connu Être Absolu. Si nous le supposons, au contraire, indépendant de la réalité perçue et connue, nous avons tort de l'appeler l'univers, puisqu'il a une existence distincte de nous-mêmes et du monde extérieur. Il cesse d'être la créature pour devenir sa condition nécessaire et c'est véritablement d'un Être Absolu transcendant qu'il s'agit alors.

Nous sommes donc en droit d'affirmer que nous connaissons Dieu en tant qu'il est la condition nécessaire et transcendante de la pensée discursive, de la matière et de l'esprit, ce qui veut dire, en tant qu'il est le Créateur de l'univers [1].

---

[1]. Bien que Bergson ait évité de se prononcer d'une manière explicite à ce sujet, sa doctrine est plutôt panthéiste. Après avoir établi grâce à des preuves irrésistibles que l'esprit et la matière diffèrent de nature, après avoir proclamé leur irréductibilité et leur hétérogénéité (*Essai sur les données immédiates de la conscience. Matière et Mémoire*), il soutient (*l'Évolution créatrice*, pages 270 et 271) que ces deux réalités pourraient bien n'être qu'une même espèce d'action, agissant soit pour se défaire (matériellement), soit pour se faire (spirituellement) ; et il ajoute que cette même action en tant qu'elle jaillit ainsi en des directions diverses, pourrait bien être ap-

IX

Le monde ne nous est donné que comme relatif, puisque nos perceptions qui sont tout ce que nous connaissons du monde ne sont que relatives.

Si le relatif n'est pas réel, toute notre connaissance du monde est fausse et n'a aucune valeur.

Si le relatif est réel, il doit être relatif à un non-relatif.

L'Absolu existe et nous l'appellerons Dieu.

X

A. — Le monde nous est nécessairement donné comme mouvement et nous ne pouvons connaître le mouvement que divisible en phénomènes qui ont un commencement et une fin.

Si le commencement et la fin des phénomènes n'ont rien de réel, nous n'avons pas le droit de dire que nous savons quelque chose des phénomènes matériels et notre connaissance du monde est radicalement fausse. Si le commencement et la fin des phénomènes correspondent à quelque chose

---

pelée Dieu; — mais que devient alors l'hétérogénéité de l'esprit et de la matière puisqu'on les confond en une même espèce d'action ? Bergson en est réduit à se contredire. Et son panthéisme n'échappe pas aux objections écrasantes qui ruinent tout panthéisme.

de réel, il faut bien que le mouvement, qui ne peut être connu que divisé en phénomènes, ait lui-même commencé, pour qu'un premier phénomène ait pu se produire.

La Cause première existe et nous l'appellerons Dieu.

B. — Le monde ne se révèle à nous que par les phénomènes qui le composent.

Notre intelligence ne peut expliquer les objets qu'elle envisage qu'en les ramenant à d'autres objets distincts de ceux-ci. La connaissance scientifique consiste à rattacher les phénomènes observés à une cause qui ne se confond pas entièrement avec eux : car si la cause était absolument contenue dans l'effet, elle cesserait d'être une cause, et le phénomène ne serait nullement expliqué par l'intervention de notre esprit : la connaissance scientifique n'aurait aucune valeur.

Puisque le monde ne nous est donné que comme étant la somme de tous les phénomènes, il doit être explicable comme eux. Notre intelligence ne devra donc pouvoir expliquer le monde qu'en le rattachant à une réalité qui ne se confonde pas avec lui. La cause du monde ne peut pas être immanente à son effet.

Ou bien, notre intelligence n'a aucune valeur quand elle explique les phénomènes, ou bien, elle nous enseigne la vérité quand elle explique le monde par un être qui lui est transcendant.

XI

Nous ne connaissons jamais deux phénomènes absolument identiques et dans le monde le changement est continuel. Cependant ces transformations de phénomènes ont lieu de telle façon qu'il nous est possible de découvrir des rapports à peu près constants entre elles. Il y a donc une évolution et cette évolution n'est pas régie par le hasard; elle se produit avec une incontestable harmonie.

Et comment pourrait-on soutenir avec quelque sincérité qu'il n'y a pas d'ordre dans la nature? Serait-il sensé d'attribuer au hasard les organisations admirables que l'astronomie, la paléontologie, la physique, la chimie, la biologie nous ont permis de découvrir?

N'avons-nous pas déjà reconnu, pour prendre un exemple entre mille, que la construction de ce merveilleux organe qui s'appelle l'œil n'est possible que si l'évolution n'est pas livrée au hasard[1]?

Douter de l'ordre de la nature, c'est nier le pro-

---

1. Ainsi que le fait très justement observer Bergson, la constitution de l'œil n'est explicable que par une variation continue dans un *sens défini*; et même, ajoute-t-il, « nous ne voyons « pas comment on expliquerait autrement la similitude de struc- « ture de l'œil dans des espèces qui n'ont pas du tout la même « histoire. » Bergson. *L'Évolution Créatrice*, page 94.

grès, et c'est nier la science. Non, il ne serait pas raisonnable de croire que les lois qui régissent le monde avec tant de régularité se trouvent être le résultat d'une combinaison fortuite d'atomes et ne soient, en somme, que du désordre [1].

Nous ne pouvons pas fermer les yeux au spectacle d'ordre que les savants nous révèlent à cha-

---

1. « Dire de l'être humain, pour ne parler que de lui : ce organisme admirable qui se développe d'une façon si stupéfiante au début, qui conserve ensuite pendant des années, au milieu du flux incessant de la vie, son autonomie intangible, qui non seulement utilise ses organes, mais les crée, les développe, les répare avec une vigilance qui ne se connaît pas, et qui n'en est pas moins d'une fécondité de ressources, d'une souplesse d'adaptation admirables ; cet être qui se fabrique ainsi lui-même sans le savoir ; qui est à la fois sa cause et son effet, son moyen et sa fin, le métier qui tisse et la trame qui se forme, de sorte que les produits de sa vie en sont en même temps les facteurs, et que le tout dépend de chaque partie et chaque partie à son tour du tout ; cet être enfin, qui n'est pas seulement mécanisme mais sentiment, qui tire de la matière qui le forme comme le musicien d'une lyre, la gamme illimitée des sensations, des réactions organiques et sensibles, et qui couronne le tout par l'éclosion, en lui, de cette activité quasi-infinie par sa nature et par ses ressources qui s'appelle la pensée ; puis la parole qui la manifeste, puis le vouloir qui la complète par la possession anticipée de son objet ; puis la conscience qui la relie au Bien Suprême et puis l'amour qui la répand sur la création : dire de cet être qu'il est le produit de l'accrochement des atomes et que c'est là simplement l'une des infinies combinaisons, l'un des coups de dé que le cornet renversé des atomes pouvait amener sur le tapis de la matière dans l'infini du temps : je le demande, s'exprimer de la sorte, n'est-ce pas être un fou ? »
Sertillanges. *Sources de la croyance en Dieu*, page 103.

cune de leurs découvertes, et si la science positive a quelque valeur, il faut bien que le monde soit un ensemble harmonieux [1].

A la preuve de l'existence de Dieu tirée de l'ordre qui règne dans l'univers, on n'a pas manqué d'objecter les désharmonies de la nature : pour justifier l'athéisme on a parlé des désordres du monde.

Mais y a-t-il, vraiment et absolument, dans la nature, de la désharmonie et du désordre ?

Nous savons que toute connaissance suppose essentiellement un objet distinct d'elle. Ne faut-il pas dès lors que cet objet ait avec elle une certaine harmonie pour qu'il soit connaissable ?

De quel droit parlons-nous donc du désordre, puisqu'il ne nous est pas permis de le penser ? Dès que nous le pensons, nous lui prêtons un certain ordre. Ce que nous appelons *hasard* ne saurait être qu'un mot vide de sens s'il ne signifiait pas une

---

1. Dans son livre sur *l'Évolution Créatrice*, Bergson enseigne une philosophie qui proclame l'ordre du monde : « Comme le « finalisme radical, quoique sous une forme plus vague, nous « dit-il lui-même en définissant sa philosophie, elle nous repré- « sentera le monde organisé comme un ensemble harmonieux. » Bergson. *L'Évolution Créatrice*, page 54.

« L'animal prend son point d'appui sur la plante, l'homme « chevauche sur l'animalité, et l'humanité entière dans l'es- « pace et dans le temps est une immense armée qui galope à « côté de chacun de nous dans une charge entraînante, capable « de culbuter toutes les résistances et de franchir bien des « obstacles, même peut-être la mort. » Bergson. *L'Évolution Créatrice*, page 294.

réalité connaissable à quelque degré et par conséquent *ordonnée*. Supposer l'existence du hasard, c'est le penser en quelque manière, et notre intelligence ne saurait penser qu'à un objet ayant avec elle une certaine harmonie.

Nous n'avons pas le droit de supposer l'existence du hasard : nous n'avons pas le droit de parler d'une absence d'ordre.

Lorsque nous nous imaginons découvrir du désordre dans le monde, ce n'est pas en face d'une *absence d'ordre* que nous nous trouvons, mais d'un ordre différent de celui que prévoyait notre intelligence. Et quand notre intelligence croit penser le désordre absolu, elle ne pense pas une réalité, mais un mot : « Qu'elle cherche à mettre sous le
« mot une idée ; elle trouvera que le désordre peut
« bien être la négation d'un ordre mais que cette
« négation est alors la constatation implicite de la
« présence de l'ordre opposé, constatation sur la-
« quelle nous fermons les yeux parce qu'elle ne
« nous intéresse pas, ou à laquelle nous échappons
« en niant à son tour le second ordre, c'est-à-dire,
« au fond, en rétablissant le premier [1]. »

Il y aurait donc plusieurs espèces d'ordre. Et comment n'y aurait-il pas au moins deux espèces d'ordre en ce monde, puisqu'il y a deux réalités irréductibles : l'esprit et la matière. L'esprit et la

---

1. Bergson. *L'Évolution Créatrice*, page 255.

matière tendent l'un et l'autre vers Dieu, mais selon deux ordres différents, et l'esprit a le privilège d'un ordre qui peut et qui *doit* utiliser l'ordre matériel à son propre progrès. C'est ainsi que la souffrance et la mort, bien loin d'être des désordres, manifestent au contraire l'ordre de la nature, puisqu'elles conditionnent le progrès évolutif des êtres matériels. Elles ne nous paraissent des désordres que si nous prétendons assimiler l'ordre matériel à l'ordre spirituel et attribuer à la conservation et au développement de notre individualité matérielle la même valeur qu'à la conservation et au développement de notre individualité spirituelle. « Il n'y a de réel que l'ordre, dirons-nous avec Bergson, mais comme l'ordre peut prendre deux formes et que la présence de l'un consiste, si l'on veut, dans l'absence de l'autre, nous parlons de désordre toutes les fois que nous sommes devant celui des deux ordres que nous ne cherchions pas [1]. »

Nous devons donc reconnaître comme une vérité indiscutable que l'univers évolue et qu'il évolue avec ordre [2].

Il nous reste maintenant à prouver que cette harmonie de la nature n'est pas immanente à la nature

---

1. Bergson, *L'Évolution Créatrice*, page 297.
2. Nous ne prétendons pas que l'ordre de l'univers soit absolument parfait Dieu seul est absolument parfait et l'univers n'est pas Dieu. Mais il nous suffit de constater que toujours et partout l'univers évolue avec ordre.

elle-même. L'ordre est transcendant au monde. En voici les raisons :

1° Si l'ordre était entièrement immanent aux phénomènes, l'évolution ordonnée des phénomènes à venir serait inadmissible. Les phénomènes passés ayant déjà réalisé l'ordre d'une manière absolue, les phénomènes futurs ne pourraient être que la répétition en tous points identique des phénomènes passés. L'affirmation de l'immanence de l'ordre est la négation de toute évolution. On nous dira sans doute, pour éviter cette objection, que l'ordre est immanent à l'évolution elle-même. Mais il importe de n'être pas dupe d'une simple substitution de mots. Évolution devient synonyme d'ordre et il faut se demander si l'évolution peut être immanente au fait évolutif. Nous nous heurterions aussitôt à l'insurmontable difficulté que nous venons de signaler. Si l'évolution était absolument immanente au fait évolutif, la production du moindre fait évolutif aurait réalisé l'évolution tout entière et l'univers aurait depuis longtemps cessé d'évoluer. On essayera encore de soutenir la doctrine de l'immanence de l'ordre en faisant observer que l'évolution ne sera entièrement réalisée qu'à la fin du monde. Mais n'est-il pas absurde de parler d'un ordre non encore réalisé et qui serait immanent à des phénomènes qui eux aussi ne sont pas encore réalisés ? Comment ne voit-on pas qu'il est contradictoire d'affirmer l'immanence d'un ordre qui n'existe pas à des phénoménes qui n'existent pas ? En somme le monde ne se révélant à nous que par les phénomènes qui le composent, nous n'avons pas le droit d'en faire une réalité différente de celle que nous livre la perception. L'ordre ne saurait donc être immanent au monde sans être immanent à chacun des phénomènes, et sans rendre, par suite, impossible toute évolution.

2° Si l'hypothèse de l'immanence était vraie, notre connaissance, étant un phénomène évolutif, devrait nous livrer d'une manière absolue l'ordre qui lui serait absolument immanent. Et cependant nous ne connaissons que d'une manière relative les lois de l'évolution. L'ordre est donc transcendant à notre connaissance, comme il est transcendant au monde.

3° Si nous analysons cette notion d'ordre qui s'impose à nous, nous trouverons qu'elle signifie essentiellement finalité et transcendance. L'ordre est le lien qui harmonise un phénomène qui existe avec un phénomène qui existera ; et il est bien évident que, pour passer du terme présent au terme futur, il faut un lien qui ne se confonde absolument ni avec le terme présent ni avec le terme futur, il faut un lien qui ne soit étranger ni à l'un ni à l'autre et qui cependant les dépasse l'un et l'autre pour les harmoniser : il faut un lien qui dirige la production des phénomènes vers un but déterminé. Nous ne pouvons concevoir l'ordre que comme une organisation en vue de l'avenir. Quand nous parlons d'ordre, nous parlons d'intention. Quand nous parlons de loi, nous parlons de législateur. Tout ordre suppose une *Intelligence* qui transcende les faits ordonnés et qui poursuit une *Fin*.

4° Et comment pourrait-on nier qu'il y ait de la finalité dans le monde alors que l'homme ne peut éviter de diriger ses actions en vue d'une fin. « La fin a indubitablement une réalité et une puissance dans la vie humaine, et cela non seulement dans l'âme de l'individu, mais aussi dans la vie commune, dans ces grands ensembles que constituent la science et l'art, le droit et la morale, en somme le tout de la civilisation. Par ce fait qu'une action en vue d'une fin est essentiellement inhérente à la vie intérieure, cette action est démontrée comme faisant partie aussi de l'ensemble de la réalité, et la conception du monde doit absolument prendre une forme telle que ce fait devienne compréhensible [1]. »

Mais comment la nature nous imposerait-elle des fins, si des fins n'existaient pas en elle ? « Comment l'homme qui ne comprend rien que sous la notion de fin serait-il sorti de quelque amas antérieur où le principe des moyens et des fins n'aurait aucune part. » (Renouvier. *Essais de critique générale,* « Loi de finalité ».)

---

[1]. Eucken, page 187. *Les grands courants de la pensée contemporaine.*

L'évolution du monde n'aurait pas pu conduire l'homme à rechercher des fins, si elle-même n'en avait recherché. Dans l'hypothèse moniste, on ne saurait comprendre que l'homme, qui est immergé dans la nature, n'agisse pas avec elle et comme elle. Dans l'hypothèse dualiste, à moins de refuser toute valeur à l'esprit humain, et d'en venir au scepticisme absolu, on doit bien admettre que, puisque nous ne pouvons pas penser l'inexistence de l'ordre et que nous ne pouvons comprendre l'ordre que par la finalité, il faut bien que l'ordre du monde poursuive réellement une fin.

5° Et si nous avouons qu'il y a de la finalité dans le monde, nous reconnaissons en même temps que le principe de cette finalité est transcendant au monde. La finalité est externe ou elle n'est rien du tout, dirons-nous avec Bergson (*L'Évolution Créatrice*, page 44). Poser la poursuite d'un but, c'est poser un être qui pense en quelque manière ce but, qui en dirige la réalisation et qui n'est pas immanent à ce but. Puisque l'univers tend vers ce but, il existe une puissance directrice qui dépasse l'univers : il existe un Être Transcendant qui conditionne la poursuite de cette fin : il existe une cause finale et nous l'appellerons Dieu.

XII

Nous ne pouvons pas expliquer les relations de l'esprit et de la matière si nous ne supposons pas une condition transcendante de cette harmonie.

Et en effet, puisque ces deux réalités sont irréductibles, puisque l'âme diffère de nature avec le corps, il faut bien qu'il existe un Être Transcendant auquel esprit et matière soient relatifs.

§ 2. — Preuve morale

XIII

N'y aurait-il aucun autre argument pour établir l'existence de Dieu, la preuve morale devrait à elle seule y suffire.

Si l'athée raisonne avec logique, il est obligé d'admettre que ce que nous appelons devoir n'est qu'un vain mot ; et il ne peut éviter de conclure qu'après que cette illusion de l'impératif moral aura été dissipée, l'homme ne considérera plus aucune de ses actions ni comme bonne, ni comme mauvaise. Le meurtre de notre semblable sera un phénomène naturel au même titre que le vent ou l'orage : on examinera si un tel acte est utile au meurtrier, mais on ne dira plus qu'il est, en lui-même, mauvais. On proclamera au contraire qu'au point de vue moral il est indifférent. L'homme qui tue n'agit pas plus mal que la foudre qui tombe. La croyance au devoir, qui nous empêche d'agir selon nos fantaisies et de suivre toutes les impulsions de notre nature, est un préjugé qui disparaîtra, quand nous saurons que le devoir n'a d'autre valeur que celle que nous lui attribuons nous-mêmes. La morale ne sera plus que la science descriptive des mœurs. On étudiera les habitudes des hommes comme on étudie celles des fourmis ou des abeilles. On ne pourra plus se reprocher d'avoir bien ou mal agi. Rien ne sera bien, rien ne sera mal.

Qu'une société ainsi organisée puisse vivre, c'est ce que personne n'osera soutenir. La barbarie des premiers âges de l'humanité serait dépassée par celle des âges nouveaux. Une société qui nie la valeur du devoir s'écroulera et disparaîtra : les passions et les crimes auront vite fait de l'anéantir.

Se peut-il d'ailleurs qu'il existe un seul homme qui estime sincèrement que le bien et le mal ne sont que des chimères, et qui n'attribue aux raisons d'agir imposées par son devoir aucune valeur de supériorité réelle sur celles que lui dicte son intérêt ou sa passion ? Se peut-il qu'il existe un seul homme qui soutienne qu'il n'y a pas objectivement plus de mal dans le fait d'un fils qui tue son père que dans le fait de la rotation de la terre ? Nous ne pouvons pas supposer que cet homme, même unique, existe.

Nietzsche lui-même qui se qualifie souvent d'immoraliste et qui prétend à la suppression de toute morale, aboutit cependant, comme malgré lui, à fonder une morale nouvelle, celle du surhomme. Il enseigne que l'homme s'amoindrit par la pitié et par le désintéressement : il nous dit que nous n'avons aucun devoir de charité et de justice à l'égard des faibles, de ceux qu'il appelle les *esclaves* et qui sont la grande majorité de l'humanité. Mais il proclame que les forts, ceux qu'il appelle les *maîtres*, doivent pratiquer une morale dont le principe essentiel est précisément de devenir durs à l'égard des faibles. Cette croyance en la valeur éthique du triomphe de la puissance pervertit la notion du bien et du mal, la transpose, mais ne la détruit pas [1]. Seul un esprit déséquilibré pouvait faire ce rêve d'une humanité grandie par la volonté d'accroître les souffrances des opprimés et par le déchaînement impitoyable de la force. Cette doctrine d'un poète exalté a eu malheureusement dans la mentalité contemporaine une répercussion néfaste. Sans en comprendre la portée morale toute paradoxale, les hommes

1. « La morale est aujourd'hui en Europe une morale de troupeau. Elle n'est, par conséquent, à notre avis, qu'une espèce particulière de la morale humaine, à côté de laquelle soit avant, soit après, d'autres morales, surtout des morales supérieures sont encore possibles ou devraient l'être. » Nietzsche. *Par delà le bien et le mal*, page 271.

ont puisé en elle une excuse aux débordements de leurs passions. Ce n'est pas pour réaliser le bien et pour devenir le surhomme prophétisé par un philosophe dément qu'ils sont durs pour les faibles : c'est uniquement pour satisfaire leurs instincts mauvais et leurs basses inclinations. Ils se disent Nietzschéens pour essayer de justifier à leurs propres yeux leur arrivisme éhonté. Mais ceux-là mêmes, s'ils sont sincères, doivent reconnaître que toutes leurs actions ne sont pas également bonnes et mauvaises. L'homme ne peut pas vivre sans prendre des décisions auxquelles il attribue nécessairement une portée morale. Le bien et le mal ne sont pas de vaines apparences et ont une valeur de vérité dont il importe de préciser le fondement.

L'athéisme qui, pour éliminer Dieu, veut tout expliquer par la connaissance subjective ou le monde sensible, prétend que ce que nous appelons le Bien ne peut qu'être immanent à l'une ou à l'autre de ces réalités.

A. — Si la morale était subjective et trouvait sa base dans la connaissance, nous n'aurions rien à répondre à l'homme qui, après avoir consulté son intelligence, nous dirait que le bien n'est qu'une illusion. Rien ne prouverait absolument que cet homme se trompe, et nous serions obligés d'admettre qu'il est bien possible que le devoir ne soit qu'une habitude sans fondement objectif. Nous ne pourrions plus être certains que le devoir a une valeur de vérité : nous serions en droit de douter de notre conscience et de nous libérer de toute obligation morale. Le devoir doit s'imposer à la connaissance intellectuelle ou cesser d'être le devoir.

Kant a compris qu'il fallait apporter un tempérament aux conclusions sceptiques de sa *Critique de la Raison Pure :* il a fait appel à la Raison pratique et postulé l'existence de Dieu pour fonder l'impératif catégorique du devoir.

Si d'ailleurs le bien était en nous, nous serions nous-mêmes le bien et nous n'aurions pas le devoir de le réaliser [1]. Notre bon plaisir s'identifierait avec notre devoir.

Puisque le bien n'est en nous que dans la mesure où nous le faisons, et puisqu'il ne nous est jamais possible de l'atteindre intégralement, c'est qu'il est distinct de nous-mêmes et est autre chose qu'une connaissance subjective.

B. — Depuis près d'un siècle, le plus grand effort de la philosophie a porté sur la recherche d'une morale scientifique. Les athées se sont bercés de l'espoir de fonder la morale sur les lois naturelles.

Pourquoi le bien ne serait-il pas immanent aux

---

[1] Aux yeux des spiritualistes qui admettent l'irréductibilité de l'esprit et de la matière, le bien ne saurait être considéré comme immanent à l'âme, puisque l'âme a le devoir d'en poursuivre la réalisation et peut manquer à l'accomplissement de ce devoir. Le bien est donc distinct de l'âme.

phénomènes matériels ? Pourquoi la science positive serait-elle incapable de nous expliquer le devoir ?

De même que la pathologie et la thérapeutique apprennent à guérir le corps humain malade, la morale nous enseignerait scientifiquement les actions qui doivent être faites. Un grand nombre de penseurs et de savants (Stuart Mill, Spencer, Auguste Comte, Fouillée, Berthelot, etc...) ont édifié des systèmes qui prétendent à l'athéisme de la morale [1].

On constate, si l'on analyse ces diverses doctrines, que, d'après elles, le bien suprême à réaliser serait, en somme, le bonheur de l'humanité. Mais en quoi peut bien consister le bonheur de l'humanité ?

---

1. « La science impose ses directions dans tous les ordres, industriel, politique, militaire, éducateur et surtout moral, en s'appuyant exclusivement sur les lois naturelles constatées a *posteriori* par les observations et les expérimentations des savants de tout genre, physiciens et mécaniciens aussi bien qu'historiens et économistes ; chimistes, médecins et naturalistes aussi bien que psychologues et sociologues ; nous établirons ainsi dans le monde le règne d'une raison affranchie des anciens préjugés et systèmes dogmatiques ; c'est-à-dire un idéal supérieur, une morale plus haute et plus assurée que celle des temps passés parce qu'elle est fondée sur la connaissance de la nature humaine et qu'elle proclame et démontre la solidarité intellectuelle et morale des hommes et des nations... La science est la vraie école morale, déclarons-le hautement... ; la science enseigne à l'homme l'idée du devoir. » Berthelot. *Science et libre-pensée. Congrès de la libre-pensée à Rome*, page 33 et page 40.

Seraient-ce les progrès économiques et la diffusion des richesses qui doivent le réaliser? Certes, les hommes sont aujourd'hui mieux logés, mieux vêtus, mieux nourris qu'autrefois. Est-il bien certain cependant que la somme de leur bonheur ait réellement augmenté [1] ? S'ils étaient vraiment plus heureux, pourquoi le nombre des crimes et des suicides serait-il en progression constante ? Le crime et le suicide ne sont-ils pas les indices irrécusables de la souffrance ? Lorsqu'on est heureux, on ne tue pas les autres, on ne se tue pas soi-même.

Puisque les aspirations matérielles de l'homme sont insatiables, ce n'est pas en cherchant à les satisfaire qu'on rencontrera le bonheur. Nous sommes

---

[1]. « Nous cherchons à mettre en lumière, afin de lui trouver un remède, une des erreurs qui pèsent le plus lourdement sur le progrès social, à savoir que l'homme devient plus heureux et meilleur par l'augmentation du bien-être extérieur. Rien n'est plus faux que ce prétendu axiome social. Au contraire, la diminution de la capacité d'être heureux et l'avilissement du caractère par le bien-être matériel sans contrepoids est un fait que mille exemples sont là pour établir. Une civilisation vaut ce que vaut l'homme installé à son centre. Quand cet homme manque de direction morale, tout progrès n'aboutit qu'à empirer le mal et à embrouiller davantage les problèmes sociaux. » C. Wagner. *La vie simple*, page 14.

« Plus l'humanité voit se multiplier les moyens dont elle dispose de se rendre l'existence agréable, plus elle se convainc de l'impossibilité de surmonter de cette manière l'angoisse de la vie et d'atteindre au bonheur ou même seulement au contentement. » Hartmann. *La religion de l'avenir*, page 133.

même incapables de concevoir un bien-être matériel susceptible de réaliser tous nos désirs.

La science positive nous autorise plutôt à conclure que l'humanité n'est pas destinée à devenir heureuse sur la terre. D'une part, nous semblons voués à une dégénérescence physique incessante ; d'autre part, il est incontestable que, dans un avenir plus ou moins éloigné, la vie humaine ne sera plus possible sur le globe terrestre. Les lois de l'évolution nous enseignent que notre planète est nécessairement condamnée à devenir un jour inhabitable à tout organisme humain. Il est prouvé que pendant des millions d'années avant l'apparition de l'homme, la terre a existé, accomplissant son évolution ; et cette évolution doit normalement se continuer après la disparition de l'homme, dont le passage ici-bas n'aura été qu'un moment très court de l'univers. On peut même prévoir que la terre elle-même sera un jour anéantie par quelque cataclysme cosmique : les astres se forment et se disloquent et la terre est au nombre des plus infimes d'entre eux.

Le but de la vie ne peut donc pas être de donner à l'homme le bonheur en ce monde.

Au surplus, les philosophes qui estiment que le bonheur de l'humanité peut remplacer Dieu dans la morale ne se sont pas aperçus qu'ils ne faisaient que déplacer la question au lieu de la résoudre : car il reste à savoir quel pourra bien être le fondement de ce devoir essentiel qu'ils promulguent, le devoir de collaborer au bonheur de l'humanité.

De quel droit imposera-t-on aux hommes d'agir pour le bonheur de leurs semblables ? Au nom de quel principe assez puissant commandera-t-on à chacun de nous de sacrifier ses fantaisies personnelles et son désir de jouissance à la félicité des autres hommes ? Et s'il ne plait pas à certains de s'incliner devant ce principe, pourquoi ceux-là n'auraient-ils pas le droit de dire que le devoir qu'on leur propose est sans fondement et qu'ils ne veulent pas l'accomplir ? Sans un ordre de Dieu, l'homme a le droit de refuser l'obéissance aux autres hommes.

La plupart des philosophes contemporains ont enfin compris qu'il était impossible de donner au devoir une base positive et la morale scientifique tend à devenir aujourd'hui une doctrine de nihilisme moral.

Guyau a voulu fonder une morale sans obligation ni sanction. Il compare le progrès moral de l'homme à la floraison de la plante : il faut fleurir pour vivre. Cette conception est celle d'un poète bien plus que d'un philosophe. Il ne suffit pas de proclamer que la moralité est la fleur de la vie humaine. L'expérience nous apprend que la plante fleurit spontanément tandis que l'homme n'est bon que s'il a le devoir de l'être. La floraison provoquée par une morale sans obligation sera celle de toutes les passions humaines.

Levy-Bruhl et Le Dantec n'hésitent pas à supprimer eux aussi le devoir et la responsabilité. Ils se contentent de remarquer, ainsi qu'un fait d'observation, que la conscience de l'homme le dirige dans le choix de ses actions. Mais il ne suffit pas de se payer de mots pour satisfaire notre raison. Ou bien cet ordre de notre conscience a une valeur de vérité et il faut en trouver le fondement ; ou bien cet ordre de notre conscience n'est chez nous qu'un phénomène d'habitude, purement subjectif, et la morale tout entière s'écroule, et la société court à sa perte [1].

La morale scientifique en est réduite à reconnaître son impuissance ; elle est devenue l'absence de toute morale et son enseignement officiel dans les écoles laïques de France a produit les résultats les

---

[1] « Que l'on considère les manifestations morales de la nature humaine à ce point de vue précis, et l'on obtiendra une science de mœurs qui n'aura rien de commun avec ce qu'on appelle la morale, puisqu'elle ne sera qu'une constatation et une systématisation de phénomènes donnés, alors que la morale est proprement un commandement, l'énoncé d'un devoir d'être. »
Boutroux. « Morale et religion », *Questions du temps présent*, pages 25 et 26.

« Du point de vue de la science, tout s'équivaut ; tout est également bon et mauvais ; ou plutôt, il n'existe ni bien ni mal. Il fallait quelqu'un qui vînt tirer cette conclusion brutale. C'est ce qu'a fait M. Levy-Bruhl, dans son livre intitulé *La science des mœurs*. Il n'y a donc plus qu'une tâche à remplir qui est d'étudier les mœurs de l'homme comme on fait de celles de l'antilope ou de la panthère. »
Clodius Piat. *De la croyance en Dieu*, page 272.

plus désastreux. L'augmentation effrayante de la criminalité des enfants en ces dernières années est la démonstration irrécusable de l'immoralité de la morale scientifique.

Cet accroissement des crimes commis par les jeunes gens est tellement menaçant pour la société tout entière que les pouvoirs publics s'en sont préoccupés et ont cherché à y remédier : ils s'imaginent qu'il serait possible d'enrayer ce mal par la création de tribunaux spéciaux aux enfants. Aberration singulière ! Peut-on supposer sérieusement que l'institution de ces tribunaux suffira à rendre meilleurs des enfants à qui l'on a enseigné que le bien et le mal sont seulement des notions humaines. On ne fera ainsi qu'exaspérer le raffinement de cruauté de ces jeunes êtres : on accroîtra leur désir très logique de supprimer par la violence et l'anarchie les gouvernements et leurs tribunaux, puisqu'ils interdisent et répriment sévèrement des actes qui ne sont, véritablement et en eux-mêmes, ni bons ni mauvais.

Il est instructif de noter les conclusions pessimistes et découragées auxquelles l'athéisme entraîne ses adeptes [1]. Ceux d'entre eux qui sont sin-

---

1. « L'idée de justice absolue manque à l'athée. Sans posséder l'idée de justice, l'idée de mérite, l'idée de responsabilité qui sont les principaux mobiles des actions humaines, comment un homme peut-il vivre ? Je crois qu'il ne peut pas vivre. » Le Dantec, L'Athéisme, page 99.

« Dans une société dont tous les membres seraient de purs

cères en font l'aveu et ne dissimulent pas que la société va vers sa ruine.

Et comment pourrait-il en être autrement si l'on persiste à demander à la science positive de fonder la morale ? N'aurait-on pas dû remarquer la contradiction essentielle qui se cache en ces deux mots de morale scientifique ? La science enseigne ce qui *est* : la morale enseigne ce qui *doit* être. La science constate l'enchaînement des phénomènes et les rapports qu'ils ont entre eux : la morale détermine ce que nous devons devenir. La science formule les lois positives du monde : la morale établit la loi impérative de nos actions. Envisagez à tous les

athées, allant jusqu'au bout des conclusions logiques de leur athéisme, la conscience morale de chacun perdrait toute valeur en tant que sentiment social ; chaque athée se soumettrait aux ordres de sa conscience pour le seul plaisir de sa satisfaction personnelle, mais les croyances de ses voisins ne lui imposeraient pas de devoirs ; une telle société, formée exclusivement d'athées, finirait naturellement par une épidémie de suicide anesthésique. » Le Dantec. *Ibid.*, pages 112 et 113.

Voir les prophéties pessimistes d'Anatole France à la fin de son volume : *L'Ile des Pingouins*. Non seulement il reconnaît que la science ne conduit pas au bonheur de l'humanité, mais il estime qu'elle aboutit au contraire à l'anarchie et à la destruction fatale de la civilisation.

Anatole France. *L'Ile des Pingouins*, pages 403 et 404.

« ... Et nous entrevoyons bien les lugubres avenirs, les âges noirs qui vont commencer après la mort des grands rêves célestes, les démocraties tyranniques et effroyables où les désolés ne sauront même plus ce que c'était que la prière. » Pierre Loti. *La Galilée*, page 210.

points de vue les données de la science; tournez et retournez en tout sens un phénomène matériel, vous trouverez la constatation de *ce qui se passe* et non celle de ce qui *doit se passer*. Entre le positif scientifique et l'impératif moral existe un abîme humainement infranchissable [1]. La science positive découvrirait-elle un jour deux procédés : l'un pour rendre l'humanité de plus en plus heureuse, l'autre pour l'anéantir, elle ne trouverait en elle aucune autorité pour ordonner à un homme de sauver ses semblables au lieu de les détruire.

Il apparaît avec évidence que la science et la morale sont hétérogènes et il a fallu les rêves puérils de quelques savants orgueilleux pour donner aux hommes le désir contradictoire d'une morale scientifique [2].

1. C'est ce que n'a pas compris le Dr Metchnikoff lorsqu'il a exposé les principes d'une morale biologique. Il s'est proposé de la fonder non sur la nature humaine viciée telle qu'elle est actuellement, mais sur la nature humaine idéale telle qu'elle doit être dans l'avenir (Metchnikoff, *Etudes sur la Nature humaine. — Essai de philosophie optimiste*, page 379) : et il s'est imaginé que l'étude biologique de l'homme pouvait nous renseigner sur la signification de sa vraie culture et de son vrai progrès (Metchnikoff, *Ibid.*, page 381) et fournir ainsi un fondement à la morale. Comment ne s'est-il pas aperçu que seul un lien transcendantal peut conduire du savoir au devoir ?

2. « La morale et la science ont leurs domaines propres qui se touchent mais qui ne se pénètrent pas. L'une nous montre à quel but nous devons viser ; l'autre, le but étant donné, nous fait connaître les moyens de l'atteindre. Elles ne peuvent donc jamais se contrarier puisqu'elles ne peuvent se rencontrer. Il

Si le bien n'est immanent ni à notre connaissance, ni aux phénomènes matériels, ni au sujet, ni à l'objet sensible, il faut qu'il en soit distinct. Et puisque nous ne pouvons pas mettre en doute

ne peut pas y avoir de science immorale, pas plus qu'il ne peut y avoir de morale scientifique. » (Henri Poincaré. *La valeur de la science*, page 3.) « Si les prémisses d'un syllogisme sont toutes les deux à l'indicatif, la conclusion sera également à l'indicatif. Pour que la conclusion pût être mise à l'impératif, il faudrait que l'une des prémisses au moins fût elle-même à l'impératif. Or les principes de la science, les postulats de la géométrie, sont et ne peuvent être qu'à l'indicatif ; c'est encore à ce même mode que sont les vérités expérimentales et, à la base des sciences, il n'y a, il ne peut y avoir rien autre chose. Dès lors le dialecticien le plus subtil peut jongler avec les principes comme il voudra, les combiner, les échafauder les uns sur les autres ; tout ce qu'il en tirera sera à l'indicatif. Il n'obtiendra jamais une proposition qui dira : fais ceci ou ne fais pas cela ; c'est-à-dire une proposition qui confirme ou qui contredise la morale. »

Henri Poincaré. « La morale et la science », in *Questions du temps présent*, pages 52 et 53.

Dans le même sens : Henri Poincaré. *La Revue*, 1er juin 1910, page 302.

« La morale c'est : « Tu es obligé ». Si elle n'est pas cela, il me semble bien qu'elle n'est rien. » E. Faguet : *Pour qu'on lise Platon*, page 98.

« On peut admettre qu'il y ait une science de la morale. Mais ce qu'on ne peut pas dire, c'est qu'il y ait une *morale scientifique ou fondée sur la science*, ni que la connaissance de nos devoirs dépende, en quelque cas et dans quelque mesure que ce soit, de l'état de nos connaissances en microbiologie. « Cela est d'un autre ordre », comme disait Pascal ; et puisqu'il ajoutait : « Surnaturel », je l'ajoute volontiers avec lui. » F. Brunetière. *Sur les chemins de la croyance*, pages 295 et 296.

son existence, il faut qu'elle soit transcendante [1].

Une réalité dominant le monde, et que nous appelons le Bien, s'impose à nous dans la direction de toutes nos actions, et nous nous sentons moralement obligés par elle [2].

Ce n'est évidemment qu'un aspect de Dieu qui nous est ainsi révélé par la preuve morale de son existence. Mais notre intelligence ne peut atteindre Dieu que d'une manière relative, et elle vient de faire un grand pas vers la Vérité Absolue en constatant qu'elle ne saurait, sans se renier elle-même, échapper à la logique de cette démonstration : Pas de société sans morale et pas de morale sans Dieu.

---

[1] « La morale se suffit à la manière de la science en tant que bornant son ambition à déterminer la forme actuelle de la conscience, elle n'a besoin, pour systématiser les faits qui la concernent, d'autres principes que ceux qu'elle puise dans ces faits eux-mêmes. Mais si la raison réfléchit sur ces données, elle les aperçoit dérivées et dépendantes, et elle conçoit quelque chose au delà. » E. Boutroux. « Le problème religieux », page 68, *Revue bleue*, 16 janvier 1909.

[2] « C'est par delà toute réalisation visible de l'être, vers l'auteur même de l'être et de la perfection que l'homme se tourne plus ou moins consciemment, lorsqu'il cherche l'objet auquel il doit adapter sa vie pour lui donner vraiment un caractère moral. » E. Boutroux. « Morale et Religion », page 34, in *Questions du temps présent*.

§ 3. — Preuve par l'irréductibilité de la croyance religieuse

XIV

Toutes les races et tous les peuples ont cru à l'existence de Dieu. L'universalité de la tendance religieuse est une vérité qui n'a jamais été sérieusement contestée et les savants et les philosophes doivent reconnaître que l'origine de la croyance en Dieu se confond avec celle de la pensée humaine [1]. Il importerait peu, d'ailleurs, que l'on ait découvert une peuplade n'affirmant aucune foi en la divinité : elle ne serait qu'une anomalie monstrueuse dans l'histoire universelle [2].

---

1. « Ainsi, et cela me semble un résultat essentiel de notre enquête, l'origine des religions se confond avec les origines même de la pensée et de l'activité intellectuelle chez les hommes. » S. Reinach, *Orpheus*, pages 33 et 34. « L'histoire ne nous montre nulle part le premier commencement de la religion. » H. Hoffding. *Philosophie de la religion*, page 127.

2. « On a beaucoup discuté pour savoir s'il existe des peuplades dépourvues de toute croyance religieuse. Cela reste assez douteux, si l'on tient compte, d'une part, du mystère dont le sauvage s'enveloppe devant l'étranger, d'autre part, de la psychologie assez pauvre des voyageurs pour qui la religion est souvent synonyme de culte organisé et développé. Le fait fût-il établi, il resterait d'une mince valeur, n'existant que dans des échantillons inférieurs de l'humanité. » Th. Ribot. *Psychologie des sentiments*, page 315.

Sans doute la croyance en Dieu a revêtu dans la suite des siècles les formes les plus diverses : elle n'en a pas moins persisté à travers toutes les vicissitudes des religions et des philosophies, et nous la retrouvons de nos jours très vivante dans les nations les plus civilisées elles-mêmes.

Les spiritualistes prétendent que cette croyance se présente à eux avec un caractère de nécessité primordiale : elle serait essentielle et irréductible. Un grand nombre de penseurs du xix° siècle, adversaires du spiritualisme, ont essayé d'analyser le sentiment religieux, qui est un phénomène incontestable puisqu'il s'est manifesté chez tous les peuples. Ils ont dû reconnaître que ce sentiment était toujours et partout indissolublement lié à la croyance religieuse, mais ils se sont proposé d'expliquer cette croyance en la ramenant à d'autres connaissances plus élémentaires. Ils voudraient démontrer ainsi l'inanité de la foi religieuse en établissant son origine purement naturelle. S'il était possible de prouver que la croyance religieuse est tout simplement dérivée d'une notion quelconque puisée dans la nature, on aurait en effet le droit de se demander si l'humanité, après s'être rendu compte de l'erreur qu'elle aurait toujours commise, ne pourrait pas renoncer un jour à croire à l'existence de Dieu. Certes, il serait bien invraisemblable que, depuis les premières traces de l'âge préhistorique, où déjà l'homme se révèle religieux, jusqu'à l'aube du xx⁰ siècle, la même erreur eût été commise par tous les peuples de la terre. Il serait prodigieusement étonnant qu'une notion intellectuelle déformée ait été chez tous les hommes l'origine d'une même croyance illusoire ; et on aurait peine à comprendre que l'intervention des philosophes athées, qui s'est produite dès la plus haute antiquité, n'ait pas, depuis longtemps déjà, fait justice d'un Dieu imaginaire et supprimé toute forme de religion.

Cependant, en dépit des apparences, il ne nous serait pas complètement interdit d'admettre que l'humanité tout entière ait pu se tromper, jusqu'à aujourd'hui, dans certaines de ses croyances.

Mais si la croyance religieuse s'impose à l'homme, irréductible, si elle n'est assimilable à nulle autre croyance et si notre intelligence la proclame simple et indestructible, nous ne pouvons, sans aller même au delà du scepticisme absolu, supposer que l'humanité, dont toutes les croyances sont solidaires, soit nécessairement condamnée à l'erreur.

Certains philosophes, tels que Buchner, Haeckel, Herbert Spencer, Ribot, Ebbinghaus (et nous n'en citons que quelques-uns), ont adopté, sous des formules différentes et avec quelques variantes, l'explication de la foi religieuse par l'animisme anthropomorphique. L'homme, dès le premier éveil de sa pensée, se serait imaginé, à tort ou à raison, qu'il possède un esprit distinct de son corps ; et, se trouvant en présence des phénomènes souvent terrifiants de la nature, il aurait attribué aux forces matérielles extérieures un esprit analogue au sien.

Cette théorie ne nous fait nullement comprendre l'origine de la religion. Quel que soit le sentiment d'impuissance de l'homme vis-à-vis des forces de la nature, s'il ne leur avait prêté qu'un esprit comparable au sien, il ne les aurait pas divinisées. Si la croyance religieuse a pu faire son apparition, c'est parce que l'homme a considéré les esprits qu'il attribuait à certains éléments matériels, non seulement comme supérieurs au sien, mais comme maîtres de la nature. Il a dû postuler le Surnaturel ; il a dû affirmer l'Absolu auquel le monde est relatif.

D'autres savants, tels que S. Reinach, ont prétendu qu'à l'origine la religion n'aurait été qu'un système de *tabous*. Tabou est synonyme d'interdit, de sacré. Reinach, identifiant même la religion et le tabou, les définit : « Un ensemble de scrupules qui font obstacle au libre exercice de nos facultés [1]. »

Cette définition ne suffit pas à nous faire pénétrer jusqu'à l'essence du sentiment religieux [2]. En

---

1. Salomon Reinach. *Orpheus*, page 4.

Dans le même sens : Hubert. Introduction. page XLV, *in* : Chantepie de la Saussaie. *Manuel d'histoire des religions.* « Toutes les images, toutes les notions d'être et de qualité auxquelles s'attache la croyance religieuse sont dominées par la notion de *sacré.* »

2. « Cette définition, observe M. Reinach lui-même, est grosse de conséquences ; car elle élimine du concept fondamental de

effet, rien ne nous est interdit par la nature. Certaines actions sont impossibles à l'homme, d'autres lui sont nuisibles, mais nous nous sentons toujours libres de braver à nos dépens les forces naturelles. Pour que le tabou revête un caractère religieux, il faut qu'il soit autre chose que l'impossible ou le nuisible ; il faut que le scrupule qui le caractérise procède de plus haut que la nature : il faut que l'interdiction soit catégorique et trancendantale. Ou le mot de tabou n'explique rien de la religion, ou il présuppose la notion de Surnaturel et d'Absolu.

Durkheim a cru pouvoir conserver la notion de tabou pour ramener à elle la foi religieuse, mais en la complétant par des considérations d'ordre sociologique. Dieu serait une chose sacrée individualisée, dont la société elle-même aurait élaboré la représentation d'après les lois propres de la mentalité sociale [1]. Au point de vue qui nous occupe en ce

---

la religion Dieu, les êtres spirituels, l'infini, en un mot tout ce qu'on a l'habitude de considérer comme l'objet propre de la religion. En effet, elle n'élimine pas seulement les croyances, mais encore les sentiments religieux, la morale religieuse et même le culte. Reste à savoir si, en éliminant tout cela, elle ne s'est pas vidée de son propre contenu. Jusqu'à présent, on n'avait pas cru qu'une définition, pour être exacte, dût ne rien comprendre de ce que le commun des mortels suppose être son objet... Le tabou seul et par lui-même ne rend compte de rien, ni de la magie, ni de l'animisme, ni de la religion. » Alfred Loisy. *A propos d'histoire des religions*, pages 57 et 59.

1. Durkheim. « De la définition des phénomènes religieux », *Année sociologique*, 2ᵉ année, pages 12 et 25.

moment, il importe peu que ce soit l'esprit d'un seul homme ou celui de toute une société qui ait conçu et imaginé les dieux des différentes religions, s'il n'est pas possible d'avoir la notion de Dieu sans croire déjà au Surnaturel, à l'Absolu.

Hoffding a prétendu que l'essence de la religion consiste dans la conviction que la valeur sera conservée [1]. Il entend dire par là que lorsque nous affirmons qu'une chose est vraie ou est bonne, nous attribuons une certaine valeur, au moins relative, à notre affirmation. Cette conviction ne serait autre chose que la croyance religieuse élémentaire.

Mais, si les valeurs doivent être conservées, il faut bien un principe à leur conservation, et puisque nous ne connaissons que des valeurs naturelles et relatives, il faut bien que ce principe soit Surnaturel et Absolu.

Nous dépasserions les limites que nous avons voulu donner à cet ouvrage, si nous examinions l'une après l'autre toutes les philosophies de la religion. Cet examen nous amènerait cependant à conclure que la croyance religieuse est irréductible à toute autre croyance intellectuelle [2]; elle s'affirme

---

1. Hoffding. *Philosophie de la Religion*. Préface, page ix.
2. « Je veux bien que le sentiment religieux se soit graduellement enrichi, compliqué d'éléments très divers ; il n'en est pas moins vrai que, dans ce qui en fait l'essence, il est chose simple, *sui generis*, et qui ne ressemble à aucune autre émotion de l'âme. » Bergson, *in* Charpin. *La question religieuse*, p. 272.

foi nécessaire en l'Absolu, en la Surnature. La religion ne disparaîtra donc jamais de notre terre tant que des hommes l'habiteront [1].

La foi en Dieu se révèle à nous simple et irréductible : il est en notre pouvoir de la dénaturer et de la pervertir : nous ne pouvons pas la détruire.

Les progrès les plus merveilleux de la science positive n'arriveront jamais à satisfaire complètement l'être humain ; tout le bonheur que ses sens et son intelligence pourront lui donner n'éteindra jamais la flamme de son aspiration religieuse [2] : il portera toujours en lui un besoin d'Absolu que rien ici-bas ne saurait assouvir.

Des savants, Reinach par exemple, qui considè-

---

1. « L'idée religieuse, le sentiment religieux sont et resteront indestructibles ; ils expriment le fonds même de l'être humain ; ils ont une originalité et une solidité radicales. » Blondel, in Charpin ; *Ibid.*, page 243. « Les croyances religieuses ne sont pas simplement des phénomènes particuliers à l'enfance de la race. Elles sont des éléments caractéristiques de notre évolution sociale... Elles sont les compléments naturels et nécessaires de notre raison et loin d'être menacées d'une dissolution éventuelle, elles sont probablement destinées à croître et à se développer en même temps que la société, conservant comme élément immuable et commun la sanction supra-rationnelle qu'elles offrent à la conduite humaine. »
Benjamin Kidd. *L'Évolution sociale.* Trad. franç., pages 113 et 114.

2. « Ce qui est certain, c'est que la science positive ne suffira jamais à l'humanité qui a d'autres besoins vitaux que les besoins matériels. L'homme ne se contentera jamais de ce qu'il voit et de ce qu'il touche. » Fouillée, in Charpin. *La Question religieuse*, p. 20.

rent comme illégitimes les croyances religieuses, reconnaissent cependant que, malgré qu'il leur soit possible de se modifier, elles ne sauraient jamais complètement disparaître, même dans les milieux les plus cultivés [1].

Cet aveu de la pérennité de la religion est, en somme, celui de la vérité de son fondement [2]. Serait-il admissible que l'humanité, qui deviendra de plus en plus intellectuelle, conserve des croyances établies illégitimes par la science? Puisque notre intelligence proclame qu'elle ne détruira jamais en elle la croyance religieuse, ne faut-il pas accorder à cette croyance indestructible à laquelle participe notre intelligence la même valeur qu'à cette dernière [3]?

---

[1] « Non seulement les religions qui se partagent actuellement l'Europe ont devant elles un avenir indéfini, mais on peut être certain qu'il en restera toujours quelque chose parce qu'il restera toujours du mystère et de l'inconnaissable dans le monde, parce que la science n'aura jamais accompli sa tâche, sans doute aussi parce que les hommes apporteront toujours dans la vie les illusions de l'animisme ancestral. » S. Reinach, *Orpheus*, pages 35 et 36.

[2] « Quel homme sérieux voudrait conserver une religion ainsi ramenée aux manifestations fatales d'une sensibilité purement subjective? » E. Boutroux, Préface, page xi, in Gourd : *Philosophie de la religion*.

[3] « Le mot de religion étant celui sous lequel s'est résumée jusqu'ici, aux yeux du plus grand nombre, la vie de l'esprit, un matérialisme grossier peut seul attaquer dans son essence ce besoin heureusement éternel de notre nature. » Renan, *Etudes d'histoire religieuse*, Préface, page xv.

Et cette foi est tellement nécessaire qu'il n'a jamais existé un seul homme qui soit absolument athée [1]. On l'a dit avec beaucoup de raison : un homme qui se prétend athée ne l'est jamais qu'à l'égard du Dieu des autres [2]...

A chacun de nous, il faut un Idéal qu'il divinise, un Bien qu'il cherche à réaliser, un Absolu qui serve de soutien à sa propre relativité. Tout être

---

1. « Eh! qui donc ne croit pas en Dieu ? Il y a tant de façons d'y croire ! Si on n'y croit pas comme le charbonnier, on y croit comme Kant, on y croit comme M. Renan, ou comme Darwin, ou comme Herbert Spencer. Ne pas croire en Dieu c'est nier le mystère de la vie de l'univers et le mystère des instincts impérieux qui nous font placer le but de la vie en dehors de nous-mêmes et plus haut; c'est nier le plaisir que nous fait cette chose insensée qui est la vertu; c'est nier le frisson qui nous prend devant « le silence éternel des espaces infinis » ou le gonflement du cœur par les soirs d'automne et la langueur des désirs indéterminés; c'est déclarer que tout dans notre destinée et dans les choses est clair comme eau de roche et qu'il n'y a rien, mais rien du tout à expliquer. Or, c'est cela qui est stupide. »

Jules Lemaître. *Les Contemporains*, 3ᵉ série. « Etude sur Jean Richepin », page 329.

2. « Un homme qui se dit athée ne l'est jamais qu'à l'égard du Dieu des autres. Il nie le Dieu de son curé ou de son pasteur, celui de son enfance ou de ses voisins; mais regardez-y de plus près, il en a un autre, le sien, caché au fond de son âme qu'il adore sous un nom particulier et auquel il s'offre chaque jour lui-même en sacrifice. Quand ce n'est pas un Dieu noble, c'est, hélas! quelque idole basse et grossière, tant il est impossible à personne de vivre sans sortir de soi et sans se donner. »

Auguste Sabatier. *Esquisse d'une Philosophie de la religion*, page 28.

humain, quel qu'il soit, a une conviction qui dépasse la science, une foi qui s'élève au-dessus de la nature [1]. Tout être humain poursuit l'Infini, celui-là même qui ne croit pas le poursuivre, celui-là même qui nie son existence. Et malgré que l'expérience de tous les siècles passés n'ait jamais cessé de démontrer que ce bien suprême ne saurait en ce monde être atteint, le savant voudrait le trouver dans la science, l'ambitieux dans la fortune, le conquérant dans la victoire, et l'amoureux dans l'amour. Et c'est parce que cet élan est divin que les hommes désireront toujours l'Infini, bien qu'ils sachent d'une manière certaine que l'Infini est ici-bas inaccessible.

L'erreur de celui qui se dit athée est non point de nier complètement Dieu, puisqu'en réalité il ne saurait le faire, mais de diviniser de simples aspirations matérielles et d'attribuer l'Absolu à ce qui n'est que relatif.

Tous les grands philosophes qui ont voulu saper les religions de leur époque ont dû se réfugier dans une religion nouvelle.

Le XIX° siècle nous en a donné trois exemples remarquables.

Le fondateur du positivisme, Auguste Comte, après avoir voulu libérer définitivement l'humanité

1. « Nous sommes nés croyants. L'homme produit des croyances comme l'arbre porte des fruits. Toutes les grandes époques ont été des époques de foi. »
Emerson, *La conduite de la vie*, pages 181 et 194.

de tout principe religieux et métaphysique, a été obligé de postuler un Dieu. Il a même créé une religion, la plus ridicule de toutes.

Herbert Spencer, après s'être fait l'apôtre de l'agnosticisme, a dû dans les derniers temps de sa vie transformer sa doctrine. Il a donné à son agnosticisme une tournure spiritualiste : il en est arrivé à concevoir un Dieu supérieur à la personnalité, dépassant l'intelligence et la volonté.

Quant à Haeckel qui a été le champion du monisme absolu et qui a entrepris d'expliquer par la science positive les origines de l'univers, il a lui aussi abouti à une sorte de dualisme qui n'est plus l'athéisme intégral. Il distingue dans la matière l'éther universel et mobile de la masse inerte et lourde : il divinise cet éther et il en fait un Absolu. Au-dessus de la nature sensible, il admet une Surnature ; la science le conduit à la religion.

Nous venons d'établir que la croyance religieuse est irréductible aux autres connaissances, et nous comprenons maintenant d'autant mieux que l'Être Absolu soit la condition nécessaire de tout ce que nous connaissons.

La preuve de l'existence de Dieu par l'irréductibilité de la croyance religieuse est peut-être moins déterminante que les preuves précédentes : elle en est cependant une contre-vérification manifeste et en accroît ainsi la portée.

SECTION III. — De la science de Dieu.

XV

Nous savons que Dieu est l'Être Absolu, condition absolue de l'Univers (c'est-à-dire Créateur) et le Bien suprême que nous révèle le devoir.

Notre intelligence nous permet de déduire de cette double notion les attributs de Dieu.

On les classe ordinairement sous la double rubrique de métaphysiques et de moraux.

Les attributs métaphysiques dérivent de la notion de Dieu en tant qu'Être Absolu, et ce sont :

1° L'unité. — Deux Absolus ne sauraient être absolument absolus.

2° La simplicité. — Un Absolu divisé n'est pas absolument absolu.

3° L'immutabilité. — Si Dieu changeait, il serait *devenir* et non pas Être Absolu.

4° L'éternité. — Si Dieu durait dans le temps, il changerait.

5° L'immensité. — Si Dieu était limité, son Être ne serait pas absolu.

Les attributs moraux dérivent de la notion de Dieu en tant que Créateur et Bien suprême.

Dieu, ayant créé l'homme, doit posséder au degré

de perfection les qualités de sa créature : Personnalité, Bonté, Justice, Sagesse, Beauté, Vérité, etc.

Telles sont quelques-unes des données de la science de l'Être Absolu.

La théologie naturelle n'est autre chose que la somme de nos connaissances sur Dieu.

Il ne nous appartient pas d'entreprendre ici cette longue étude. Aussi bien les preuves de l'existence de Dieu que nous avons exposées nous révèlent-elles l'essentiel de cette connaissance.

SECTION IV. — Valeur de la connaissance intellectuelle de Dieu.

XVI

Toute connaissance intellectuelle étant relative ne peut évidemment que conserver ce caractère à l'égard de Dieu. Mais il nous suffira qu'elle se présente avec une valeur de vérité qui justifie notre croyance. Ne venons-nous pas de constater que la réalité de l'Être Absolu, condition transcendante au Créateur, s'impose avec la plus grande nécessité à notre intelligence ? Il nous faut opter entre le scepticisme radical ou la foi en Dieu. Il n'est donc pas de vérité que nous connaissions d'une manière moins relative que celle-là. D'autres preuves sont venues corroborer la preuve métaphysique et nous ont permis de compléter notre connaissance intellectuelle de Dieu, en lui donnant une assise définitive.

Sans doute — et nous nous empressons de le redire encore une fois — cette connaissance ne sera que relative : nous allons comprendre pourquoi.

Deux raisons rendent relative toute connaissance intellectuelle de la matière et de l'esprit.

La première est l'inéluctable nécessité dans laquelle nous nous trouvons de n'envisager intellectuellement que le point de vue de l'*être*, alors que la matière *devient* et que l'esprit *tend*.

La seconde est l'insuffisance de tout concept et de toute formule discursive.

La première de ces deux raisons de relativité n'existe pas à l'égard de Dieu. C'est de Dieu seulement que l'on peut dire absolument qu'il *est*. Quand notre intelligence applique à Dieu la notion d'*être*, elle atteint la plus haute valeur de vérité à laquelle il lui soit possible de prétendre. L'Être de Dieu est la moins relative des notions de notre intelligence.

Mais la seconde raison de relativité est au contraire applicable à la connaissance intellectuelle de Dieu ; il faut même avouer qu'elle s'y manifeste avec un caractère d'extrême gravité.

Toute formule, tout signe, tout mot sont limités et relatifs ; comment seraient-ils adéquats à l'Être

Infini et Absolu ? Définir Dieu, n'est-ce pas l'assimiler à sa créature et lui enlever, par suite, sa qualité primordiale, celle de Créateur ?

Nous avons déjà réfuté l'erreur agnostique qui condamne entièrement toute définition de Dieu. Nous avons montré qu'il y a de Créateur à créature une relation, et qu'il n'est pas, dès lors, étonnant que la créature connaisse le Créateur dans cette relation elle-même. Pourquoi le relatif ne connaîtrait-il pas l'Absolu dans son rapport essentiel à l'Absolu ?

Nous savons que l'agnosticisme n'est pas une doctrine acceptable ; mais il faut, par contre, veiller soigneusement à ne pas se laisser entraîner jusqu'à la doctrine diamétralement opposée et qui a nom l'anthropomorphisme. Quand nous disons que Dieu est bon, juste et puissant, si nous attribuons à ces mots leur sens purement humain, nous nous faisons de Dieu une conception anthropomorphique. Dieu est bon, juste et puissant, en tant qu'il est créateur de la bonté, de la justice et de la puissance terrestres : de la qualité humaine à la qualité divine, il y a l'abîme qui sépare le relatif de l'Absolu. Nous dirons même avec Sertillanges que le mot *être* dans le sens où il est affirmé de Dieu doit être nié de nous, et dans le sens où il est affirmé de nous, être nié de Dieu [1]. Si Dieu *est*, nous ne sommes pas ; si nous *sommes*,

---

1. Sertillanges. *Agnosticisme et Anthropomorphisme*, page 30.

Dieu n'est point. Ce qui est vrai, c'est que nous connaissons l'Être de Dieu en tant que nous dérivons de lui et que nous tendons vers lui. Rien ne doit être affirmé de la même manière et avec la même portée quand il s'agit de Dieu et quand il s'agit de la créature [1].

La vérité de notre connaissance intellectuelle de Dieu ne sera donc que relative : elle sera fondée sur l'*analogie* qui existe entre le Créateur et sa créature.

Cette théorie de l'*analogisme* se trouve très judicieusement exposée en divers endroits de l'œuvre de saint Thomas. Il ne faut pas la confondre avec le *symbolisme* qui ne voudrait voir dans notre connaissance de Dieu qu'un pur symbole, n'ayant, à ce titre, d'autre valeur de vérité que celle d'un simple signe arbitraire. Notre science divine est, au contraire, vraie d'une vérité effective et dont la valeur est telle qu'elle s'impose à notre intelligence. Et si notre intelligence ne peut pas connaître Dieu d'une manière absolue, elle suffit cependant à nous apporter la certitude absolue de son existence.

---

1. « Impossibile est aliquid prædicare de Deo et creaturis univoce... hujus modi nomina dicuntur de Deo et creaturis secundum analogiam, id est, proportionem. » Saint Thomas, *Sum. theolog.*, 1ª pars. q. XIII, art. 5, 6. « Impossibile est quod per definitiones horum nominum definiatur id quod est in Deo. » Saint Thomas, *Compendium theolog.*, C. X.

« Il est non pas l'inconnaissable, mais l'innommable et l'ineffable. » Forsegrives. *Essais sur la connaissance*, page 249.

CHAPITRE CINQUIÈME

LA CONNAISSANCE SUPRA-INTELLECTUELLE

CHAPITRE V

La connaissance supra-intellectuelle

Sommaire

I. — La connaissance intellectuelle et la connaissance supra-intellectuelle : analyse et évocation : la raison est la synthèse de l'intelligence et de l'action.
II. — La connaissance supra-intellectuelle et la subconscience biologique.
III. — Socrate, Descartes, Kant, Bergson.
IV. — L'intellectualisme. — Le pragmatisme.— Le supra-intellectualisme.
V. — L'effort supra-intellectuel et la connaissance de l'âme.
VI. — L'effort supra-intellectuel et la connaissance de Dieu.
VII, VIII. — Le mystère de l'union de l'âme et du corps. — Le chef-d'œuvre de Dieu.

I

Il est maintes fois arrivé à chacun de nous d'éprouver un sentiment d'impuissance complète à exprimer des nuances que la vie de notre esprit nous révèle en une perception intime.

Ce n'est pas notre mémoire qui se trouve en défaut : nous nous rappelons fort bien tous les mots que le dictionnaire met à notre disposition, nous entrevoyons plusieurs formules à donner à notre intuition : et cependant nous avons la certitude que nulle d'entre elles et que nulle autre ne pourront jamais l'exprimer parfaitement. Nous reconnaissons alors que ce que nous percevons est absolument ineffable et qu'il n'est au pouvoir d'aucun écrivain, fût-il un magicien des mots, d'en traduire les délicatesses infinies.

Telle est l'intuition spirituelle qui se développe en nous avec notre vie immatérielle elle-même.

Mais notre âme est unie à un corps et elle se trouve entraînée, par l'action même de cet organisme, à muer son intuition spirituelle en images et en concepts et à la revêtir de mots. A notre perception, qu'elle soit intérieure ou extérieure, le système cérébral s'empresse d'offrir tour à tour un choix de formes imagées, conceptuelles et verbales ; il ne cesse de nous faire esquisser des mouvements qui ne sont autre chose que des ébauches de langage intérieurement articulé. Et notre esprit se trouve ainsi contraint d'adopter pratiquement l'une de ces formules, celle qui, malgré qu'elle soit incomplète, lui paraît être la plus exacte.

Tel est l'acte intellectuel [1]. A recourir ainsi à la

1. Il importe de remarquer que notre définition de l'acte intellectuel ne correspond pas absolument à la définition de l'an-

pensée discursive, nous avons gagné de dépasser les limites de la vision intérieure et d'atteindre au savoir pleinement conscient, à la connaissance [1]. Et s'il s'agit, par exemple, d'une intuition spirituelle,

cienne philosophie. Nous avons cru devoir adhérer à une terminologie très en faveur dans la philosophie contemporaine et d'après laquelle l'activité de l'intelligence est caractérisée par la recherche dialectique et le choix logique de la formule. Qu'il s'agisse d'images, de concepts, de mots, tous ces éléments de l'intellect sont en dernière analyse des mouvements *significateurs* et constituent un langage intérieur. Les philosophes matérialistes tels que Ribot l'ont bien compris puisqu'ils ont prétendu réduire le processus de la pensée à certains actes purement physiologiques. A notre avis, ces actes physiologiques ne sont pas toute notre pensée, mais ils contribuent à la développer et en sont les *formules* nécessaires. Notre esprit ne peut commencer à connaître que grâce à sa tendance inévitable à se *représenter* sa pensée et à la *signifier*. Dès qu'il poursuit logiquement le choix d'une formule, dès qu'il suit la voie dialectique, il agit intellectuellement. L'acte intellectuel n'est qu'une phase de la connaissance intégrale. (Voir le début de notre chapitre Ier dans lequel nous posons la synonymie de la connaissance intellectuelle et de la pensée discursive.)

« L'intelligence logique n'est donc qu'un moment, le moment analytique d'un cycle qui la dépasse, d'un mouvement de l'esprit qui est prélogique et postlogique. » Dwelshauvers. « De l'Intuition dans l'acte de l'esprit », *Revue de métaphysique et de morale*, 1908, page 64.

1. A raison de ce que l'homme est composé d'un corps et d'une âme intimement unis, il n'y a pas de connaissance possible sans collaboration de l'esprit et de la matière : il n'y a pas de connaissance possible sans intelligence. L'intuition spirituelle pas plus que la perception matérielle n'est une véritable connaissance et nous allons voir que s'il existe une connaissance supra-intellectuelle, c'est à la condition qu'elle ne cesse pas d'être intellectuelle.

le rôle de notre intelligence consistera à la remplacer par la conscience nette et précise d'un état psychique déterminé. C'est au prix de l'opération intellectuelle qu'il nous est donné d'analyser et de comprendre : et cette opération sera d'autant plus parfaite que notre système nerveux aura normalement fonctionné.

Mais l'intervention incessante et d'ailleurs si utile de l'intelligence entraîne avec elle un inconvénient grave et inévitable. Au rythme mouvant de notre âme immédiatement perçu en même temps qu'elle, nous avons substitué la description analytique d'un état de conscience immobile et inanimé. A une réalité vivante nous avons substitué une formule inerte qui ne lui est pas adéquate, et c'est ce signe expressif qui pratiquement et socialement tendra à remplacer en nous la pensée.

Notre connaissance ne sera donc intégrale que si notre âme, après avoir accompli l'acte intellectuel qui aboutit au choix des phrases et des mots, peut s'élever au-dessus de la formule discursive, — et si, revenant en quelque sorte sur ses pas, retrouvant sa propre activité spirituellement perçue, elle peut synthétiser en une pensée supérieure les données de l'intelligence et celles de la perception intérieure, les données de notre savoir formel et celles de notre action spirituelle.

Cette pensée si mobile, si souple, si personnelle, cette pensée à laquelle participe une expression matérielle qui est susceptible d'être vraie, mais qui cependant ne saurait l'étreindre tout entière, cette pensée est supérieure à la connaissance intellectuelle et logique qu'elle utilise : elle est la connaissance supra-intellectuelle.

Et ce que nous venons de décrire à propos de l'intuition spirituelle pourrait se redire en termes presque identiques à propos de la perception extérieure et de l'acte de connaissance qui en dérive.

Dussions-nous mériter le reproche de nous répéter, nous allons essayer de reprendre encore l'analyse de ces deux moments de notre connaissance : l'un intellectuel, l'autre supra-intellectuel.

Toute connaissance de l'âme doit, pour être vraie, partir de l'âme même qui nous est livrée dans l'intuition pure, c'est-à-dire vécue et agie : son point de départ doit être *l'objet spirituel* lui-même donné par notre expérience intérieure.

Toute connaissance du monde physique doit, pour être vraie, partir du monde physique lui-même, de la perception extérieure pure, que nous livre la subconscience biologique, c'est-à-dire la vie animale : son point de départ doit être *l'objet matériel* lui-même donné par notre expérience extérieure. Le système nerveux que possède tout animal a pour privilège de transformer la perception extérieure pure en perception acquise, c'est-à-dire individualisée et à lui associer des mouvement réactifs appropriés : en cela consiste la subconscience biologique.

Chez l'homme, la collaboration de l'âme et du corps développe la perception pure (soit immatérielle, soit matérielle) en perception acquise et en image ; elle la rend *subjective* grâce aux modifications qualitatives que subit notre activité spirituelle en union à notre subconscience biologique et elle accomplit ainsi l'acte que l'on est convenu d'appeler *représentation*; enfin l'opération intellectuelle ainsi commencée aboutit au choix d'une formule parmi celles qui nous sont cérébralement proposées.

Cette formule est destinée à exprimer l'objet de la connaissance intellectuelle.

Notre esprit atteint la vérité dans la mesure où l'acte représentatif correspond à l'objet de la connaissance et dans la mesure où la formule en donne l'exacte traduction. Nous avons déjà indiqué que notre intelligence est susceptible de nous livrer avec exactitude la réalité objective et de nous faire connaître effectivement les êtres, les phénomènes et leurs lois. Nous avons dû cependant ajouter que notre connaissance intellectuelle n'est jamais parfaite et nous avons précisé pour quelles raisons elle n'arrive jamais à être absolue : elle reste toujours plus ou moins incomplète et le mot est condamné à être inadéquat à l'objet.

Mais, après la phase intellectuelle dont nous venons de décomposer brièvement le mécanisme, notre âme n'a pas épuisé son pouvoir de connaître. Après être parti de l'action spirituelle ou matérielle qui, avec l'intuition ou la perception extérieure, nous livre l'objet, après en avoir évoqué la représentation imagée ou conceptuelle, après avoir été amené au choix d'une formule discursive qui signifie cet objet, l'esprit peut s'élever au-dessus de l'expression verbale, remonter, pour ainsi dire, le courant de l'acte intellectuel, revenir à l'origine même de la représentation et retrouver l'objet dans l'action spirituelle ou matérielle qui nous le livre.

Cet effort que nous appelons supra-intellectuel nous fait opérer la synthèse des données de l'intelligence et des données de l'action : il nous conduit au sommet de la raison humaine. C'est dans l'harmonie de notre science et de notre expérience que notre esprit trouve la certitude la plus éclairée et la plus inébranlable.

L'acte de connaître passe donc pour être complet par une double phase : la phase intellectuelle dans laquelle l'esprit cherche et trouve l'expression logique de la pensée : la phase supra-intellectuelle dans laquelle l'esprit s'efforce d'unir en une vue d'ensemble l'expression logique et la réalité objective. Mais il est essentiel de noter que ces deux moments de l'acte de connaître, que ces deux phases de la vie de notre esprit, se trouvent assez rarement réalisés avec l'entier développement que nous venons de décrire.

En ce qui concerne l'acte intellectuel, nous ferons observer que la formule verbale surgit le plus souvent en nous presque immédiatement et sans effort. Le passage du fait concret à l'expression abstraite, la substitution du concept et du mot à la réalité perçue est fréquemment l'œuvre des habitudes de notre moi biologique et se produit alors automatiquement. Tandis que l'enfant qui se trouve en présence du phénomène concret doit faire un véritable effort pour le ramener à une formule abstraite, l'homme adulte, au contraire, en même temps qu'il perçoit le phénomène et par le seul jeu du mécanisme cérébral, rencontre presque toujours l'image, le concept ou le mot qui se substituent à l'objet réellement observé et perçu. Il faudrait cependant se garder de conclure que chez l'homme la connaissance intellectuelle ne suppose jamais d'effort : notre expérience de chaque jour nous permet de témoigner du contraire. Le savant qui cherche à ramener les faits observés à des loi formulées est vraiment le type du travailleur intellectuel.

En ce qui concerne l'acte supra-intellectuel, nous remarquerons qu'il existe en germe dans toute réflexion et qu'il se développe avec cette réflexion elle-même. Et comme toute recherche conceptuelle ou verbale entraîne avec elle un minimum de réflexion, il sera exact de dire que tout effort intellectuel suscite spontanément l'apparition au moins embryonnaire de l'effort supra-intellectuel; de sorte que la connaissance humaine la moins parfaite aboutit à une ébauche de connaissance supra-intellectuelle.

Quand nous nous trouvons conduits par notre intelligence à une proposition logique et que nous voulons serrer encore de plus près la vérité pour en venir à une proposition plus parfaite, c'est à l'élan supra-intellectuel que nous avons recours. Et cet acte par lequel nous jugeons nos jugements, les soumettant, en somme, à une juridiction supérieure, se produit grâce à leur confrontation synthétique avec les données plus ou moins originelles de notre expérience.

Mais cette opération de notre esprit que l'on nomme réflexion, et qui n'est autre chose que le principe même de l'acte supra-intellectuel, s'arrête le plus souvent avant d'en être devenue l'intégrale réalisation. Elle ne nous ramène pas à la perception immédiate de l'objet de notre connaissance, à l'intuition du phénomène concret lui-même; elle fait simplement appel à des perceptions acquises, assurément objectives, mais trop complètement individualisées, trop entièrement détachées du complexus de l'univers, trop bien adaptées à la pensée discursive qui les traduit, et dès lors moins adéquates à l'objet lui-même; elle se contente de cette observation et de cette expérimentation que l'on appelle scientifiques parce qu'elles sont intellectualisées ; elle ne se poursuit pas jusqu'à la rencontre aussi immédiate que possible de la réalité spirituelle ou de la réalité matérielle.

C'est qu'à vrai dire la science positive ne se propose guère de nous faire connaître ce qu'est la matière et de nous dévoiler l'intime du réel. Elle ne nous invite à réfléchir qu'afin de nous faire vérifier approximativement l'exactitude de ses hypothèses et afin de nous permettre d'atteindre des formules abstraites de plus en plus parfaites. Nous n'ébauchons l'effort supra-intellectuel que pour nous conduire à une nouvelle pensée discursive et pour préparer de nouveaux raisonnements. La recherche de l'abstrait reste le but primordial de l'activité de l'esprit.

Et pourquoi en serait-il autrement, alors que pratiquement un effort supra-intellectuel prolongé nous serait le plus souvent inutile ? Que nous importe de pénétrer jusqu'à la réalité matérielle, pourvu que nous sachions l'utiliser et nous en servir ? Que demandons-nous à la science si ce n'est de nous guider efficacement dans nos actions ? Il nous est bien indifférent d'être en contact intuitif avec un phénomène pour l'atteindre en lui-même. Ce qui est essentiel pour nous, c'est de connaître ce phénomène intellectualisé et ramené à la formule abstraite de nos relations pratiques avec lui.

Pourquoi donc la science positive aurait-elle favorisé le développement de l'acte supra-intellectuel ? N'aurait-elle pas nui de la sorte au but utilitaire qu'elle poursuit ? Elle doit être avant tout un recueil de recettes, un compendium de formules.

Il lui suffira donc de se servir de notre réflexion pour vérifier l'exactitude de ces recettes et de ces formules par l'observation et l'expérimentation des phénomènes tels que les lui révèle non point la perception pure intuitivement vécue, mais la perception acquise et intellectualisée : elle cherchera à connaître non point les phénomènes en eux-mêmes, mais seulement les rapports qu'ils ont entre eux.

Et cependant, quand se poseront à nous des problèmes qui dominent le point de vue exclusivement utilitaire, quand nous voudrons essayer de savoir ce qu'est la matière ou ce qu'est l'âme, ne sera-t-il pas important de retrouver aussi intimement que possible le concret au delà de l'abstrait ? Ne faudra-t-il pas alors compléter cette logique des concepts et des mots, qui cependant avait pu déjà nous conduire à une première certitude ? Et tout en utilisant une observation et une expérimentation qui nous présentent des phénomènes, sans doute objectifs, mais atteints imparfaitement par notre intelligence, ne sera-t-il pas très utile de faire appel à l'expérience immédiate, c'est-à-dire prolongée jusqu'à la perception pure, jusqu'à l'action intuitive, jusqu'à la réalité objective ?

Cette expérience immédiate et concrète se distingue de l'expérience scientifique en ce qu'elle ne saurait être exprimée par des mots sans se trouver intellectualisée et sans cesser d'être immédiate et concrète. Cette expérience est celle-là même que signifie le verbe anglais *to experience* « qui veut
« dire non constater froidement une chose qui se
« passe en dehors de nous, mais éprouver, sentir
« en soi, vivre soi-même telle ou telle manière
« d'être »[1]. Cette communion expérimentale avec la réalité concrète reste le plus souvent inaperçue de nous, entièrement recouverte par les contours utilitaires de nos perceptions acquises et par les constructions pratiques de notre intelligence ; mais à vrai dire, elle est le canevas que développent avec une vérité approchée ces perceptions acquises et ces analyses intellectuelles : elle n'est autre chose que la perception pure elle-même et se manifeste dans les données intuitives de l'activité spirituelle et de l'activité biologique.

Pour nous aider à connaître la matière, cette expérience nous fera percevoir immédiatement le devenir multiple et continu du monde extérieur dont notre corps fait partie. « Sous le fait scientifique,
« sous le fait brut, derrière la cohorte des juge-
« ments, des images et des souvenirs, qui viennent

---

[1] Boutroux. *Revue de Métaphysique et de Morale*, novembre 1910.

« l'accroître et l'offusquer, subsiste comme un
« germe, un support et un centre de ralliement,
« l'intuition qui nous fait participants, à notre ma-
« nière bien entendu — et c'est là ce qui demeure
« de subjectif en elle — des qualités mêmes des ob-
« jets et des êtres qui nous environnent[1]. » Cette
communion intuitive se réalisera en dehors de toute
forme intellectuelle, à la limite la plus impersonnelle de notre subconscience biologique et par la fusion de l'action de notre corps en celle de la réalité physique. C'est en diluant notre vie dans le devenir de la matière, c'est en sympathisant avec elle que nous pourrons en faire une expérience immédiate.

La connaissance supra-intellectuelle conservera les données intellectuelles de la science positive et les enrichira des données subliminales biologiques ; elle nous livrera en cette synthèse la continuité multiple et extensive du devenir matériel c'est-à-dire la matière. Il eût été intéressant d'évoquer cette coopération du savoir scientifique et de la communion matérielle telle que Maeterlinck excelle à nous la proposer. Mais à nous qui poursuivons l'examen des croyances spiritualistes, il importera seulement de préciser les conséquences de l'effort supra-intellectuel à l'égard de la connaissance de l'âme et de la connaissance de Dieu.

---

1. Paul Gaultier, *La pensée contemporaine*, page 51.

Pour nous aider à connaître l'esprit, l'expérience intuitive nous mettra en contact immédiat avec cette réalité qui est notre âme et que nous avons appris dans un chapitre précédent à percevoir et à développer.

La connaissance supra-intellectuelle conservera les données intellectuelles de la science de l'âme et les enrichira des données immédiates de la perception intérieure ; elle nous livrera en cette synthèse la continuité intensive de la tendance spirituelle c'est-à-dire l'esprit.

En ce qui concerne la connaissance supra-intellectuelle de Dieu, il devient essentiel de renouveler ici une observation extrêmement importante que nous avons déjà faite quand nous avons parlé de la connaissance intellectuelle de Dieu.

Tandis que notre science de la matière et de l'esprit prend pour point de départ nos perceptions matérielles et spirituelles qui nous livrent directement l'objet lui-même, notre science de Dieu ne saurait prendre pour point de départ une perception de son objet. Dieu est en effet transcendant à l'âme et à la matière, comme il est transcendant à l'univers tout entier ; il ne nous appartient pas de le percevoir intuitivement et de l'expérimenter immédiatement. Nous savons que notre intelligence arrive à connaître l'Être Absolu par le moyen des choses créées. C'est parce que Dieu est l'Auteur de l'univers, c'est parce que Dieu a avec le monde des rapports de Créateur à créature, d'Absolu à relatif, c'est parce que Dieu est la Cause Première et la Cause Finale de l'âme et de la matière, que notre intelligence peut le connaître.

L'effort supra-intellectuel consistera donc à nous ramener non point à une intuition et à une expérimentation de Dieu qui ne sont pas en notre pouvoir, mais à nos perceptions matérielles et spirituelles *en tant qu'elles nous livrent leurs relations à Dieu.*

Pour nous aider à connaître Dieu, l'expérience intuitive nous fera trouver dans notre activité spirituelle et dans notre activité matérielle le lien qui nous rattache à notre Créateur; elle nous permettra de pressentir Dieu dans le rapport qui nous unit à lui, dans la tendance même de la matière et de l'esprit vers l'Être, vers l'Absolu, vers le Bien.

La connaissance supra-intellectuelle conservera les données intellectuelles de la science de Dieu et les enrichira des données immédiates de la subconscience matérielle et surtout de la perception spirituelle, *agissant* leur relation à Dieu, dérivant de leur Cause et aspirant vers leur Fin.

Nous nous réservons d'esquisser tout à l'heure les résultats féconds de la méthode supra-intellectuelle pour la connaissance de l'âme et pour celle de Dieu. Dès à présent, nous voudrions surtout révéler à nos lecteurs l'essence d'une méthode qui consiste à nous faire vivre, avec toutes les énergies de notre être, les démonstrations de notre intelligence. C'est en enrichissant les conclusions logiques de notre intelligence par les perceptions intimes de notre expérience que nous accomplirons l'effort supra-intellectuel ; et c'est en *éprouvant* une lumineuse harmonie dans la fusion de ces données logiques et de ces données expérimentales que notre esprit atteindra à la plus entière certitude de la vérité. L'intuition nous apportera la vérification de la pensée dialectique comme la pensée dialectique nous apportera la vérification de l'intuition. Et tant qu'un désaccord flagrant subsistera entre ces deux éléments de notre connaissance, tant qu'ils nous paraîtront incompatibles, nous pourrons être assurés que notre intelligence nous trompe ou que notre intuition ne nous montre pas le réel. Lorsqu'un pareil conflit se produira, nous ne devrons pas oublier que l'intelligence est à la base de toute connaissance et qu'il importe de vérifier avant tout si nous avons logiquement raisonné. Et tandis que nous ferons appel à la vie la plus intense de notre âme, nous devrons poursuivre le travail intellectuel et l'élan intuitif qui le domine, jusqu'à ce qu'un accord surgisse entre eux, qui entraîne l'adhésion de notre esprit. C'est grâce à cette synthèse harmonieuse que l'effort supra-intellectuel, réalisant toutes les puissances de notre être, ne peut manquer de nous apporter la certitude absolue.

Pascal n'avait-il pas déjà indiqué que, dans notre

recherche de la vérité, nous ne devrions pas nous contenter des démonstrations de notre raisonnement et que nous devrions aussi recourir aux enseignements de notre *cœur*. Mais le *cœur*, c'est-à-dire le sentiment, n'est encore qu'un aspect trop limité de notre être. Notre vie matérielle est faite de perceptions et de sensations que nous apporte la subconscience biologique. Notre vie immatérielle est faite d'intuitions intérieures qui ne nous livrent pas seulement nos sentiments, nos désirs, nos volitions, mais encore l'activité même de notre esprit. Et c'est cette expérience intuitive de tout notre être qui, se rejoignant avec les démonstrations de notre pensée discursive, réalise en nous la connaissance supra-intellectuelle.

La connaissance supra-intellectuelle n'est pas — et il importe de l'observer — une connaissance nouvelle qui *se substitue* à la connaissance intellectuelle. La connaissance supra-intellectuelle est simplement un *enrichissement* de la connaissance intellectuelle : elle la dépasse et la déborde sans cesser de la contenir. Il ne faudra pas, dès lors, s'étonner qu'à l'aide de mots on ne puisse évoquer que d'une manière très lointaine une connaissance supra-intellectuelle ; il est en effet de son essence d'être rebelle à toute traduction littérale : elle remonte aux sources vives de la phrase intérieure : elle va au delà de l'édifice conventionnel du langage ; elle dépasse les signes pour reprendre contact avec l'objet réel. Par elle, nous rejoignons cette activité spirituelle que nous avons éprouvée intuitivement en nous-mêmes et cette activité matérielle qui est notre subconscience biologique.

Tandis que l'effort intellectuel suit une voie de subjectivité et est entraîné à la formule dont il revêt la réalité, l'effort supra-intellectuel suit une voie d'objectivité et réfléchit sur la formule pour la revêtir de la réalité [1]. Mais qu'il s'agisse de connaître la matière, l'âme ou Dieu, cet élan supra-intellectuel devra garder comme base fondamentale essentielle les données formelles de la connaissance intellectuelle et ne jamais perdre de vue leur signification précise et leur portée verbale. Fidèle au sens logique du discours, mais enrichie des données agissantes de l'intuition spirituelle et de la subconscience biologique, jaillit la pensée rationnelle.

Et puisque tous les mots que nous venons d'employer sont vains à décrire avec précision le processus de la connaissance intégrale, puisque les logiciens pourront à bon droit reprocher à notre exposé de nombreuses défaillances, nous devrons faire appel, pour justifier et pour vérifier notre doctrine, à l'usage même de la méthode que nous enseignons. Ceux de nos lecteurs qui voudront

---

1. « Il y a un abîme entre ce qu'on peut dire et ce que l'on découvre. » Maeterlinck.
Préface à Novalis. *Les disciples à Saïs*, page xlix.

adopter cette discipline, qui se vit plutôt qu'elle ne se démontre, ceux d'entre eux qui s'élèveront au-dessus des formules que nous venons de tracer et par un effort prolongé essayeront de les contrôler en les synthétisant avec les données agissantes de la vie de leur esprit, ne manqueront pas, nous l'espérons, d'en pénétrer l'exacte signification.

Que de fois, en lisant une phrase d'un livre ne lui avons-nous pas trouvé un sens qui dépasse son contenu logique ? Et à ces moments-là, nous avons très nettement conscience d'une connaissance qui est tout autre chose qu'une proposition intellectuelle.

Ne nous est-il pas encore arrivé, réfléchissant sur certaines paroles, de nous sentir peu à peu élevés au-dessus d'elles et d'atteindre une connaissance inexprimée dont la vérité nous paraît lumineuse ? Nous avons dit alors que ces paroles étaient profondes.

Et dans toutes les circonstances où notre réflexion, avide de vérité, voudrait épuiser le contenu de son objet et nous conduire jusqu'au cœur de la réalité, nous avons recours à un élan de connaissance supra-intellectuelle.

Nous avons alors le sentiment de l'insuffisance de notre intelligence à l'instant même où notre esprit fait un effort pour en dépasser les données ; et nous sentons cependant que cet effort n'est pas inutile, qu'il enrichit notre connaissance et qu'il 'oriente vers la vérité. En même temps qu'à notre énergie intellectuelle, nous faisons appel à cette énergie synthétique vers laquelle convergent toutes nos énergies et qui n'est autre chose que la vie intensifiée de notre moi.

L'activité supra-intellectuelle est, en somme, le prolongement de l'activité intellectuelle s'unissant à l'entière activité de notre esprit et de notre corps, pour obtenir une connaissance plus parfaite, une connaissance vécue.

Notre expérience intérieure nous apprend à discerner la dualité intellectuelle et supra-intellectuelle de notre savoir ; elle nous apprend qu'il dépend de nous de continuer par un effort de notre âme cet élan vers l'objet de la connaissance ; elle nous apprend que cette discipline accroît notre âme et développe notre raison.

Les rationalistes se sont grandement trompés quand ils ont confondu la raison et l'intelligence. L'intelligence est essentielle à la raison : elle en est un des éléments constitutifs ; mais elle en demeure distincte et ne s'identifie pas avec elle. La raison humaine est le produit de la collaboration intégrale de l'âme et du corps, de l'esprit et du cerveau. Elle n'est vraiment réalisée que par la mise en œuvre normale des diverses puissances de notre individu, expérience spirituelle, expérience matérielle, intelligence, et par la convergence de leur développement en un effort supra-intellectuel.

« La raison, a dit Boutroux, est l'unité de la pen-
« sée et de l'action [1] ».

Nous avons observé que notre intelligence apporte nécessairement en elle des motifs de relativité;
la raison nous permet de les découvrir et de les
dépasser. Au-dessus des contradictions simplement
relatives auxquelles les mots se heurtent parfois,
elle nous fait connaître en une synthèse supérieure
les vérités humaines les plus hautes. C'est à elle
que nous faisons appel dans toutes les circonstances solennelles de notre vie, au moment des décisions graves et définitives. C'est à elle que nous
atteignons dans nos grands efforts pour comprendre. C'est elle qui peut nous donner la plus parfaite
certitude par l'harmonie de notre savoir et de notre
vie. Et à mesure que nous nous adressons à elle,
nous sentons notre âme s'agrandir, se développer
et s'approcher de l'Absolu.

A vrai dire, tous les hommes ne sont pas au
même degré susceptibles de réaliser intégralement
leur raison. Les uns, et ce sont les plus nombreux,
ne vivent que d'une vie purement extérieure. Perceptions acquises et pensées discursives constituent
presque exclusivement leur psychisme. Ils retien-
nent des formules qu'ils trouvent toutes prêtes et
ces formules s'associent entre elles selon la dispo-

---

1. Boutroux. *Morale et Religion. Questions du temps présent*,
page 19.

sition biologique de leur système cérébral. Ces hommes restent à la surface de leur âme : ils ne font pas leur connaissance, mais ils la glanent : leur personnalité, toute factice, est l'œuvre des circonstances beaucoup plus que leur œuvre même. Certains d'entre eux peuvent devenir des savants et, par la dialectique des formules, édifier de remarquables constructions intellectuelles qui auront peut-être même une valeur de vérité : mais sous cette cristallisation de pensées, ils n'ont pas mis leur pensée : ils ne savent pas se servir de leur raison.

D'autres sont, au contraire, cérébralement disgraciés. Leurs perceptions et leurs formules discursives, sans être anormalement coordonnées comme dans la folie, présentent cependant des associations peu exactes. On dit de ces hommes qu'ils manquent de jugement : on les appelle demi-fous. En leur raison, ne se rencontre pas l'entier développement de toutes les énergies dont notre nature est capable. Certaines de ces énergies jaillissent parfois chez eux avec une intensité extrêmement puissante : les autres restent, au contraire, affaiblies et inertes. Mais s'il n'est pas donné à tous les hommes d'être pleinement raisonnables, tous peuvent cependant dépasser les données de la pensée discursive et gravir les premiers degrés de la connaissance supra-intellectuelle. Tous peuvent, au delà des mots associés par un jugement même défectueux, arriver, sinon à un savoir rationnel parfait, du moins à une surélévation intuitive qui accroît leur âme et l'oriente vers la vérité. A défaut d'une raison intégrale dont la possession ne dépend pas uniquement de notre bon vouloir, il nous est permis de nous rapprocher du vrai par la synthèse des données de notre intelligence et des données vécues de notre esprit et de notre corps. On a dit à juste titre qu'un saint Vincent de Paul atteignait mieux qu'un Aristote les profondeurs de la réalité.

Néanmoins — et il importe de l'observer — le progrès de l'esprit ne saurait avoir lieu en l'absence de toute intelligence. Le fou ne peut se hausser à la connaissance supra-intellectuelle que pendant les intervalles de lucidité. La pensée discursive est humainement nécessaire à l'esprit.

II

Afin de mieux préciser encore la doctrine que nous exposons, nous allons maintenant essayer d'indiquer la différence radicale qui sépare la connaissance supra-intellectuelle de la subconscience biologique.

Mais il importe d'abord de distinguer la subconscience biologique de ce que l'on pourrait appeler la subconscience spirituelle.

Le terme de subconscience, employé en cette double acception, revêt la signification la plus divergente que l'on puisse imaginer, puisque dans le premier cas il s'applique à une réalité matérielle et dans le second cas à une réalité immatérielle. La subconscience spirituelle n'est autre chose que notre âme elle-même, faite de l'enrichissement qu'elle conserve de son passé tout entier et qu'elle acquiert de son présent, mais en dehors des clartés intellectuelles et supra-intellectuelles. Elle est le contact immédiat que notre âme, se percevant intérieurement, prend avec elle-même avant toute connaissance : et c'est cette activité qui possède en elle le privilège de l'intelligence et de la raison : elle peut projeter sur telle ou telle partie d'elle-même les rayons lumineux de la connaissance intellectuelle et provoquer l'élan rationnel qui la domine.

Puisque la subconscience spirituelle se confond avec la réalité vivante de notre esprit, elle est notre œuvre personnelle : nous l'enrichissons et nous la développons avec notre âme : nous ne la tenons pas de nos ancêtres, et ce n'est qu'indirectement, et à raison même de l'union de l'âme et du corps, que l'influence de la matière peut l'atteindre.

Deux réalités dont l'une est essentiellement spirituelle et dont l'autre est essentiellement matérielle devraient, semble-t-il, porter des noms différents. La subconscience biologique n'a pas comme la subconscience spirituelle le privilège de s'élever au-dessus d'elle-même en une connaissance rationnelle. Elle est subconsciente sans pouvoir jamais devenir consciente, au sens précis de ce terme. Elle est la perception, la sensation, la mémoire purement physiologiques, et c'est elle que nous retrouvons dans l'animal. Elle joue cependant chez l'homme un rôle considérable et, en essayant d'en tracer les limites, nous allons faire comprendre toute l'étendue qui la sépare de l'élan supra-intellectuel.

Il y a, dans les régions inférieures de notre être, un fonds de subconscience biologique qui contribue dans une large mesure à la formation de notre moi. Les remarquables ouvrages de Pierre Janet, de Myers et de Grasset ont mis en relief le caractère très important de ce moi subliminal dans notre existence : c'est dans cette zone complexe et voilée de notre individualité qu'il faut chercher l'explication de tous ces faits mystérieux que Grasset classe sous la rubrique de psychisme polygonal. Nos habitudes, notre éducation, notre milieu, notre atavisme, nos traditions biologiques, se retrouvent dans les données de cette subconscience. C'est ainsi que le sol sur lequel ont vécu nos aïeux et sur lequel nous avons vécu nous-mêmes marque une empreinte caractéristique en notre être subliminal. Notre psychisme polygonal est fait, en somme, de la continuité de nos perceptions et de nos sensations subconscientes, associées entre elles et liées à des formes imagées ou verbales, subconscientes elles aussi. Notre intelligence éclaire, dans ce courant de réalité, les phénomènes sur lesquels il nous est pratique de réfléchir pour les éviter ou les utiliser ; elle promène sa clarté sur les lignes confuses du complexus subliminal ; elle taille, ajoute, coordonne, pour se réaliser en images, en concepts, en formules verbales. C'est ainsi que nous ne faisons attention qu'à certaines de nos perceptions et que nous ne discernons que certaines de nos sensations. Les autres restent en nous vagues et imprécises et se succèdent en une continuité mystérieuse : elles sont comme la toile de fond de notre personnalité, gardant une influence souvent prépondérante dans la détermination de nos actes et de nos pensées [1]. La subconscience biologique est la perception acquise par l'animal et individualisée grâce à son système nerveux. L'élan supra-intellectuel diffère de nature avec elle ; il est immatériel tandis qu'elle est matérielle : la connaissance intellectuelle est aux confins de ces deux activités et nous permet de nous élever de la vie animale à la vie rationnelle.

On comprendra, dès lors, sans peine, toute la distance qui sépare notre philosophie de celle de Maeterlinck. L'auteur du *Trésor des Humbles* nous enseigne que la vraie vie est dans une subcons-

[1]. Leibnitz entrevoyait cette conscience biologique lorsqu'il décrivait « les petites perceptions incessantes et continuelles qui font que le présent est plein de l'avenir et chargé du passé ».

cience qui participe immédiatement à la matière. D'après lui, nous ne devons que le moins possible formuler en jugements ce que nous percevons et ce que nous sentons. Il nous faut, au contraire, sympathiser avec la matière, vivre en elle et rejoindre l'univers par la vie subconsciente. La parole est l'ennemie de cette culture : elle dénature la réalité et nous isole du monde dont nous faisons partie. C'est lorsque nous nous relâchons le plus de tout effort intellectuel, c'est lorsque nous nous intégrons au subconscient intérieur qui nous enserre et nous relie au grand tout, que nous vivons notre vraie vie, que nous pénétrons l'âme des choses et que nous atteignons Dieu.

A ces idées de Maeterlinck le spiritualisme oppose que la vie essentielle n'est pas dans le subliminal biologique mais dans le supra-intellectuel. La véritable culture de l'homme est non point matérielle, mais spirituelle. Sans doute, sur cette terre, la matière est nécessaire à l'esprit, puisque le corps est nécessaire à l'âme ; la subconscience est un élément de notre moi que nous ne pouvons pas négliger, et si nous voulons même atteindre à une conscience aussi complète que possible de la matière, c'est bien dans le subliminal biologique que nous trouverons la perception et la sensation pures et que nous prendrons contact avec la continuité mouvante du devenir extensif[1]. Mais adopter pour principe de culture ce

1. Leibnitz déclare que nous sommes la réalité de la matière

retour à la vie de la matière serait vouloir anéantir notre esprit. Cette méthode nous conduirait à l'émiettement matériel de notre moi, à la suppression de notre unité et de notre liberté, à l'existence purement animale : ce serait notre suicide moral.

La vie subliminale est surtout réalisée en nous pendant nos distractions, alors qu'au lieu d'unifier ou d'intensifier notre moi, nous le laissons diluer et dissoudre dans le devenir matériel. La vie spirituelle est surtout réalisée en nous par notre élan à dépasser tout ce qui devient, par l'utilisation de nos puissances matérielles et immatérielles à parfaire notre âme.

Le subconscient biologique et le supra-intellectuel ne sont l'un et l'autre qu'imparfaitement exprimables. Nous connaissons les incapacités de la pensée discursive et nous savons qu'elle ne saurait être adéquate ni à la matière ni à l'esprit. Et comme Maeterlinck lui-même nous reconnaîtrons la haute valeur du silence[1]. Mais tandis qu'il ne voit dans le silence que l'abolition de toute forme intellec-

---

lorsque nous nous « enveloppons » au point de redevenir simple monade « car nous expérimentons en nous-mêmes un état où nous ne nous souvenons de rien et n'avons aucune perception distinguée, comme lorsque nous tombons en défaillance ou quand nous sommes accablés d'un profond sommeil sans aucun songe. » Leibnitz. *Monadologie*, § 20.

1. « La vie véritable et la seule qui laisse quelque trace n'est faite que de silence. » Maeterlinck, *Le Trésor des Humbles*, page 10.

tuelle et le retour à la subconscience, nous l'apprécierons pour un autre motif. C'est lorsque nous ne parlons pas à haute voix, c'est lorsque nous réfléchissons, que les lumières de notre intelligence restent le moins longtemps fixées sur les mêmes formules conceptuelles et verbales. Au lieu de se cristalliser en des phrases définitives, une foule d'esquisses discursives s'ébauchent presque simultanément dans notre conscience biologique. Un choix intellectuel extrêmement varié se présente à notre esprit et lui permet une connaissance d'autant plus exacte et d'autant plus parfaite. Que de mystères le silence nous permet ainsi de pénétrer !

C'est encore aux heures de silence qu'une âme déjà développée et cultivée s'élève plus haut que jamais au-dessus de la matière, donne à sa vie une unité et une intensité plus grandes et se rapproche davantage de l'Être Absolu vers lequel elle tend.

III

Cette connaissance supra-intellectuelle que nous venons de décrire, et que chacun d'entre nous a pu réaliser en maintes circonstances, n'a pas échappé à l'observation des philosophes. Mais la plupart d'entre eux ont trop négligé d'en poursuivre l'analyse ou ont présenté à son sujet des hypothèses inacceptables.

Lorsque Socrate prend pour devise philosophique l'inscription du temple de Delphes : Connais-toi toi-même ; lorsqu'il propose l'homme à lui-même en objet de connaissance, il n'a pas seulement en vue l'étude descriptive de nos états psychologiques ; il évoque aussi la vie intuitive de notre esprit et envisage un mode de connaître qui enrichit et éclaire notre pensée logique.

Quand Descartes a voulu prouver notre existence par notre pensée, quand il a formulé sa célèbre démonstration : je pense, donc je suis, il n'a pas pu entendre affirmer logiquement que son moi est parce que son moi pense, puisque pour admettre selon les lois de l'intelligence que le moi pense, il faut déjà supposer démontrée l'existence de ce moi. Lorsque Descartes déclare qu'il pense, il complète les données de son intelligence par un appel fait à la vie de son esprit. Il se sent confondu et unifié avec une activité qui affirme intuitivement sa connaissance d'elle-même, et devant l'évidence du : je pense, que sa raison lui révèle, il conclut : je pense, donc je suis. Cette démonstration qui du point de vue intellectuel n'est qu'un paralogisme, s'avère cependant pleinement rationnelle. N'est-ce pas, en somme, ce que Descartes a voulu dire, quand, après avoir mis en doute toutes ses connaissances sensibles, il a proclamé la vérité d'une connaissance supérieure à toutes les autres, « si ferme et si assurée que toutes les plus extravagantes suppositions des sceptiques n'étaient pas capables de l'ébranler » [1].

Lorsque Kant affirme l'immortalité individuelle et l'existence de Dieu au nom de la Raison Pratique, il entrevoit l'effort supra-intellectuel ; mais il dénature complètement l'explication véritable de ce mode de connaître et professe les plus graves des erreurs. Il distingue la Raison Pure de la Raison Pratique et proclame le primat de la Raison Pratique en vertu d'un acte de foi auquel la Raison Pure est étrangère : de sorte que l'homme qui raisonne intellectuellement doit, au dire de Kant, avouer qu'il ne peut rien savoir ni de son âme, ni de Dieu. Kant reconnaît bien que nous pouvons penser les objets de notre expérience comme choses en soi, mais il a tort de ne pas voir dans cette pensée une véritable connaissance [2]. Le Kantisme en enseignant : 1° que la Raison Pure ne nous donne qu'une connaissance dénuée de valeur objec-

---

1. Descartes. *Discours sur la Méthode*, 4° partie.
2. « ... La seule connaissance spéculative possible de la raison sera limitée aux simples objets de *l'expérience*. Toutefois, il faut bien le remarquer, il y a toujours ici cette réserve à faire que nous pouvons au moins *penser* ces mêmes objets comme choses en soi, quoique nous ne puissions pas les connaître (en tant que tels). Car autrement on arriverait à cette proposition absurde qu'un phénomène (*ou apparence*) existerait sans qu'il y ait rien qui apparaisse... J'ai dû par conséquent supprimer le *savoir* pour y substituer la croyance . » Kant. *Critique de la Raison Pure*, pages 27 et 29. Préface de la 2° édition.

tive ; 2° que ce qu'il appelle la Raison Pratique ne saurait collaborer avec la Raison Pure, mène tout droit à l'agnosticisme. Notre Raison qui, en réalité, ne se divise pas en Raison Pure et en Raison Pratique, est faite des données de notre intelligence vivifiées et enrichies par nos perceptions sensibles et nos perceptions spirituelles.

Un des plus grands penseurs contemporains, Henri Bergson, dépassant les tendances des Lachelier et des Boutroux, nous a conduits à une philosophie qui enseigne un mode de connaissance supérieur à l'intelligence. Il a su mettre merveilleusement en lumière l'insuffisance de nos facultés intellectuelles et les motifs de cette incapacité. Il a orienté notre conception du réel dans une voie nouvelle : il nous a appris à comprendre ce qu'est le devenir en nous faisant expérimenter la durée : il a élevé notre esprit jusqu'à la notion de multiplicité qualitative. Grâce à lui, nous savons pourquoi les théories mécaniques n'expliqueront jamais le mouvement. Seule l'intuition nous permet de saisir l'écoulement continuel de la réalité que notre intelligence découpe en fragments discontinus. L'intuition, nous dit Bergson, est une sympathie par laquelle on se transporte à l'intérieur d'un objet pour coïncider avec ce qu'il a d'unique et par conséquent d'inexprimable. Bergson oppose cette sympathie à l'*analyse*, qui n'est autre chose que la pensée discursive. Il prétend que, tandis que la connaissance intellectuelle ne peut pas se passer de mots, c'est-à-dire de symboles, l'intuition au contraire peut s'en passer, puisqu'elle consiste à se placer dans la durée même de l'objet, à vivre cet objet. « Est relative la connaissance symbolique par concepts préexistants qui va du fixe au mouvant, mais non pas la connaissance intuitive qui s'installe dans le mouvant et adopte la vie même des choses. Cette intuition atteint l'absolu [1]. »

La doctrine de Bergson ne pouvait qu'aboutir à l'anti-intellectualisme, au pragmatisme [2].

Si l'intuition seule atteint l'absolu et si elle ne rejoint pas en une synthèse l'acte intellectuel qui ne servirait qu'à la préparer, la dialectique humaine perd son fondement objectif : il peut y avoir une science pratique, mais il n'y a plus une science vraie. Bergson n'a pas suffisamment indiqué que c'est, non point en dehors des cadres de l'intelligence, mais avec eux et grâce à eux, que nous trouvons la vérité : il semble oublier que la connaissance rationnelle est faite, à la fois, d'expérience intuitive et d'intelligence.

1. Bergson. « Introduction à la métaphysique ». *Revue de métaphysique et de morale*, 1903, page 29.
2. *Pragmatisme* dérive comme *Pratique* du mot grec *Pragma* qui signifie *action*.

IV

Parmi les grands courants philosophiques qui divisent en ce moment les esprits, l'intellectualisme et le pragmatisme méritent d'attirer notre attention. Quelle sera donc à l'égard de ces deux systèmes l'attitude qu'il conviendra au spiritualisme d'adopter ?

L'intellectualisme enseigne que la logique de notre intelligence est, à elle seule, capable de satisfaire pleinement notre besoin de connaître ; il suffirait d'édifier des formules pour pénétrer l'entière vérité ; la science positive devrait pouvoir arriver à résoudre, à l'aide de ses lois, toutes les énigmes de l'univers. Tel est le point de vue doctrinal qui a très longtemps prédominé en philosophie. Les théories matérialistes des Condorcet, des Cabanis, des Haeckel, des Taine, des Berthelot, sont à base d'intellectualisme.

Mais après une ère triomphale, l'intellectualisme a vu s'élever contre lui de nombreux adversaires. Il a cessé de régner dans les hautes sphères de la pensée et ce ne sont guère aujourd'hui que des demi-savants qui forment le gros de son armée. On a compris que notre intelligence ne méritait pas tout le crédit qu'on lui avait fait. Poussant jusqu'à l'excès la tendance réactive, on a proclamé la faillite de la science positive.

Le spiritualisme ne nie pas la valeur de l'intelligence ; bien au contraire, il la proclame ; c'est sur la logique de l'entendement qu'il fonde toute science humaine. Mais il estime que notre connaissance intellectuelle, même lorsqu'elle nous apporte la vérité et la certitude, demeure toujours imparfaite ; et il admet cependant que, malgré son inévitable imperfection, elle peut s'imposer à nous encore plus lumineuse et plus inébranlable en devenant supra-intellectuelle, c'est-à-dire en s'enrichissant des clartés de notre raison tout entière. Et par son affirmation de l'existence et des attributs de Dieu, le spiritualisme nous conduit enfin à croire que notre intelligence et notre raison peuvent trouver un guide suprême dans la religion révélée. Voilà ce qui nous sépare de l'intellectualisme.

Le pragmatisme est un mode philosophique qui jouit de nos jours d'une faveur extrême [1]. Il s'op-

1. « Le pragmatisme n'a rien de commun avec l'éclectisme. Ce n'est pas un système, c'est une méthode pour résoudre les questions philosophiques : le monde est-il un ou multiple, fatal ou libre, matériel ou spirituel ? Le pragmatisme cherche à interpréter chaque notion en examinant ses conséquences pratiques. S'il n'y a pas de différences pratiques toute dispute est vaine. Combien de questions philosophiques tomberaient dans l'insignifiance si on les mettait à la simple épreuve de l'expérience concrète ! Cela revient en dernière analyse à vérifier

pose à l'intellectualisme auquel il reproche la vanité de ses spéculations. Qu'importe à l'homme de connaître une apparence intellectuelle de vérité [1] Il n'est pour lui qu'une chose nécessaire, c'est de s'éclairer sur la portée et la valeur de ses actions. Le pragmatisme estime que le bien-fondé d'une doctrine a pour seule mesure ses résultats pratiques [2].

C'est en janvier 1878 qu'un philosophe américain Charles-S. Pierce, dans un article du *Popular Science Monthly* intitulé *How to make our ideas clear ? Comment rendre nos idées claires* [3] ? a défini pour la première fois le pragmatisme et lui

---

les théories par l'action, à renoncer aux idées abstraites, à proclamer l'insuffisance des solutions verbales, des raisons à priori, des principes fixes, des systèmes fermés prétendus absolus, à se tourner vers les faits concrets, vers l'action, vers l'effort pour modifier les réalités existantes. » Bourdeau, *Pragmatisme et modernisme*, page 73.

1. « Ce qui pour nous est le meilleur à croire, voilà ce qui est vrai pour nous... pourvu que notre croyance ne se trouve pas en désaccord avec quelque autre avantage vital. » William James. *Le Pragmatisme*, page 81.

2. « Nous inventons la vérité pour utiliser la réalité, comme nous créons des dispositifs mécaniques pour utiliser les forces de la nature. On pourrait, ce me semble, résumer tout l'essentiel de la conception pragmatiste de la vérité dans une formule telle que celle-ci : tandis que pour les autres doctrines une vérité nouvelle est une découverte, pour le pragmatisme c'est une invention » Bergson. Introduction au livre *Le Pragmatisme* de William James, page 11.

3. Traduit en français dans la *Revue Philosophique*, janvier 1879.

a trouvé son nom. Un autre Américain, William James, a été l'apôtre le plus célèbre de cette doctrine. A son avis il ne s'agit pas là d'une nouveauté philosophique : le pragmatisme serait l'aboutissement normal et nécessaire de l'empirisme des Locke, des Berkeley, des Hume, des Stuart Mill et des Bain. William James nous dit que comprendre une idée c'est l'éprouver pratiquement et qu'il n'y a de connaissance rationnelle que dans l'action. Dans un livre justement remarqué, *L'Expérience religieuse*, il applique à la religion le principe pragmatiste. Il n'entend pas démontrer l'existence d'un Dieu objectif et il estime que l'intelligence même serait impuissante à accomplir cette tâche ; mais il fonde la valeur de la religion sur les résultats féconds de l'expérience que nous en faisons [1]. C'est le bien, qui résulte en nous de la pratique religieuse, qui nous démontre la vérité de nos croyances, et de même que les expériences scientifiques ont valu aux hommes les progrès de la vapeur, de la télégraphie, de l'électricité, les

1. « Les arguments par lesquels on démontre l'existence de Dieu ont soutenu pendant des siècles les assauts répétés des penseurs incrédules, comme des remparts battus par les vagues. Le flot qui lentement les désagrège les laisse encore debout aux yeux des croyants. Pour celui qui croit en Dieu, ces arguments sont solides, pour l'athée ils sont ruineux... je ne discute pas ces arguments. Il me suffit que tous les philosophes depuis Kant les aient considérés comme négligeables. » William James. *L'Expérience religieuse*, page 369 et suivantes.

expériences religieuses ont valu à la plupart d'entre eux les progrès de leur conscience morale, leur amélioration spirituelle, leur plus grande bonté et leur plus haute vertu : elles ont même pu, en de certaines circonstances, aboutir à l'amélioration physique, au miracle de la guérison. Un philosophe anglais, professeur à Oxford, F.-C.-S. Schiller, a sur ces mêmes principes pragmatistes fondé une philosophie qu'il appelle l'*humanisme*. Il l'a ainsi désignée parce que, selon le mot de Protagoras, l'homme est la mesure de toutes choses, et comme l'homme ne vit que pour agir, c'est, en définitive, l'action qui est la mesure de toutes choses. Il n'y a de vérité humainement connue que par l'acte qui l'expérimente.

Après avoir été plus spécialement cultivée chez les peuples anglo-saxons dont les tendances sont en effet plus pratiques que spéculatives, cette philosophie nouvelle a envahi jusqu'aux races latines. Une pléiade de jeunes penseurs italiens, fondateurs d'une revue florentine *Il Leonardo* dont la durée a été éphémère, a même poussé les principes pragmatistes jusqu'à leurs conséquences les plus paradoxales. Deux d'entre eux, les plus connus, G. Papini et G. Prezzolini, ont en des œuvres tapageuses[1], fait le procès de toute philosophie qui n'est pas purement

---

1. Papini. *Il Crepusculo dei filosofi*, Milan 1905. Prezzolini. *L'Arte di Persuadere*, Florence, 1907.

pragmatiste. L'un n'hésite pas à exécuter tour à tour, en des phrases moqueuses et souvent injurieuses, tous les maîtres de la philosophie : l'autre se plaît à soutenir que l'art de persuader n'est que l'art de mentir.

En France, la diffusion du pragmatisme a été très aidée par l'œuvre d'Henri Bergson. Sans doute, ce philosophe ne saurait strictement être classé parmi les adeptes de ce système : il semble bien reconnaître, au contraire, une certaine valeur de vérité à la connaissance intellectuelle : il en dévoile l'impuissance, mais il ne la considère pas comme purement illusoire [1]. Et cependant, il a mis si nettement en relief le rôle factice de l'intelligence, il a tant insisté pour nous faire comprendre comment elle dénature la réalité, que le pragmatisme a trouvé dans ses œuvres un de ses plus solides appuis. Parmi les pragmatistes français contemporains nous citerons Blondel qui, dans son livre *l'Action*, a voulu renouveler l'apologétique catholique en lui donnant pour base non point les exigences de notre intelligence, mais l'examen des conséquences pratiques de nos actes [2]. Les doctrines des Leroy,

1. « La dialectique est nécessaire pour mettre l'intuition à l'épreuve...la dialectique est ce qui assure l'accord de la pensée avec elle-même. » Bergson *L'Evolution Créatrice*, page 259.

2. On relève aussi des tendances pragmatistes chez Laberthonnière. « Mais, s'imaginer qu'à elles seules, par la vertu logique de leur forme démonstrative, les preuves peuvent nous donner Dieu et nous le faire connaître, c'est une prétention si

des Loisy, sont aussi imprégnées de pragmatisme [1] et c'est l'application qu'ils en ont faite au problème religieux qui caractérise le modernisme [2]. Déjà William James avait déclaré que les arguments par lesquels on s'imagine prouver l'existence de Dieu sont négligeables et n'ont de valeur que pour celui qui croit en Dieu. Et c'est au nom même du principe du pragmatisme que Leroy est amené à nous dire que si Dieu peut être connu, il ne le sera jamais que par l'expérience [3]. La doctrine de Leroy nous conduit comme celle de Bergson, comme celle de

---

constamment démentie par les faits qu'on s'étonne encore de la voir se produire. » Laberthonnière. *Essais de Philosophie religieuse*, page 77. Ces mêmes tendances sont encore plus nettement accusées chez Newman. « Il faut se résigner ou bien à émietter sa vie en des spéculations indéfinies et absorbantes, ou bien à assumer sans preuves les vérités essentielles... Croyons d'abord. Les preuves suivront notre foi. Les preuves sont bien plus la récompense que le fondement de la foi. » Newman. *Psychologie de la foi*, pages 339 et 341.

1. Leroy aboutit au modernisme lorsqu'il dit : « L'intelligence est une lumière qui nous guide et non une force qui se suffit : c'est un auxiliaire et non un chef. » *Revue de Métaphysique et de Morale*, 1899, page 425. Sans doute l'intelligence est une lumière et un auxiliaire que l'esprit utilise à la recherche du vrai; mais elle peut déjà, à elle seule, se suffire, pour nous conduire vers une vérité que la pensée supra-intellectuelle atteindra encore plus parfaitement.

2. Le modernisme se retrouve dans toutes les nations : Tyrrel en Angleterre, Hecker aux États-Unis, Schell en Allemagne, Murri en Italie.

3. Leroy. « Comment se pose le problème de Dieu », *Revue de Métaphysique et de Morale*, mars et juillet 1907, page 475.

Blondel[1] à une sorte de panthéisme, à un monisme moral qui se rattache à celui des Fichte et des Schelling.

A quiconque connaît les principes fondamentaux de l'enseignement catholique, le geste du pape Pie X condamnant les idées anti-intellectualistes du modernisme paraîtra logique et nécessaire. Sans doute, le pragmatisme est une méthode bien plus qu'un édifice systématique ; mais c'est parce qu'il tend à devenir la négation de toute métaphysique, c'est parce qu'il ne veut reconnaître d'autre moyen d'atteindre à la vérité que l'expérience individuelle, c'est parce qu'il nie la valeur de toute connaissance spéculative et par conséquent dogmatique, qu'il ne saurait être approuvé. Nous ne pouvons pas admettre que toutes les données de l'expérience personnelle soient indifféremment acceptées sans contrôle ; nous ne pouvons pas admettre que ce qu'il y a en elles de fantaisiste et d'illusoire puisse être tenu au gré de chacun, non seulement pour vrai, mais même pour bon et pour utile[2]. Et comment le pragmatisme ne s'aperçoit-il pas de la contradiction à laquelle il ne saurait échapper ? Pouvons-nous em-

1. Blondel. *L'Action*, pages 451-461.
2. « Déclarerai-je vraie pour autrui, fausse pour moi la croyance que je sens inefficace en moi, qu'autrui sent efficace en lui ? Mais en faisant de la foi une disposition si essentiellement individuelle, ne lui enlève-t-on pas tout caractère religieux. » Delbos. « Le Pragmatisme au point de vue religieux », *Questions du temps présent*, page 133.

pêcher notre intelligence d'apprécier ce qui est pratique et ce qui ne l'est pas, et ne sommes-nous pas nécessairement obligés de tenir compte de cette appréciation [1].

La doctrine spiritualiste ne saurait être confondue avec le pragmatisme, puisqu'elle n'est pas anti-intellectualiste. Sans doute, nous prétendons que notre intelligence est à elle seule incapable de nous révéler *toute* la vérité qu'il nous est possible d'atteindre. Et en cela notre doctrine n'est pas intellectualiste.

Mais tandis que le pragmatisme ne reconnaît aucune valeur objective à la connaissance intellectuelle, tandis qu'il prétend que la réalité perçue ne correspond pas au morcellage que notre intelligence opère en elle, le spiritualisme enseigne une doctrine tout à fait différente. Nous prétendons, au contraire, que notre intelligence connaît véritablement, quoique imparfaitement, la réalité spirituelle ou matérielle, lorsqu'elle suit, en la découpant, le pointillé objectif que lui présente effectivement cette réalité. Le morcellage qu'opère notre intelligence, sans pouvoir jamais être adéquat aux divisions

―――――――――

[1]. « De leur côté, les pragmatistes quand ils tentent d'établir que la vérité, pour être croyance personnelle, n'en doit pas moins être croyance éprouvée, supposent plus qu'ils ne l'avouent des critères logiques ou rationnels de cette sorte d'épreuve. » Delbos. « Le Pragmatisme au point de vue religieux », *loc. cit.*, page 123.

qualitatives et quantitatives de l'esprit ou de la matière, est cependant susceptible de nous donner, grâce aux formes imagées, conceptuelles et verbales auxquelles il aboutit, une connaissance véritable de l'âme et du monde. Le rôle de l'intelligence est de promener son rayon lumineux sur les lignes objectives de l'inextensivité spirituelle et de l'extensivité matérielle, que nous livre la perception intérieure ou extérieure. En d'autres termes, nous estimons avec l'intellectualisme que le réel est objectivement intelligible. Si, d'une manière effective, le réel ne correspondait pas en effet à la connaissance intellectuelle, les données de notre intelligence n'auraient absolument aucune valeur, et nous retrouverions, cachées sous l'erreur pragmatiste, les conclusions insoutenables du scepticisme absolu[1].

C'est ainsi que bien loin de dénier toute valeur d'objectivité à la science de Dieu, nous déclarons que cette science a un fondement véritable et qu'il

---

1. « Le pragmatisme veut faire sortir la vérité de nos désirs et de leur satisfaction, et il ne voit pas qu'il n'y a de satisfaction possible que dans la vérité des lois psychologiques ou physiologiques dont nos besoins mêmes ne sont que des effets. Ces lois sont affirmables, intelligibles, vraies en dehors de ces besoins... Le seul vrai pragmatiste serait un sourd-muet aveugle qui, pris de délire, agiterait d'une façon désordonnée ses bras et ses jambes sans savoir ce qu'il fait ni pourquoi il le fait ; voilà *l'action pure* et délivrée de toute pensée, de tout concept, voilà le *pragmatisme absolu*. » Fouillée. *La pensée et les écoles anti-intellectualistes*, pages 303 et 301.

nous est possible de nous élever intellectuellement de la connaissance des êtres créés à la connaissance du Créateur ; nous proclamons même la nécessité primordiale de la connaissance intellectuelle de Dieu. Et en cela notre doctrine n'est pas pragmatiste.

La pensée discursive reste donc à la base de la connaissance supra-intellectuelle qui doit l'enrichir sans la déformer. Cette raison à laquelle nous demandons les plus hautes lumières humaines est une synthèse des données de notre intelligence et des données de notre expérience: c'est en vivifiant les mots et les concepts, tout en utilisant leur ordonnance intellectuelle, qu'elle peut rejoindre nos perceptions extérieures et intérieures en une harmonie logique qui est la vérité. La raison ainsi définie est la cime de notre âme : elle est la tendance vers l'Absolu de notre être intégral, à la fois esprit et matière.

Le spiritualisme supra-intellectualiste ne doit pas être assimilé au modernisme anti-intellectualiste : il en est très éloigné, peut-être même plus encore que de l'intellectualisme.

V

Nous avons essayé de décrire et d'évoquer l'effort supra-intellectuel. Il nous reste à apprécier les résultats d'une pareille discipline appliquée à la connaissance de l'âme et à la connaissance de Dieu.

Lorsque nous nous sommes proposé, dans les premiers chapitres de ce livre, de résoudre intellectuellement le problème de l'âme humaine, nous avons dû commencer par faire appel à la perception spirituelle. De même qu'il n'est pas possible à un savant d'étudier les phénomènes matériels, si sa dialectique ne prend pour base les perceptions que lui donnent ses sens ; de même, nous ne saurions raisonner utilement sur les phénomènes spirituels, si notre discussion ne trouve son point de départ dans la perception même de ces phénomènes. Nous avons donc tenté de faire surgir en nous une vision intérieure. Nous avons indiqué quelques circonstances dans lesquelles tout homme perçoit son âme, et nous avons proposé un moyen de rendre plus nette et plus lumineuse cette intuition spirituelle. Puisque la perception de notre âme se développe avec notre âme elle-même et puisque notre âme s'accroît à chacun de ses efforts pour s'améliorer, nous avons pris la ferme résolution de tendre incessamment au progrès de notre âme et de l'intensifier en la rendant meilleure. Tout homme de bonne volonté peut donc avoir la vision intérieure de son activité spirituelle et nous avons esquissé une analyse des données de cette vision.

Et c'est alors que nous avons dû faire intervenir la logique de notre intelligence pour nous assurer que les révélations de cette perception intime n'étaient pas illusoires et pour nous apprendre ce qu'est l'âme humaine. Nous avons pu constater de la sorte que, non seulement l'existence d'une âme immatérielle n'est pas impossible, mais qu'aucune explication matérialiste et moniste des phénomènes spirituels n'est acceptable. Nous avons compris que le principe unificateur de notre conscience est irréductible à la série des états de subconscience biologique qu'un organisme cérébro-spinal, même très perfectionné, peut centraliser; et notre intelligence nous a contraint d'admettre l'hétérogénéité de l'esprit et de la matière. Nous avons pu ainsi ébaucher une science de l'âme conforme aux enseignements de la doctrine spiritualiste. Et malgré que notre connaissance intellectuelle de l'esprit ne soit pas absolue, malgré qu'elle soit fort imparfaite, il ne nous a pas été permis de la mettre en doute sans aboutir aux conclusions inacceptables du scepticisme intégral.

La connaissance supra-intellectuelle va maintenant nous permettre de prolonger et de vivifier notre étude scientifique de l'âme, et elle nous en procurera une indiscutable vérification.

Cet élan de notre pensée nous fera dépasser le sens littéral de nos discussions logiques et nous ramènera à la vision agissante et vécue de l'activité de notre âme. Et au fur et à mesure que nous créerons en nous l'énergie de l'esprit et que nous rendrons plus vivante son intuition, la connaissance que le raisonnement intellectuel nous a donnée de notre âme s'enrichira de cette vision intérieure, deviendra plus intense, plus complète et plus vraie. Les révélations immédiates de notre activité spirituelle s'adapteront aux enseignements de nos démonstrations philosophiques et les animeront de leur souffle. Nous découvrirons une merveilleuse harmonie entre les données de notre intelligence et celles de notre perception intime, et de cet accord profondément senti, l'élan supra-intellectuel fera naître une connaissance synthétique qui nous apportera la plus inébranlable des certitudes.

Et cette connaissance sera d'autant plus parfaite que notre effort intellectuel nous aura obtenu un savoir plus exact et que notre effort supra-intellectuel nous aura ramenés à une intuition plus vivante, à une vie spirituelle plus intense.

C'est ainsi que la raison nous apprendra que l'âme est une activité capable de se vivifier elle-même et de se développer librement en un progrès sans fin : elle nous montrera en l'esprit une puissance unificatrice qui est supérieure à la subconscience biologique, qui coopère au travail de l'intelligence et qui peut s'élever au-dessus de nos raisonnements pour apprécier leur valeur démonstrative : elle nous aidera à comprendre que l'esprit est irréductible au corps et qu'il y a hétérogénéité entre ces deux réalités. Elle opposera l'âme intensive et individualisée qui *doit* tendre vers son amélioration, à la matière extensive dont le devenir, sans obligation morale, poursuit une individualisation qu'il n'atteindra jamais : elle nous révélera en quoi l'unité et l'identité de l'âme, qui ramène toutes ses pensées à un même moi et persiste en s'affirmant libre, diffèrent de l'unité et de l'identité de la matière qui va, extensive, vers un but qu'elle ne pense pas ; en nous livrant la notion de multiplicité qualitative, elle nous éclairera sur la compatibilité de cette unité et de cette identité avec une certaine diversité et un certain changement : la variété qualitative de notre âme et son progrès créateur d'elle-même ne l'empêchent pas de rester une et identique.

Au-dessus de tous ces mots qui, au premier abord, semblent se contredire et qui cependant expriment une vérité relative, la connaissance supra-intellectuelle nous fait apparaître une vérité évidente.

Notre âme s'avérera donc à nous spirituelle, libre, une, identique, capable de progresser et d'agir : elle va même pouvoir trouver la certitude de son immortalité.

Nous savons en effet, grâce à la connaissance intellectuelle, que l'âme diffère de la matière en ce qu'elle n'est pas extensive, localisable et divisible : elle est essentiellement simple et une. La mort étant, non pas l'anéantissement, mais la décomposition du corps, l'âme, qui ne saurait être décomposée, ne saurait mourir. N'étant pas susceptible d'être désagrégée, elle échappe donc à la mort.

D'autre part, l'expérience spirituelle elle-même nous apprend que nous ne sommes pas uniquement destinés à la vie de ce monde. Il n'est pas de bonheur terrestre qui puisse apaiser le suprême désir de notre âme. Une incessante aspiration nous pousse vers un but qu'aucun satisfaction matérielle n'a jamais pu atteindre et qu'il ne nous est même pas possible de concevoir humainement réalisé. Nous vivons pour une vie qui dépasse la nôtre ici-bas : nous vivons pour l'Absolu.

La connaissance supra-intellectuelle, rejoignant en une vision supérieure les données de l'intelligence et celles de l'intuition, acquiert la certitude de l'immortalité. Et cette certitude trouve une confirmation dernière dans notre foi en Dieu. Si Dieu existe, l'immortalité de l'âme est nécessitée par sa justice.

On nous demandera peut-être comment notre âme pourrait ainsi se connaître elle-même, puisqu'elle serait à la fois sujet et objet de la connaissance ? Nous avons déjà répondu à cette objection en ce qui concerne la connaissance intellectuelle du moi, et nous avons convenu que celle-ci trouvait dans la différenciation nécessaire du sujet et de l'objet une cause non pas de nullité, mais de relativité. En ce qui concerne la connaissance supra-intellectuelle, cette objection se trouve encore moins sérieuse. Tandis que l'intelligence s'éloigne de son objet pour lui substituer un savoir, peut-être vrai, mais toujours imprégné de subjectivité, tandis qu'elle aboutit à la formule qui n'est plus que l'expression de cet objet, l'élan rationnel tend à réaliser la fusion de ce savoir avec l'objet lui-même trouvé par nous dans la donnée vécue de notre expérience. Notre raison unit la connaissance intellectuelle de notre âme à notre âme vivante elle-même [1].

VI

L'effort supra-intellectuel, qui nous a conduits au cœur même de la vie spirituelle et a vérifié ce que nous savions de notre âme, va maintenant confirmer notre croyance en Dieu.

Nous avons déjà expliqué comment notre âme qui est relative peut atteindre Dieu qui est absolu. Sans doute, elle ne saurait jamais le posséder entièrement;

---

1. « La tâche suprême de la culture est de s'emparer de son moi transcendantal, d'être vraiment le moi de son moi. » Novalis. *Les disciples à Saïs*, p. 56.

« En somme, l'esprit n'est pas une chose, mais un progrès. » Leroy. « Science et philosophie », *Revue de Métaphysique et de Morale*, p. 65.

« Le sujet et l'objet, dans l'acte mental, sont les termes d'un rapport. C'est ce rapport qui est la conscience ou personnalité, laquelle n'est pas une *chose* dans le sens habituel c'est-à-dire exclusivement objectif du mot *chose*. Non seulement ce rappor n'est pas inconnaissable, mais il est la connaissance prise dans sa source, la relation des relations. » Ch. Renouvier. *Histoire et solution des problèmes métaphysiques*, p. 401.

mais, en tant qu'elle est l'œuvre du Créateur, en tant qu'elle s'élance vers lui comme vers sa fin dernière, en tant qu'elle est liée à du divin, notre âme est en relation avec Dieu.

On voit, dès à présent, toute la distance qui sépare notre enseignement de la doctrine de l'immanence. Tandis que les immanentistes prétendent que nous ne pouvons connaître Dieu que par *cela* même qui de lui est présent en nous, que par *cela* même que le monde contient de divin, tandis qu'ils se trouvent ainsi acculés au panthéisme qui est, nous le savons, un système inacceptable, nous déclarons au contraire que Dieu, objet de notre connaissance, n'est nullement contenu en notre être, mais est seulement en *rapport* avec nous.

Notre connaissance intellectuelle de Dieu doit partir, comme toute connaissance intellectuelle, de l'intuition spirituelle en laquelle se livre notre âme ou de la perception extérieure pure en laquelle se livre la matière ; mais elle analysera l'âme et la matière en tant qu'elles nous sont données relatives à l'Absolu, créées par Dieu et tendant vers une Fin dernière. Notre intelligence nous fera ainsi connaître un Dieu Transcendant : mais elle ne nous le fera connaître qu'en termes d'analogie, puisque tout ce qu'elle nous apprendra de lui dérivera du lien analogique qui relie le relatif à l'Absolu, la création au Créateur, le devoir au Bien suprême, l'évolution à la Fin dernière.

Et de cette connaissance de Dieu, véritable quoique imparfaite, il nous sera possible de trouver une vérification encore plus haute grâce à l'effort supra-intellectuel. Cet élan nous ramènera aux données agissantes de l'intuition et de la perception extérieure, qui nous offriront la révélation immédiate du lien rattachant l'âme et le monde à Dieu.

Et notre raison nous permettra même de comprendre comment il se peut que l'intuition spirituelle et la perception extérieure livrent leur relation à Dieu. Elle nous apprendra, en effet, qu'intuition et perception sont avant tout *activité*. Notre âme et notre corps, ainsi que l'univers tout entier, manifestent leur lien à Dieu par leur activité même. L'esprit et la matière, bien qu'avec des modalités très diverses, *viennent* de Dieu et *vont* vers Dieu, sans le contenir en eux. C'est dans cette activité, qui leur est essentielle et qui a le privilège de se percevoir elle-même par la vie spirituelle et par la vie corporelle, que l'homme trouve le lien qui le rattache à Dieu et lui permet de le connaître.

Ainsi, d'une part, la logique de notre pensée nous a prouvé l'existence de Dieu et nous a donné quelques notions sur lui. En analysant intellectuellement les phénomènes du monde matériel et du monde spirituel, nous avons pu, grâce à la dialectique de notre esprit, démontrer qu'il existe un Être Absolu et Transcendant, Créateur de l'univers, c'est-à-dire Cause première et Fin dernière ; et ces preuves ont déjà suffi à motiver notre croyance en Dieu.

Mais efforçons-nous, d'autre part, de retrouver maintenant, pour la vivre, la merveilleuse progression de la réalité de notre âme, et sans perdre de vue cependant la communion de notre corps et de la matière extérieure.

La perception extérieure pure fond et unifie notre corps en cet ensemble admirablement ordonné qu'est l'univers, et manifeste ainsi l'empreinte d'une *Cause première*. La subconscience biologique nous révèle en outre que l'organisme ne se suffit pas à lui-même et tend sans cesse vers l'*Être* sans jamais pouvoir atteindre entièrement ce but. Enfin notre intuition spirituelle, se développant avec les progrès de notre âme, nous entraîne vers Dieu dans un désir impérieux de nous unir à lui. Un besoin d'absolu fait palpiter notre être. Et à chacun des élans de notre vie intérieure pour se rendre plus intense, à chacun de ses envols pour dépasser la vie du corps et se dépasser elle-même, nous percevons plus distinctement que nous venons de Dieu et nous nous sentons plus irrésistiblement attirés vers lui. Dans cette intuition vécue de notre origine et de notre fin, dans cet essor de notre moi qui grandit en devenant meilleur, la relation ineffable du Créateur avec sa créature se révèle en une saisissante clarté. A mesure que notre esprit s'accroît de nos efforts, à mesure qu'une culture progressive donne à nos énergies immatérielles plus d'intensité et de vie, notre lien transcendantal se resserre et la croyance en un Être Absolu s'impose plus évidente à notre âme plus parfaite.

Une éblouissante harmonie se révèle à nous entre les enseignements de notre intelligence et ceux de notre intuition : intuition de la matière dérivant de sa Cause et recherchant sa Fin, intuition de l'esprit vivant avec une intensité croissante sa sublime relation avec Dieu. Et si nous accomplissons alors l'effort rationnel qui doit synthétiser les données de notre intelligence et celles de notre expérience religieuse, nous arrivons à connaître Dieu, imparfaitement sans doute, mais avec notre moi le plus grand. Notre activité spirituelle, concentrant toutes ses forces en ce magnifique élan, nous apporte la certitude la plus complète de l'existence de Dieu. « De même que si quelqu'un ne pouvait tourner ses regards des ténèbres vers la lumière qu'en mettant tout le corps en mouvement, ainsi est-ce avec l'âme tout entière qu'il faut se détourner du devenir universel jusqu'à ce que l'on puisse contempler l'Être et ce qu'il y a de plus éclatant dans l'Être, c'est-à-dire ce que nous appelons le Bien [1] ».

Grâce à cet élan de notre activité vers les cimes

---

1. Platon. *La République.*

de l'âme, Dieu s'impose à notre raison tout entière. Les contradictions apparentes et purement verbales que notre intelligence avait cru découvrir se résolvent harmonieusement. Oui, Dieu est ; mais il n'est pas au sens de l'être de l'homme, puisque l'homme ne peut jamais que tendre à l'être de Dieu. Oui, Dieu est Créateur de l'univers : il est transcendant à sa création, puisqu'il la conditionne absolument et que l'Absolu n'est jamais complètement réalisé en elle : et cependant il n'est pas sans relation avec la créature, puisqu'il y a du divin en elle. Oui, Dieu est personnel, mais par analogie à la personnalité humaine qui est la qualité essentielle de notre âme et celle qui par conséquent dérive le plus essentiellement de Dieu. Oui, Dieu sait tout, passé, présent et avenir, parce que, étant éternel, il est au-dessus de toute durée : et la volonté de l'homme reste cependant libre, parce que l'homme vit dans la durée.

C'est ainsi que nous pouvons rendre plus lumineuse et plus inébranlable notre certitude de Dieu : et tous les mots que nous venons de tracer sont le canevas exact, mais imparfait, sur lequel se pose et se développe, en un jaillissement spirituel, l'effort supra-intellectuel de notre âme. Il ne nous est plus possible maintenant de nier Dieu sans mettre complètement en doute notre raison qui nous l'impose et sans en venir au scepticisme radical. Au fur et à mesure que notre connaissance devient plus harmonieuse, notre âme s'accroit, s'enrichit et progresse : elle se sent de plus en plus entraînée vers la vérité qui répand sur elle ses lumières : chaque pas en avant lui en assure une possession moins relative et la rapproche de l'Absolu [1].

VII

Il nous est encore permis de pénétrer, grâce à l'effort supra-intellectuel, le mystère de l'union de l'âme et du corps. L'abime qui sépare l'esprit de la matière n'est infranchissable que relativement aux êtres créés. Le devenir extensif du corps et la tendance inextensive de l'âme vont l'un et l'autre, quoique par des voies différentes, vers une même Fin dernière : et ces deux réalités, humainement irréductibles, et qui ne sont pas, au sens absolu du mot *être*, ont cependant une relation avec l'Être

---

1. « Mais une telle vie est plus haute que la vie selon l'homme. Ce n'est pas en tant qu'homme que l'homme peut vivre ainsi, mais en tant que quelque chose de divin vit en lui. » Aristote, *Morale à Nicomaque*, livre X, page 7.

« C'est par un principe infiniment supérieur à l'homme que nous pouvons ainsi nous élever au-dessus de nous-mêmes, au-dessus de l'homme. Ce principe qui est en nous, qui luit eu dedans de l'homme, n'est pas l'homme, mais le divin qui est en lui. » Maine de Biran. Œuvres inédites. *L'Anthropologie*, tome III, page 530.

parfait, avec Dieu[1]. C'est ainsi que la vie spirituelle peut puiser dans la vie matérielle les perceptions et les formules qui lui servent à poursuivre sa marche vers l'Absolu. L'âme s'unit au corps dans la durée qui les conduit vers Dieu ; mais elle dépasse aussitôt son auxiliaire extensif, elle surgit au-dessus de lui, progresse, et concourt librement à la création de plus en plus parfaite de sa propre réalité.

Est-il dès lors surprenant que la connaissance intellectuelle, qui est au confluent de l'esprit et de la matière, ne puisse avoir lieu que du point de vue de l'*Être* ? Faut-il s'étonner qu'elle exige toujours comme condition essentielle l'attribution de l'*être*, et qu'il soit impossible à notre intelligence de se manifester, sans affirmer ce qu'une chose est ou ce qu'elle n'est pas ? C'est parce que l'âme et le corps tendent l'un et l'autre vers l'Être, c'est parce que ces deux réalités sont relatives à un même Absolu qui est à la fois leur auteur et leur fin, c'est parce qu'il y a du divin lié à toute créature, que la pensée spirituelle et la subconscience biologique peuvent collaborer. Une connaissance supérieure à toute expression, et qui est l'œuvre de notre

---

1. « Tout être veut son bien, et même la pierre qui court à toute vitesse vers son centre. Mais si l'animal veut son bien, il le veut sans savoir ce que c'est que vouloir et sans savoir ce que c'est que le bien. » Sertillanges. *Les Sources de la croyance en Dieu*, page 417.

raison la plus parfaite, nous révèle la course incessante de la création universelle se précipitant, selon des modes divers, vers l'Absolu qui la conditionne[1].

VIII

Et nous arrivons à comprendre que Dieu en créant l'âme humaine ait produit la plus splendide de ses œuvres. Dieu, étant l'Absolu, ne pouvait créer que le relatif : mais la réalité spirituelle est, entre toutes, la moins relative que nous puissions concevoir. Il ne nous est pas permis d'imaginer une créature plus sublime que celle qui a le merveilleux privilège de se parfaire librement. Dieu, en nous donnant une âme qui peut continuer spontanément à se créer elle-même, nous a en quelque sorte divinisés.

A vrai dire, le mot de créateur ne saurait s'appliquer à l'homme et à Dieu en un sens identique : mais il y a une véritable analogie entre l'acte du Tout-Puissant s'adjoignant la créature et celui de l'âme humaine se réalisant en une progression infinie. Le progrès spirituel dont nous sommes capables est une création que l'effort de notre liberté

---

[1]. « La véritable science dépasse et écrase tous les systèmes. Elle connait les choses telles qu'elles sont, non telles que l'esprit humain aime à les arranger ; elle les connait telles que Dieu les a faites, non telles que l'homme les a rêvées. » Hello. L'Homme, page 179.

rend de plus en plus divine et l'homme qui prend cette envolée céleste peut monter jusqu'au seuil de Dieu. En nous faisant libres, en nous donnant à la fois le pouvoir et le devoir de nous cultiver, de nous parfaire, d'aller spontanément vers lui, l'Être Absolu a mis en nous ce qu'il pouvait réaliser de plus beau. Il nous a créés à son image : il nous a fait ses collaborateurs.

Nous devons donc coopérer à l'œuvre de Dieu et produire en ce monde un bien toujours grandissant.

Malheureusement, l'homme manque souvent au devoir qui, cependant, est sa seule raison d'être. Au lieu de cultiver son âme, il la néglige : au lieu de l'accroître, il la diminue : au lieu d'orienter sa liberté vers la voie parfaite, il l'en détourne : au lieu de faire du bien, il fait du mal.

Si le mal existe, c'est parce que nous en sommes les auteurs, et sa possibilité n'est que la conséquence nécessaire du plus grand bien que Dieu pouvait créer : la liberté [1].

---

1. « Ne faites pas le mal et le mal n'existera pas. » Tolstoï. *Nouvelles pensées recueillies* par Ossip Lourié, 318, page 131.

CHAPITRE SIXIÈME

LA VIE SPIRITUELLE

CHAPITRE VI

La vie spirituelle

Sommaire

I. — La pensée fondamentale du spiritualisme.
II. — Modes de culture spiritualiste.
L'effort moral.
A. — L'effort moral et la connaissance intellectuelle.
B. — L'effort moral et la connaissance supra-intellectuelle.
C. — L'effort moral et la formation de l'âme. — La sincérité avec soi-même. — L'amélioration par la souffrance, la charité et la prière.
III. — L'effort rationnel.
IV. — L'effort artistique.
V. — L'effort suprême : La prière. Prière médiate et prière unitive.
VI. — Postulat de la religion révélée.

I

Nous venons de vérifier la valeur du spiritualisme et nous avons constaté que, du triple point de vue de notre expérience, de notre intelligence et de notre raison intégrale, cette doctrine est bien la vraie.

Nous possédons une âme spirituelle et immortelle, et il existe un Dieu, Créateur Absolu et Transcendant à l'univers.

Cette croyance donne un sens à la vie. Elle apporte en elle la norme de toute action et la méthode de toute pensée : elle est une discipline du moi. Dès lors, la culture spirituelle devient le but essentiel à poursuivre.

Une âme nous a été donnée pour la former, l'enrichir et la parfaire. Dieu a voulu que nous soyons nous-mêmes les ouvriers de son œuvre et cette œuvre en est devenue plus belle et plus divine. Ne manquons pas à cette mission qui est la raison même de notre existence : et quand nous sentons que nos forces faiblissent, pensons à l'immortalité.

Si nous avons ici-bas vivifié notre âme, c'est pendant l'éternité tout entière que nous jouirons de cette vie réalisée en Dieu. Si nous avons ici-bas laissé périr notre âme, c'est pendant l'éternité tout entière que durera son agonie dans l'éloignement de Dieu.

Nous sommes destinés à rester dans l'autre monde ce que nous serons devenus en celui-ci.

Chaque âme fait sortir d'elle-même sa propre éternité.

Telle est la pensée fondamentale qu'un spiritualiste ne devrait jamais perdre de vue.

La vie a des caprices qu'il ne nous est pas permis de prévoir. La mort nous guette à toute heure et demain ne dépend pas de nous. Que chaque instant qui passe soit donc un progrès de notre âme ! Vivons la vie spirituelle qui seule est la vraie vie.

II

Quels sont les modes de culture que nous proposerons à un spiritualiste soucieux de son devoir ?

Nous avons déjà indiqué l'effort moral.

Grâce à l'effort moral, notre âme devient plus vivante et plus forte. Elle s'accroît et se développe en une réalité qui se perçoit de plus en plus intense. Cette intuition grandissante, qu'il dépend de nous de créer, est inhérente à la progression de notre activité spirituelle : elle est partie intégrante de notre âme elle-même. Et à mesure que cette énergie intime se trouve augmentée, à mesure que la vie intensifie notre esprit, le déterminisme relatif de notre moi biologique se heurte aux décisions plus indépendantes de notre âme, et notre liberté commande à la matière.

Essayons d'analyser brièvement les précieux résultats d'une telle culture.

A. — L'effort moral est d'abord une préparation nécessaire à la connaissance intellectuelle. Lui seul peut, en effet, grâce au développement qu'il donne à l'âme, la disposer, d'une manière efficace, au discernement logique de la vérité.

Nous avons fait un acte de foi en notre intelligence, et nous savons que son bon fonctionnement est conditionné par l'état de notre système nerveux ; mais, alors même que le cerveau soit sain et normal, le degré de valeur de notre connaissance dépendra de notre vie spirituelle elle-même : notre intelligence vaudra ce que vaudra notre âme.

Tout savoir intellectuel est imparfait ; il n'est pas de science, ni de Dieu, ni de l'âme, ni de la matière, qui soit absolue. Aucun des arguments que nous pouvons apporter en faveur d'une vérité n'est complet et adéquat à cette vérité. La connaissance logique, impuissante à égaler l'absolument vrai, pourra donc toujours, malgré qu'elle atteigne le vrai relatif, provoquer une réfutation. Et à cette réfutation, il sera toujours possible de riposter par une argumentation nouvelle, à laquelle on pourra trouver encore une réplique, sans que cette logomachie soit jamais terminée.

Et cependant, une connaissance vraie doit rester vraie et une connaissance fausse doit rester fausse. Si elle est vraie, elle s'imposera à notre intelligence, et les discussions qu'elle provoquera devront nous confirmer en elle : par l'effort de notre pensée discursive nous devrons trouver à chaque objection une réplique satisfaisante, quoique toujours imparfaite : nous devrons rester fidèles à la vérité.

Mais quelle garantie avons-nous que cet échange d'arguments contraires ne finira pas par ébranler notre conviction et par entraîner notre intelligence à l'erreur? Puisque le savoir intellectuel de l'homme n'est, en somme, qu'une dialectique ininterrompue, puisqu'il n'est jamais définitif et qu'il se complète toujours, d'où pourra nous venir l'assurance que notre intelligence ne défaillera pas ?

Cette garantie et cette assurance, nous les trouverons dans le perfectionnement de notre âme. C'est notre réalité spirituelle elle-même qui, dans l'acte intellectuel, fait un choix parmi les états subconscients biologiques que coordonne en nous le système nerveux. Au fur et à mesure que ce choix sera plus difficile, notre âme devra être plus développée et plus forte.

Le livre même que nous présentons en ce moment au lecteur nous fournira une illustration de ce principe.

Au cours de nos explications, et notamment dans les deux chapitres consacrés, l'un à l'âme et l'autre à Dieu, nous avons fait appel aux données de notre intelligence. Nous avons voulu prouver logiquement l'existence de l'âme et l'existence de Dieu. N'ignorant pas qu'aucune argumentation dialectique n'est et ne sera jamais entièrement achevée, nous avons, de propos délibéré, présenté des preuves accessibles à la masse des esprits cultivés, en harmonie, autant que possible, avec la mentalité contemporaine, et cependant moins complètes et moins parfaites, que celles qui eussent convenu à un public plus restreint, à un public de métaphysiciens. Mais puisque ces quelques preuves, proposées seulement dans l'esquisse de leur développement dialectique, sont néanmoins très suffisantes pour établir la vérité aux yeux de tous, nous avons pu nous limiter à elles. Les esprits philosophiques qui se plairont à les approfondir trouveront aisément de nouveaux aspects susceptibles de les compléter et de les rapprocher d'une connaissance plus intégrale. Mais à leur tour, quand ils exposeront leurs raisonnements, ils ne manqueront pas de rencontrer d'autres hommes, qui leur feront toucher du doigt que leurs démonstrations restent encore imparfaites, et qui soulèveront des objections auxquelles ils auront à répondre par d'autres arguments. Il faudrait écrire indéfiniment de nouveaux livres sur l'âme et sur Dieu pour envisager et discuter les questions innombrables qui se rattachent à ce problème. Nous avons la conviction que les preuves que nous avons données de l'existence de l'âme et de celle de Dieu sont capables de déterminer intellectuellement notre croyance : nous nous empressons cependant de reconnaître que tous ceux qui les adopteront rencontreront bientôt des objections qui n'ont pas été formellement réfutées dans ce livre et qu'il leur faudra résoudre à l'aide d'autres raisonnements ; et la marche de leur esprit vers une connaissance de moins en moins relative ne sera jamais interrompue.

Quelle garantie leur proposerons-nous pour bien préparer et pour bien diriger leur pensée dans cette recherche intellectuelle incessante que la vie leur réserve ? La garantie d'une âme développée, d'une âme en progrès continuel, d'une âme se créant elle-même de plus en plus parfaite. Grâce à cette méthode, ils extrairont des connaissances intellectuelles, incomplètes mais déterminantes, que nous leur avons enseignées en ce livre, le germe de nouvelles connaissances intellectuelles plus complètes et qui confirmeront leurs croyances.

B. — L'effort moral sera encore une condition essentielle de la connaissance supra-intellectuelle. N'est-elle pas en effet, elle aussi, un mode spécial de l'activité même de notre âme ? Cette connaissance nous ramène de la proposition conceptuelle et verbale à l'intuition spirituelle et à la perception matérielle. Elle synthétise les données de l'intelligence et les données agissantes de l'âme et du corps ; elle unifie la pensée et l'action. Mais tandis que la perception et l'action extérieures sont pour nous inévitables, tandis qu'il suffit d'ouvrir les yeux pour voir et l'oreille pour entendre, la perception et l'action intérieures dépendent de la culture morale de notre âme et de son degré de perfection. Et si notre esprit a le privilège de réunir en une vue d'ensemble, qui est l'acte rationnel, tout ce que notre existence psycho-physique nous révèle, c'est parce qu'il a acquis, au prix de son élan vers le bien, l'énergie d'une volonté qui domine, l'énergie de la liberté. Grâce à l'effort moral, l'homme se fait l'édificateur de sa raison et acquiert les certitudes d'une immuable vérité.

C. — Si l'effort moral nous a paru nécessaire à l'acquisition d'une vraie connaissance, il possède en lui-même une valeur encore plus haute et s'impose impératif à toute vie de l'esprit. L'effort moral, nous ne saurions trop le redire, est, après Dieu, le créateur de notre âme. C'est lui qui développe simultanément en nous la perception intérieure et l'activité libre, ces deux aspects de notre réalité immatérielle. C'est lui qui, du germe de spiritualité déposé en nous, peut faire jaillir une puissance supérieure à la matière, une volonté qui progresse. Et par une heureuse réciprocité, cette volonté libre, à laquelle il nous sera souvent pénible d'atteindre, nous permettra ensuite d'avancer aisément dans la voie du bien et d'être fidèles à notre devoir.

Nos raisons de rechercher la culture morale et de persévérer dans cet effort sont faciles à comprendre. Une voix que tout homme, s'il le veut, peut entendre, proclame en lui la loi du devoir. Quiconque obéit à cette voix sent aussitôt descendre en son âme la plus pure de toutes les joies. Un désir d'infini que rien ne saurait assouvir angoisse chacun de nous. Toutes les satisfactions physiques nous réservent l'amertume de l'insuffisance quand elles ne nous laissent pas la honte du remords. Seules les satisfactions spirituelles font de ce désir une jouissance. Les consolations que nous apporte ici-bas la culture morale sont tellement sublimes que rien ne peut les évoquer. Et c'est un des châtiments des méchants en ce monde, qu'ils n'échappent pas plus que les bons aux épreuves douloureuses de la vie extérieure, et qu'ils ne se doutent même pas de la somme infinie de bonheur que peut donner, en compensation, la vie intérieure. Le désespoir est réservé au vice.

Et puisque notre moi spirituel est immortel, puisque notre passage ici-bas n'a de raison d'être que pour nous donner le moyen de parfaire librement notre âme et de la conduire à l'éternité, l'effort moral devient le but de notre vie.

Dans un chapitre précédent, ayant trait à l'expérimentation spirituelle, nous avons indiqué d'une manière empirique certains procédés de perfectionnement moral. Il nous serait maintenant possible de tracer une esquisse rationnelle de la discipline qui conduit au bien. Nous savons, en effet, que le bien est en Dieu et que tout devoir vient de Dieu. C'est au-dessus de l'homme et de la nature, c'est dans l'Absolu Transcendant, qui conditionne l'univers, que nous avons placé le fondement de la morale. La loi suprême qui s'impose à l'homme lui ordonne d'aller vers Dieu et de vaincre tous les obstacles qui l'en détournent. Et pour tendre vers cette fin dernière, l'homme a le devoir d'observer certaines règles à l'égard de lui-même, à l'égard de son prochain et à l'égard de Dieu.

A l'égard de lui-même, l'homme doit d'abord être sincère. Puisque la voix de sa conscience lui transmet les ordres de Dieu, il doit scrupuleusement écouter cette voix. La sincérité avec nous-mêmes nous permettra d'éprouver le sentiment immédiat de notre amélioration morale. En optant pour les actions qui nous donnent la conscience de devenir meilleurs, nous ferons progresser notre âme. Cette intuition de notre élévation vers le bien est la lumière de notre vie intérieure ; mais elle disparaîtra si nous commettons la grande faute de nous dissimuler à nous-mêmes les injonctions de notre devoir.

L'homme est composé d'une âme spirituelle et d'un corps matériel. L'esprit et la matière sont l'un et l'autre soumis à la loi des causes finales et tous les deux tendent à Dieu. Mais tandis que la matière, dans son déterminisme, ignore le but qu'elle poursuit, tandis qu'elle est incapable de devenir meilleure, l'âme, qui a le privilège de continuer elle-même sa propre création, l'âme, qui pense et qui veut, l'âme, qui devient de plus en plus libre, est susceptible de s'élever jusqu'auprès de Dieu. Et le devoir de cette élévation est la loi morale tout entière. Nous ne voulons pas dire que tous intérêts matériels doivent être négligés par nous : nous savons en effet que le corps et l'esprit restent unis pendant tout le cours de l'existence humaine : la matière est indispensable à l'âme : elle est une des conditions de son progrès en ce monde. Un certain bien-être et un organisme sain sont le plus souvent favorables à la culture spirituelle : c'est seulement lorsque l'âme a atteint un premier degré de perfection qu'elle a la force de faire servir à son amélioration les douleurs corporelles. La recherche scientifique pour diminuer les souffrances physiques est digne d'être encouragée : il dépend de nous d'en utiliser les découvertes à réaliser notre fin. Si la satisfaction des besoins de l'homme était assurée par la science, il pourrait, s'il le voulait, s'occuper mieux qu'aujourd'hui des aspirations de son âme. La loi religieuse du repos hebdomadaire ne semble-t-elle pas destinée à nous faire interrompre nos labeurs matériels, pour nous permettre de nous élever plus sûrement vers Dieu?

Il nous faut donc soigner notre corps et veiller sur lui afin de conserver une existence terrestre qui nous a été donnée pour nous permettre de conquérir le ciel. Il nous faut donc rechercher certains intérêts matériels qui sont très légitimes, dans la mesure où ils favorisent le développement de notre âme. Mais nous avons le devoir absolu de nous détourner avec horreur de toute action qui apporterait avec elle la conscience de notre diminution morale.

En somme, notre personne humaine est faite de l'âme et du corps, et notre corps peut être, à notre libre choix, un moyen de progression ou de régression pour notre âme. Et si nous laissons venir la mort avant que l'esprit, se séparant de la matière n'ait été vivifié par elle, nous aurons manqué notre destinée. Les biens physiques doivent être poursuivis comme un moyen et non comme une fin. Nous n'avons pas le droit de rechercher les satisfactions corporelles qui nuisent à l'avancement de notre âme ; mais l'obligation s'impose à nous de mettre en œuvre toutes nos puissances pour suivre la voie de l'esprit : nous devons nous servir de notre corps pour aider l'ascension de notre âme. Le péché est le crime que commet l'homme lorsque, au lieu de faire monter son âme vers Dieu, il la rabaisse vers la matière. En agissant ainsi, il méconnaît la volonté d'en haut, il viole la loi suprême, il détruit l'œuvre du Créateur. En vérité, il n'y a pas d'autre mal en ce monde que celui que fait l'homme lorsqu'il asservit son esprit à son corps. Le premier péché fut le premier mal.

C'est vers cette culture essentielle qu'il nous faudra sans cesse diriger notre effort. Et quand nous aurons fait quelques pas dans la voie du bien, quand nos forces spirituelles se seront un peu développées, quand notre volonté aura accru sa liberté, l'heure sera venue d'employer à notre progrès la discipline de la souffrance. Par la recherche de la douleur, par la mortification de nos aspirations matérielles, nous centuplons l'énergie de notre âme, nous la précipitons vers Dieu. A défaut d'une poursuite volontaire de la souffrance, l'acceptation librement consentie des afflictions inévitables aura, pour notre avancement vers le bien, de merveilleux résultats. La résignation aux malheurs que l'existence nous apporte sera même souvent plus méritoire que l'épreuve choisie par nous. L'homme qui souffre et qui bénit sa souffrance est sublime entre tous les hommes : il détient, sans le savoir, la vraie richesse et la vraie puissance : devant la splendeur de son âme, nous ne nous inclinerons jamais assez profondément. O vous que la maladie ou l'infortune accable, ô vous qu'un deuil cruel vient de frapper, ô vous qui dans la lutte pour la vie vous laissez piétiner par l'indélicatesse des autres, ô vous que la raillerie et la médisance ne cessent d'humilier, réjouissez-vous, vous êtes grands ! Rappelez-vous l'hymne de gloire qu'une voix divine a chanté pour vous : « Bienheureux ceux qui pleurent parce qu'ils seront consolés ! Bienheureux ceux qui souffrent persécution parce que le royaume des cieux est à eux » ! Le Christ a béatifié la souffrance ; et ce n'est pas la souffrance qui doit être considérée comme un mal : c'est notre lâcheté devant elle.

A l'égard de notre prochain, notre devoir se résume en un mot, la charité. Nous devons être bons, parce que, du fait même de notre liberté, nous avons la mission de coopérer à l'œuvre créatrice et d'aider tous les autres hommes à suivre la voie qui mène à Dieu. De tous les moyens de progrès moral, la charité est le plus simple : il est à la portée des bonnes volontés les plus faibles : il donne accès à la vie de l'esprit. Et tandis que les mauvaises actions nous détournent de Dieu et ne tardent pas à nous empêcher d'entendre la voix de notre conscience, la charité ranime de son souffle notre âme presque mourante et la remet dans le vrai chemin. « La charité, a dit saint Pierre, couvre la multitude des péchés. »

Et nous aiderons nos semblables, non seulement en venant à leur secours dans les nécessités de la vie matérielle, non seulement en leur prodiguant notre dévouement et notre bienveillance, mais encore et principalement en leur communiquant le désir du progrès intérieur. Que notre action dans la société, que notre action dans la famille, se manifestent surtout par notre zèle à propager l'étincelle de la vie de l'âme ; et d'avoir rendu meilleurs les autres, nous nous trouverons meilleurs nous-mêmes. En ce siècle d'utilitarisme et d'orgueil effrénés, en ces temps où la lutte pour la richesse et pour la prédominance sociale font commettre à l'homme tant de cruautés et tant de bassesses, nous devons donner l'exemple de la poursuite d'un idéal qui dépasse les biens d'ici-bas, et, quelle que soit notre imperfection morale, nous devons convier très humblement tous ceux qui nous entourent à la recherche d'une plus belle âme.

Qu'advienne le règne de l'âme et nous verrons le règne de Dieu !

Enfin, indépendamment de nos devoirs envers nous-mêmes et envers notre prochain, nous avons encore des devoirs envers Dieu. Le plus impérieux d'entre eux est la prière : nous nous réservons d'en parler aux dernières pages de ce livre.

Les divers moyens dont nous pouvons disposer pour progresser dans la voie morale se nomment les vertus. Il n'entrait pas dans notre plan d'en donner ici une énumération complète. Puissions-nous seulement avoir contribué à répandre le désir de les connaître et de les pratiquer. Nous devons d'ailleurs confesser que l'application effective du principe de l'amélioration morale et son adaptation aux circonstances si variées de l'existence humaine laisseraient parfois nos bonnes volontés dans l'incertitude, si nous restions livrés à nos seules forces. Le discernement du bien et du mal serait en certains cas une tâche bien difficile, si Dieu n'avait pris soin de mieux nous préciser ses ordres en une religion révélée.

La culture spirituelle par l'amélioration morale vient donc de nous apparaître essentielle. La vie d'une âme est surtout faite de l'intensité de ses vertus.

III

Après l'effort moral, nous signalerons l'effort rationnel qui est la conquête suprême du Vrai. Ce mode de culture suppose déjà réalisée une connaissance intellectuelle au-dessus de laquelle il s'élève. Il nous faudra étudier Dieu, l'âme, le monde, selon les méthodes de la science, pour dominer ensuite ce point de vue et nous élancer par la connaissance supra-intellectuelle jusqu'au sommet de notre raison.

Nous formerons notre âme, si nous nous efforçons de réunir, en une pensée vivante, la logique abstraite de nos raisonnements et l'intuition concrète de la réalité.

Nous formerons notre âme, si, en lisant nos livres, nous prenons l'habitude de dépasser la pensée discursive que nous apportent les mots et les phrases et de retrouver l'inexprimé qui s'y recèle. Une pareille discipline nous habituera à réfléchir d'abord aux paroles que nous prononçons et à remonter ensuite à leur source secrète, à cette pensée agissante qui est notre moi immatériel lui-même ; nous accroîtrons de la sorte la culture de notre esprit ; nous le vivifierons ; nous le rendrons de plus en plus parfait. Ainsi, nous nous rapprocherons de la Vérité ; ainsi, nous monterons vers l'Absolu.

Mais la connaissance intellectuelle et la connaissance supra-intellectuelle sont deux modes de l'activité même de notre âme. Dès lors — et il ne faut pas l'oublier — un certain degré de vie spirituelle est essentiellement nécessaire à l'éclosion du savoir rationnel. Il faut déjà avoir perçu son âme, avoir pris contact avec elle, l'avoir expérimentée, pour pouvoir synthétiser en une vue d'ensemble les données de nos perceptions tant immatérielles que matérielles et les données discursives de notre intelligence. Seule, la vie spirituelle nous place à une hauteur de pensée qui nous permet de saisir, en leur intime connexité, l'intégralité de nos connaissances.

Si l'homme n'a pas pris déjà possession de son âme, il est impuissant à se dégager des formules verbales ; il reste l'esclave des mots. C'est ainsi qu'on a vu des savants et des philosophes, parvenus à une connaissance intellectuelle extrêmement complexe et à une mécanistique discursive très ingénieuse, demeurer cependant incapables d'apercevoir la Vérité.

IV

A l'effort moral et à l'effort rationnel dont l'étude a fait l'objet d'une partie de ce livre, il convient d'ajouter un troisième mode de culture spirituelle : l'effort artistique [1].

L'Absolu ne se révèle pas seulement à nous dans la Bonté et dans la Vérité : il est encore la Beauté. Nous nous rapprochons de Dieu par la recherche du beau.

L'œuvre d'art se manifeste immédiatement à nous par deux éléments, l'un et l'autre matériels et dont le second cependant participe un peu de l'esprit. L'un est le contact physique avec nos organes (son, couleur, etc.), qui nous donne le plaisir sensible : l'autre est la forme réalisée dont l'harmonie avec nos tendances intellectuelles produit le plaisir esthétique. Par cette double action, les aspirations de nos sens et de notre intelligence reçoivent une satisfaction qui interrompt momentanément notre recherche de l'utile et du pratique. La perception d'art est une perception acquise, qui, par le charme qu'elle exerce sur notre sensibilité, et par son harmonie avec nos conceptions formelles, produit un temps d'arrêt dans le cours normal de notre existence biologique : elle nous détourne pendant sa durée du but utilitaire de notre activité corporelle : et c'est à la faveur de cette interruption que notre esprit, s'évadant de la matière, jaillit, se développe et s'intensifie. Toutes nos puissances physiques,

---

[1]. « L'art... contribue à développer et à approfondir la personnalité. » M. Baldwin. *L'Art et la Morale. Questions du temps présent*, page 112.

dont la violence est souvent telle qu'elles étouffent en nous la vie spirituelle, éprouvent, grâce à l'œuvre d'art, une sorte d'apaisement hypnotique qui laisse libre cours à l'activité de notre âme et à sa progression. Le véritable artiste est celui qui, en présence de la perception esthétique qui suscite son admiration, sent sourdre en lui les effluves d'une réalité immatérielle ; il se trouve emporté par un courant de vie intense qui demeure inexprimable et qui est la vie même de l'esprit. Les chefs-d'œuvre de la musique, de la peinture, de la sculpture, de la poésie, ont pour qualité essentielle d'évoquer en nous une pensée que les mots sont incapables de traduire parce que cette pensée dépasse la matière. A ces minutes précieuses où s'accroît et se développe l'intime puissance de notre être, nous rejoignons les sommets auxquels la recherche du Bien et du Vrai nous avait conduits. La Beauté, la Vérité et la Bonté émanent de Dieu.

Nous n'avons pas à exposer ici d'une manière complète notre théorie de l'art. Nous ferons seulement observer qu'il importe de distinguer le plaisir sensible et esthétique, de la pensée artistique. Cette distinction nous permettra de comprendre que l'effort artistique ne pourra pas toujours être efficace pour la culture spirituelle et qu'il lui sera même parfois un empêchement. Il arrivera, en effet, que des hommes, qui ont négligé leur âme à ce point qu'ils l'ignorent peut-être, éprouveront à un haut degré les charmes du plaisir sensible ou du plaisir esthétique et resteront cependant étrangers à la pensée artistique. Ils rechercheront seulement la jouissance sensuelle de l'œuvre d'art ou sa jouissance formelle et considéreront comme une fin ce qui ne devrait être qu'un moyen ; cet effort artistique, au lieu de les guider vers leur âme, pourra même les en éloigner et développer en eux des aspirations matérielles destinées à devenir de plus en plus impérieuses et exclusives. Tel est notamment le cas de tous ceux qui professent la doctrine dite de l'art pour l'art. Dénaturant le sens du mot art, ils en font un synonyme de plaisir esthétique. La beauté des contours et des lignes, l'harmonie des formes, l'architecture verbale, sonore ou plastique, sont, d'après eux, l'essence même de l'art. Leur principe est celui d'un art purement intellectuel, nous dirons même scientifique. Leurs œuvres peuvent être plus ou moins facilement comprises, mais ne sauraient être spirituellement vécues ; et non seulement elles ne font aucun bien à notre âme ; mais, si elles ont une portée intellectuelle immorale, elles contribuent à la diminuer.

V

Des trois modes de culture spirituelle que nous venons d'énumérer, la recherche du Bien s'impose primordiale. Celle du Vrai est nécessaire, mais suppose déjà une âme un peu formée. Quant à l'effort artistique, il ne saurait être efficace que subordonné à l'effort moral et rationnel.

La pratique de ce triple moyen nous fera certainement progresser dans la vie spirituelle.

Nous ne manquerons pas d'en ressentir les effets précieux au fur et à mesure de notre expérimentation méthodique de l'action morale, de la pensée et de l'art.

Et cependant, cette culture ne sera pas encore suffisante à réaliser complètement en nous la vie de l'esprit. L'élan de notre âme à se former, à se développer, à s'intensifier, la laisserait, hélas, bien éloignée de Dieu, si elle était livrée à ses seules forces ; malgré qu'il y ait en elle une relation divine, l'abîme qui la sépare de l'Absolu demeurerait infranchissable ; et Dieu n'aurait pas été l'Être parfait que nous connaissons si, en réponse aux efforts de notre âme libre, il n'eût consenti à s'avancer lui-même vers elle.

Seule l'intervention de Dieu qui est infini peut nous permettre de nous approcher infiniment de lui.

Puisqu'il a créé pour nous le plus grand bonheur possible, puisqu'il a voulu que, faits à son image, nous puissions librement coopérer à son œuvre de Créateur et parfaire en un progrès sans limite notre divine ressemblance, il faut bien que sa toute-puissance vienne secourir notre bonne volonté ; il faut bien que sa présence descende vers nous pour aider notre ascension vers elle.

Dieu ne cesse d'agir sur les âmes selon leur mérite pour les attirer à lui. Il consent même, lorsque nous en sommes dignes, à agir en notre faveur sur le monde : et cette action surnaturelle s'appelle le miracle.

L'univers est la maison de Dieu et Dieu ne l'abandonne pas.

Nous avons donc un moyen plus puissant que toutes autres cultures pour assurer à notre moi un progrès infini : c'est le moyen de l'appel à Dieu, le moyen de la prière. Notre esprit est tout entier dans la prière qui est bien *nôtre :* en elle sont réalisées les énergies immatérielles qui nous conduisent à l'amélioration morale, à la connaissance supra-intellectuelle, à l'élan artistique : et en elle, toutes ces énergies s'accroissent de l'énergie même de Dieu. Et les mots que nous lui adressons sont seulement les véhicules matériels de notre aspiration spirituelle : ils nous permettent de rejoindre, dans notre prière, les tendances de notre pensée et celles de notre conscience biologique.

On peut distinguer deux modes de prière que l'homme emploie parfois concurremment : la prière médiate et la prière immédiate ou unitive.

La prière médiate est celle par laquelle nous demandons à Dieu certaines grâces spéciales, temporelles ou spirituelles, et destinées à vivifier notre âme.

Ni l'immutabilité divine, ni notre liberté ne font que la prière soit irrationnelle : car nous ne prions pas pour demander à Dieu de changer ses volontés, mais, au contraire, pour obtenir de lui les grâces qu'il accorde à la prière. Les lois scientifiques de l'univers ne font pas davantage que la prière soit irrationnelle ; car, nous le savons, la nécessité absolue n'est pas de ce monde : il y a dans tous les phénomènes qui nous entourent un principe de contingence. Dieu ne pouvait, d'ailleurs, que réserver ses droits sur l'évolution des êtres créés, puisqu'il est le commencement et la fin de cette évolution.

Il n'est donc pas surprenant que le Créateur se plaise à exaucer la prière de ses créatures lorsque cette prière est la réalisation parfaite de leur âme. *L'efficacité de la prière médiate est une conséquence nécessaire de l'existence de Dieu.*

Mais il est un mode de prière, supérieur à tout autre : c'est l'appel immédiat clamé par notre moi vers l'Absolu, c'est l'élan de communion divine.

Par cet effort unitif qui est l'effort suprême dont

nous sommes capables, notre âme développe en elle toutes ses puissances ; et devenue aussi surhumaine que possible, elle cherche amoureusement la divine présence, s'élance avec passion vers elle, la sollicite éperdument en un désir d'immolation... Et la paix de Dieu descend alors sur nous avec ses plus précieux trésors. Une élévation transcendantale se produit en notre être : notre esprit ne conserve plus avec notre corps qu'une relation très lointaine : il s'en dégage presque entièrement et s'immerge dans la lumière surnaturelle qui se révèle soudain à lui. L'homme s'unit à Dieu en une fusion ineffable : et la foi achève son œuvre couronnant celle de la raison.

Cette expérimentation de l'intuition divine sera notre plus chère espérance en ce monde. Et si la réalisation parfaite de l'union mystique reste une grâce suprême qui dépasse infiniment nos plus grands mérites, Dieu ne manquera pas de nous en faire entrevoir, tout au moins, un reflet béatifique dans nos actes d'amour pour lui.

Cette suréminente dignité de notre moi, ainsi uni à Dieu, est la fin à laquelle aspirent nos diverses énergies. Entre tous les plaisirs d'ici-bas qui sont des semences de douleur, l'union avec Dieu nous apportera une joie grandissante : elle est la récompense sublime de la culture de notre âme : elle est l'accès du temps à l'éternité.

Comment nous sera-t-il donné de nous élever à cette hauteur divine ?

D'abord et essentiellement, nous l'avons dit, par la formation morale; et encore, par la recherche du vrai et le sentiment de l'art. Mais il est tout à fait nécessaire qu'une telle culture soit par nous sans cesse imprégnée de l'esprit de prière.

C'est vers le Dieu Transcendant imposé par notre raison que nous devons lancer notre appel; et quand nous aurons ainsi progressé sur la voie spirituelle, non sans l'aide prévenante de son infinie bonté, Dieu s'approchera à son tour, nous prodiguant les accroissements de sa grâce ; et si grand est son amour pour nous, qu'il daignera peut-être nous donner, dès ce monde, les prémisses des joies éternelles et permettre à notre âme de monter, en un élan de recueillement et de silence, jusqu'à se perdre et s'abîmer en lui [1].

Telle est la culture du moi qu'enseigne le spiritualisme.

---

1. « Cette action suprême est réservée à Dieu qui en ce moment touche l'âme sans intermédiaire. » Rusbroeck. *L'Admirable, Œuvres choisies*, page 16.

« Or cette rencontre, cette unité que l'esprit d'amour poursuit en Dieu sans intermédiaire dans le saisissement de l'essence excède et dépasse toute intelligence à moins que l'intelligence sortant d'elle-même n'ait suivi la lumière aux lieux où tout est simple. La jouissance de l'unité nous transporte dans la paix au-dessus de nous-mêmes et de toutes choses. »

Rusbroeck. *L'Admirable, Œuvres choisies*, page 50.

Un romancier contemporain, merveilleux écrivain et profond penseur, a voulu propager un autre culte de notre être. Négligeant cette réalité immatérielle qui est notre œuvre personnelle et que notre expérience suit dans son développement, il a cru pouvoir affirmer que le moi n'est que la résultante de la société qui le produit. Il le rattache exclusivement à la race et au sol dont il émane : ce serait un bien ancestral dont nous n'aurions que l'usufruit. En somme, Maurice Barrès se préoccupe trop peu de notre moi immatériel pour considérer avant tout notre moi biologique [1]. Certes, nous sommes une subconscience matérielle qui porte en elle l'influence de tous les êtres, hommes et choses, qui depuis des siècles ont contribué à la formation de notre individualité physique. Oui, l'orientation de cette subconscience détermine, dans une large mesure, celle de nos aspirations morales. Oui, les données ataviques sont à la base même de notre intellectualité et nous dirigent dans le plus grand nombre de nos actions. Le subliminal biologique est une des deux parties essentielles de notre moi ; et c'est la logique même de notre intelli-

---

[1]. Maurice Barrès, *Amori et Dolori sacrum*. « Le 2 novembre en Lorraine », pages 273 à 280. Il faut reconnaître qu'en ces dernières années Maurice Barrès a évolué vers un spiritualisme mieux affirmé. Il s'est fait l'avocat de nos vieilles églises et a dit de sublimes paroles au nom des âmes qui veulent vivre.

gence qui veut que nous utilisions, au lieu de les détruire, les tendances traditionnelles de l'être héréditaire qui vit en nous.

Mais l'homme n'est pas seulement un organisme et il ne lui suffit pas de se conformer à des lois matérielles pour développer son intégrale individualité. L'homme est une activité libre et spirituelle, et c'est ce moi, qui veut et qui pense, dont le culte est notre devoir.

La cime de l'année n'est pas, ainsi que le dit Maurice Barrès, le jour de la fête des Morts [1]. La cime de l'année, comme celle de la vie tout entière, est le jour où notre âme se trouve prête à célébrer dignement la fête de Dieu.

La prière nous apparaît donc comme la plus haute discipline du spiritualisme. Aussi ancienne que l'homme lui-même, elle est la manifestation nécessaire de son aspiration vers l'Absolu. C'est grâce à l'habitude de prier que nous acquérons celle de graviter auprès de Dieu et de connaître sa présence. La prière est l'acte humain par excellence.

« O ma belle âme, devez-vous dire, vous pouvez entendre et vouloir Dieu, pourquoi vous amuserez-vous à chose moindre? Vous pouvez prétendre à l'éternité, pourquoi vous amuserez-vous aux mo-

---

1. « Le jour des Morts est la cime de l'année », Maurice Barrès, *Amori et Dolori sacrum*, page 273.

ments? Ce fut l'un des regrets de l'enfant prodigue, qu'ayant pu vivre délicieusement en la table de son père, il mangeait vilainement en celle des bêtes. O mon âme, tu es capable de Dieu, malheur à toi, si tu te contentes de moins que Dieu [1]. »

VI

Notre tâche est terminée. Nous avons éprouvé le spiritualisme, et nous savons maintenant qu'il mène à la vraie vie. Il nous enseigne à travailler nous-mêmes à la création de notre âme : il ne néglige aucune de nos puissances : il les accroit et les fortifie, au contraire, en les faisant converger vers Dieu ; il est une voie de perfection accessible à l'homme.

Et cependant cette doctrine ne nous apporte pas encore une intégrale satisfaction de nos tendances spirituelles.

Dans notre effort vers le Bien, nous avons demandé à la conscience de notre amélioration morale de se faire le guide de nos actions : et nous avons trouvé avec la souffrance, la charité et la prière, trois routes qui mènent à Dieu. Nous avons dû néanmoins reconnaître les grandes difficultés qu'allait

---

1. Saint François de Sales. *Introduction à la Vie Dévote*, V^e partie, chapitre X, page 355.

rencontrer notre nature si faible dans son choix de tous les instants entre le bien et le mal. Pourquoi Dieu ne nous aurait-il pas fait connaître lui-même, en une révélation de sa volonté, les actions qu'il ordonne et celle qu'il prohibe ? Pourquoi ne nous aurait-il pas donné ses commandements ?

Dans notre effort vers le Vrai, il ne nous a pas été possible d'atteindre le savoir absolu. Nous avons acquis une certitude, et nous en avons fait la lumière de notre vie. Mais pourquoi Dieu ne nous garantirait-il pas lui-même la vérité de nos croyances ? Puisqu'il est infiniment bon et infiniment puissant pourquoi ne se serait-il manifesté qu'à ces instants rares et difficiles où l'homme peut gravir les sommets de son âme ? Pourquoi ne nous aurait-il pas indiqué lui-même, et d'une manière sensible, la route héroïque du bonheur ? Pourquoi se serait-il refusé à nous livrer sa présence sous une forme matérielle, afin de se rendre encore plus évident ? Pourquoi n'aurait-il pas apporté la paix aux moindres bonnes volontés ?

Dieu ne serait pas tel que notre âme le connaît, par la raison et par l'expérience, s'il n'avait épuisé en notre faveur toutes les ressources de sa bonté et de sa puissance. Le spiritualisme nous conduit impérieusement au postulat de la religion révélée.

Et s'il est vrai, comme l'affirme l'Église catholique, que Dieu se soit fait homme et ait vécu parmi nous pour nous ramener à lui, s'il est vrai qu'i.

ait lui-même institué un mode de communion sensible de notre esprit et de notre corps à son Esprit et à son Corps, une religi... aussi conforme à l'essence même du spiritualisme sera la religion révélée.

Un nouveau problème vient maintenant de se poser en nous : celui de la valeur des croyances chrétiennes. C'est un nouveau livre qu'il faudrait écrire pour l'examiner et pour le résoudre. Qu'il nous soit seulement permis de proclamer, dès à présent, que nous avons trouvé dans la foi catholique le couronnement nécessaire à notre foi spiritualiste. Le catholicisme est aux autres religions ce que Dieu est à l'humanité.

INDEX BIBLIOGRAPHIQUE

INDEX BIBLIOGRAPHIQUE

des ouvrages cités.

Aristote. — Morale à Nicomaque.
Bain (Al.). — Les Sens et l'Intelligence. Traduit de l'anglais par Cazelles, 3ᵉ édition, Alcan. Paris, 1895.
Baldwin. — L'Art et la Morale. Questions du temps présent. Conférences de Foi et Vie, 1910. Editions de Foi et Vie, 48, rue de Lille, Paris.
Barrès (Maurice). — Amori et Dolori Sacrum. Paris, Félix Juven.
Beaunis. — Nouveaux éléments de physiologie humaine, 3ᵉ édition, 2 vol., Paris, J.-B. Baillière et fils, 1888.
Bergson (Henri). — *A.* Essai sur les données immédiates de la conscience. Paris, Alcan, 1889.
 B. Matière et mémoire. Paris, Alcan, 1896.
 C. L'Evolution Créatrice. Paris, Alcan, 1907.
 D. Le rire, 5ᵉ édition. Paris, Alcan, 1908.
 E. Introduction à la métaphysique. Revue de Métaphysique et de Morale. Année 1903.
 F. Le paralogisme psycho-physiologique. Revue de Métaphysique et de Morale. Année 1904.
 G. Cité par Charpin (voir ce mot).
Berkeley. — Œuvres choisies, traduites de l'anglais par Beaulavon et Parodi. Paris, Alcan, 1895.

Bernard (Claude). — Introduction à l'étude de la médecine expérimentale, 2ᵉ édition. Paris, Delagrave, 1903.

Berthelot (M.). — Science et Libre Pensée. Paris, Calmann-Lévy.

Binet. — *A.* Les Altérations de la Personnalité. Paris, Alcan, 1892.

B. L'âme et le corps. Paris, E. Flammarion, 1905.

Blondel. — L'Action. Paris, Alcan, 1893.

Bohn (Dʳ Georges). — La Naissance de l'Intelligence. Paris, E. Flammarion, 1909.

Bonnier (Gaston). — Le Monde Végétal. Paris, E. Flammarion, 1907.

Bouquet (Dʳ H.). — L'évolution psychique de l'enfant, Paris, Bloud et Cⁱᵉ, 1909.

Bourdeau (J.). — Pragmatisme et Modernisme. Paris, Alcan, 1909.

Boutroux (Emile). — *A.* De la contingence des lois de la nature. 5ᵉ édition. Paris, Alcan, 1905.

B. Science et Religion dans la philosophie contemporaine. Paris, E. Flammarion, 1908.

C. Le Problème religieux. Revue bleue, 16 janvier 1909.

D. Morale et religion. Questions du temps présent. Conférences de Foi et Vie, 1910. Éditions de Foi et Vie, 48, rue de Lille, Paris.

Brunetière. — Sur les chemins de la croyance. Paris, Perrin et Cⁱᵉ, 1908.

Brunschvicg. — *A.* La Modalité du Jugement. Paris, Alcan, 1897.

B. L'Idéalisme contemporain. Paris, Alcan, 1905.

C. La Vie religieuse. Revue de Métaphysique et de Morale. Année 1900.

Buchner. — Force et Matière, traduit de l'allemand par Victor Dave. Paris, Schleicher frères, 1906.

CABANIS. — Choix de textes par Georges Poyer. Paris, Louis Michaud.

CARTAUD (G.). — Revue générale des sciences, février 1903.

CHANTEPIE DE LA SAUSSAYE. — Manuel d'Histoire des Religions, traduit de l'allemand par Hubert et Lévy. Paris, Colin, 1904.

CHARPIN (Frédéric). — La Question Religieuse. Enquête internationale. Paris, Mercure de France, 1908.

CLAPARÈDE (Dr). — Les animaux sont-ils conscients? Revue philosophique, 1901, tome I.

COCONNIER (R.-P.). — L'Ame humaine. Existence et Nature. Paris, Perrin et Cie, 1890.

COMTE (Auguste). — Philosophie Positive. Edition résumée par Rigolage (3 volumes). Paris, E. Flammarion.

CRESSON. — Les bases de la philosophie naturaliste. Paris, Alcan, 1907.

CROOKES (W.). — Discours prononcé devant la Société pour les recherches psychiques, cité par Sabatier. Philosophie de l'Effort.

DARWIN. — A. L'Origine des Espèces. Traduit de l'anglais par Barbier. Paris, Schleicher frères.
B. La descendance de l'homme, traduit de l'anglais par Barbier. Paris, Schleicher frères.

DASTRE. — La Vie et la Mort. Paris, E. Flammarion.

DELACROIX. — L'Art et la Vie Intérieure. Revue de Métaphysique et de Morale, 1902.

DELAGE ET GOLDSMITH. — Les Théories de l'évolution. Paris, E. Flammarion, 1909.

DELBOS (V.). — Le Pragmatisme au point de vue religieux. Questions du temps présent. Conférences de Foi et Vie, 1910. Editions de Foi et Vie, 48, rue de Lille, Paris.

Delbœuf. — L'Intelligence des animaux. Revue scientifique, 1886.
Deperet (Ch.). — Les transformations du monde animal. Paris, E. Flammarion, 1907.
Descartes. — Œuvres.
Duclaux (Jacques). — La chimie de la matière vivante. Paris, Alcan, 1910.
Duhem. — L'Évolution de la mécanique. Revue générale des sciences pures et appliquées, année 1903.
Dunan. — Essais de philosophie générale. Paris, Delagrave, 1902.
Duval (Mathias). — Cours de physiologie, 8e édition. Paris, Baillière et fils, 1897.
Draper. — Les conflits de la science et de la religion. 3e édition. Paris, Germer Baillière, 1876.
Dwelshauvers. — De l'intuition dans l'acte de l'esprit. Revue de Métaphysique et de Morale, année 1908.
Ebbinghaus. — Précis de psychologie, traduit de l'allemand par Raphaël. Paris, Alcan, 1910.
Emerson. — La conduite de la vie, traduit par Dugard. Paris, Colin, 1909.
Eucken (R.). — Les grands courants de la pensée contemporaine. Traduction Buriot et Luquet. Paris, Alcan, 1911.
Fabre. — Nouveaux Souvenirs entomologiques. Paris, Delagrave.
Faguet. — Pour qu'on lise Platon. Paris, Société française d'imprimerie et de librairie, 1905.
Flournoy. — Métaphysique et Psychologie, cité par Binet. L'Ame et le Corps.
Fonsegrive. — A. Essai sur le libre arbitre. Paris, Alcan, 1887.
    B. Essais sur la Connaissance. Paris, Gabalda, 1909.

Fouillée. — A. La liberté et le déterminisme. Paris Alcan, 6° édition.
  B. La pensée et les nouvelles écoles anti-intellectualistes. 2° édition. Alcan, 1911.
  C. Cité par Charpin.
France (A.). — A. L'Ile des Pingouins. Paris, Calmann-Lévy.
  B. Le Jardin d'Épicure. Paris, Calmann-Lévy.
François de Sales (Saint). — Introduction à la Vie Dévote. Paris, Nelson.
Fustel de Coulanges. — La Cité antique, 18° édition. Paris, Hachette, 1903.
Gaultier (Paul). — La Pensée contemporaine. Paris, Hachette, 1911.
Godfernaux. — A. Le sentiment et la pensée. 2° édition. Paris, Alcan, 1906.
  B. Le parallélisme psycho-physique. Revue philosophique. Année 1901. Tome II.
Gourd. — Philosophie de la religion. Paris, Alcan, 1911.
De Gourmont (Remy). — Promenades philosophiques. 3° série. Paris, Mercure de France, 1909.
Grasset (D'). — A. L'Hypnotisme et la Suggestion. Paris, Octave Doin, 1903.
  B. Introduction physiologique à l'étude de la philosophie. Paris, Alcan, 1908.
  C. Les limites de la biologie. Paris, Alcan, 1902.
  D. Idées Médicales. Paris, Plon-Nourrit, 1910.
  E. Le spiritisme devant la science. Montpellier, Coulet. Paris, Masson, 1904.
Gurney, Myers et Podmore. — Les hallucinations télépathiques. Paris, Alcan, 4° édition.
Guyau. — Esquisse d'une morale sans obligation, ni sanction. Paris, Alcan, 9° édition.
Haeckel. — Les énigmes de l'univers. Paris, Schleicher frères.

Hartmann. — La religion de l'avenir. Paris, Alcan, 7ᵉ édition, 1908.

Hedon. — Précis de Physiologie. 5ᵉ édition. Paris, Octave Doin, 1908.

Hello. — L'Homme. Paris, Perrin, 1909.

Hoffding. — A. Philosophie de la religion, traduit d'après l'édition anglaise par Schlegel. Paris, Alcan, 1908.

B. Philosophes Contemporains, traduit de l'allemand par Tremesaygues. Paris, Alcan, 1907.

James (William). — A. Philosophie de l'Expérience, traduit par Lebrun et Paris. Paris, E. Flammarion, 1910.

B. Le Pragmatisme, traduit par Lebrun. Paris, E. Flammarion, 1911.

C. L'Expérience Religieuse, traduit par Abauzit. Paris, Alcan, 2ᵉ édition, 1908.

Janet (Pierre). — L'automatisme psychologique. Paris, Alcan, 1889.

Kant. — Critique de la Raison Pure, traduit par Tremesaygues et Pacaud. Paris, Alcan, 1905.

Kidd (Benj.). — L'Evolution sociale, cité par Brunetière. Sur les chemins de la croyance.

Laberthonnière. — Essais de philosophie religieuse. Paris, Lethielleux, 1903.

Lachelier. — Du fondement de l'induction. Psychologie et métaphysique. Paris, Alcan, 2ᵉ édition, 1896.

Lamarck. — Choix de textes par Revault d'Allonnes. Paris, Louis Michaud.

De Lapparent. — Science et Apologétique, 3ᵉ édition. Paris, Bloud et Cⁱᵉ.

Laumonnier (Dr). — La physiologie générale. Paris, Schleicher frères.

De Launay. — L'histoire de la terre. Paris, E. Flammarion, 1906.
Lebon (Dr). — L'Evolution de la matière. Paris, E. Flammarion, 1905.
Lé Dantec. — A. Eléments de philosophie biologique. Paris, Alcan, 1907.
  B. L'Athéisme. Paris, E. Flammarion, 1906.
  C. Le Conflit. Paris, Colin, 4e édition.
  D. Les lois naturelles. Paris, Alcan, Bibliothèque scientifique internationale.
Leduc (Stéphane). — Théorie physico-chimique de la vie. Paris, Poinat, 1910.
Lefèvre. — La philosophie. Paris, Schleicher frères.
Leibnitz. — Œuvres.
Lemaitre (Jules). — Les Contemporains, 3e série. Société Française d'imprimerie et de librairie. Paris.
Leroy. — Comment se pose le problème de Dieu. Revue de Métaphysique et de Morale, 1907.
Letourneau (Dr). — La biologie. Paris, Schleicher frères.
Loisy (Alfred). — A propos d'histoire des religions. Paris, Nourry, 1911.
Loti (Pierre). — La Galilée. Paris, Calmann-Lévy.
Lubbock. — Les sens et l'instinct chez les animaux. Paris, Alcan, Bibliothèque scientifique internationale.
Mach (Ernst). — La Connaissance et l'erreur, traduit par Dufour. Paris, E. Flammarion, 1908.
Maeterlinck — A. La Vie des Abeilles, 46e mille. Paris, Charpentier, 1911.
  B. Le trésor des Humbles, 42e édition. Paris, Mercure de France, 1904.
Maine de Biran. — Œuvres choisies par Michelet, Bloud et Cie, 1906.

Malapert. — Les éléments du caractère et leurs lois de combinaison. Paris, Alcan, 1897.

Marc-Aurèle. — Pensées.

Matisse. — L'Intelligence et le Cerveau. Paris, Mercure de France, 1900.

Maxwell. — Préface à la Vie et la Matière, Sir Olivier Lodge. Paris, Alcan, 1907.

Metchnikoff. — Études sur la nature humaine. Essai de philosophie optimiste, 2ᵉ édition. Paris, Masson et Cⁱᵉ, 1903.

Meunier (Stanislas). — Les coups de grisou dans les mines de houille, cité par Sabatier. Philosophie de l'effort.

Milhaud. — Essai sur les conditions et les limites de la certitude logique, 2ᵉ édition. Paris, Alcan, 1898.

Newman. — Psychologie de la Foi (H. Brémond), 4ᵉ édition. Paris, Bloud et Cⁱᵉ, 1907.

Nicati. — La psychologie naturelle. Paris, Schleicher frères.

Nietzsche. — Par delà le bien et le mal, traduit p) Albert, 3ᵉ édition. Paris, Mercure de France, 1903.

Novalis. — Les disciples à Saïs et les fragments, traduit par Maeterlinck. Bruxelles, Lacomblez, 1909.

Ossip-Lourie. — Croyance religieuse et croyance intellectuelle. Paris, Alcan, 1908.

Ostwald. — L'Énergie, traduit de l'allemand par Philippe, 2ᵉ édition. Paris, Alcan, 1910.

Parodi. — Le Problème moral et la pensée contemporaine. Paris, Alcan, 1910.

Paulesco. — Physiologie Philosophique. Science et Religion, nᵒˢ 431-133. Bloud et Cⁱᵉ, 1907.

Paulhan. — Les phénomènes affectifs et les lois de leur apparition. Paris, Alcan, 1887.

Piat. — De la croyance en Dieu. Paris, Alcan, 1907.
Picard (Émile). — *A.* La Science moderne et son état actuel. Paris, E. Flammarion, 5° mille.
  B. De la Science. De la méthode dans les sciences (par un groupe de professeurs). Paris, Alcan, 1909.
Piéron. — L'évolution de la mémoire. Paris, E. Flammarion, 1900.
Platon. — La République.
Renouvier. — Histoire et solution des problèmes métaphysiques. Paris, Alcan, 1901.
Rey (Abel). — La philosophie moderne. Paris, E. Flammarion, 1908.
Ribot. — *A.* Psychologie des sentiments. Paris, Alcan, 1896.
  B. L'Evolution des idées générales. Paris, Alcan, 1897.
  C. Les maladies de la personnalité (2° édition). Paris, Alcan, 1888.
  D. Les maladies de la mémoire (21° édition). Paris, Alcan, 1909.
  E. Psychologie de l'attention (3° édition). Paris, Alcan, 1896.
Richet. — *A.* Essai de psychologie générale (5° édition). Paris, Alcan, 1907.
  B. Dictionnaire de Physiologie. Paris, Alcan.
Richet et Sully-Prudhomme. — Le problème des causes finales (3° édition). Paris, Alcan, 1907.
Romanes. — L'intelligence des animaux (3° édition), (2 volumes). Paris, Alcan, Bibliothèque scientifique internationale.
Poincaré (Henri). — *A.* La science et l'hypothèse. Paris, E. Flammarion.
  B. La valeur de la science. Paris, E. Flammarion, 1908.

C. Morale et religion. Questions du temps présent. Conférences de foi et vie, 1910. Edition de foi et vie, 48, rue de Lille, Paris.
Poincaré (Lucien). — La physique moderne. Paris, E. Flammarion, 6ᵉ mille.
Prudhomme (Sully). — Psychologie du libre-arbitre. Paris, Alcan, 1907.
Reinach. — Orpheus. Histoire générale des religions. Paris, Picard, 1909.
Renan. — *A*. Etudes d'histoire religieuse, 7ᵉ édition. Paris, Camann-Lévy, 1864.
  B. Dialogues philosophiques. Paris, Calmann-Lévy.
  C. L'avenir de la Science. Paris, Calmann-Lévy.
  D. Histoire du peuple d'Israël (5 volumes). Paris, Calmann-Lévy.
Roustan. — La méthode mécanique en biologie. Revue de métaphysique et de morale, 1903.
Rusbroeck. — Œuvres choisies, traduit par Hello. Paris, Perrin et Cⁱᵉ, 1902.
Sabatier (Armand). — Philosophie de l'effort. Paris, Alcan, 1908.
Sabatier (Auguste). — Esquisse d'une philosophie de la religion (7ᵉ édition), Paris, Fischbacher.
Sertillanges. — *A*. Les sources de la croyance en Dieu (5ᵉ édition). Paris, Perrin et Cⁱᵉ, 1908.
  B. Agnosticisme ou anthropomorphisme. Paris, Bloud et Cⁱᵉ, 1908.
Spinoza. — L'Ethique.
Taine. — De l'Intelligence (2 volumes) (7ᵉ édition). Paris, Hachette, 1895.
Thomas (Saint). — Œuvres : Summa theol. Compendium Theol.
Tolstoï. — *A*. Pensées (recueillies par Ossip-Lourie) (2ᵉ édition). Paris, Alcan, 1902.

B. Nouvelles pensées (recueillies par Ossip-Lourié). Paris, Alcan, 1903.

Toulouse et Piéron. — Technique de psychologie expérimentale (2 volumes) (2ᵉ édition). Paris, O. Doin et fils, 1911.

Wagner. — La Vie simple. Nouvelle édition. Paris, Colin et Fischbacher, 1905.

Weber. — Les théories biologiques de M. R. Quinton. Revue de Métaphysique et de Morale, 1905.

Werworn (Max). — Physiologie générale (traduit par Hédon). Paris, Schleicher frères, 1900.

Wilbois. — L'esprit positif. Revue de Métaphysique et de Morale, 1902.

Wilde (Oscar). — De Profundis (traduit par Davroy) (2ᵉ édition). Paris, Mercure de France, 1905.

TABLE DES MATIÈRES

TABLE DES MATIÈRES

Pages

INTRODUCTION. 1

CHAPITRE PREMIER

L'immatériel.

Sommaire

I. — Nécessité d'un point de départ intellectuel : la connaissance intellectuelle ou pensée discursive 7
II. — Valeur de l'intelligence : impossibilité du scepticisme. 10
III. — Erreur de l'idéalisme : toute connaissance intellectuelle porte nécessairement sur un objet distinct d'elle. Objectivité de la matière garantie par les données de la perception extérieure 12
IV. — Preuve intellectuelle de l'immatériel . . 19
V. — Cette preuve est-elle garantie par les données d'une perception intérieure ? 20

CHAPITRE II

L'expérimentation spirituelle.

SOMMAIRE

SECTION I. — **De l'intuition spirituelle.**

I. — Les spiritualistes ont le devoir de percevoir leur âme, pourquoi tous ne recherchent-ils pas cette perception ? 26
II. — Les matérialistes ont aussi le devoir de la recherche spirituelle : de quel droit discutent-ils d'une réalité qu'ils ignorent ? Nécessité d'une expérimentation de l'âme pour aborder le problème spiritualiste 30
III. — Possibilité de cette observation. . . . 33
IV. — Distinction de l'intuition spirituelle et de la connaissance intellectuelle. 36
V. — Des degrés de la perception spirituelle. . 37
VI. — Importance souvent prépondérante du moi matériel. 39
VII. — Circonstances où tout homme perçoit son âme 42
VIII. — Développement et fréquence de ces perceptions 45
IX. — Un mode de culture spirituelle qui produit et favorise la perception de l'âme : l'effort moral. Le sentiment de l'amélioration, la sincérité avec soi-même, la charité. . . . 46
X. — Netteté progressive des perceptions obtenues. 51

SECTION II. — **Données de l'expérimentation spirituelle.**

XI. — Description analytique des données intuitives de l'âme. 56

CHAPITRE III

L'âme.

SOMMAIRE

SECTION I. — **Possibilité de l'âme.**

I. — Possibilité métaphysique de l'existence de l'âme. 66
II. — Possibilité de la connaissance de l'âme. Erreur du positivisme. 69
III-V. — Possibilité scientifique de l'existence de l'âme. — Coopération de l'âme et du corps. — Le déterminisme de la matière et la liberté de l'âme 77

SECTION II. — **Impossibilité du matérialisme.**

VI-XIII. — Les diverses formes du monisme matérialiste. — Le monisme mécanique. — Le monisme énergétique. — Le monisme paralléliste. — Le monisme pansensationniste. — Le monisme scientiste. — L'animal et l'homme : la subconscience biologique. — Impuissance du monisme. 92

SECTION III. — **Réalité de l'âme.**

XIV-XVI. — Existence de l'âme. — Son hétérogénéité. — Son principe unitif 121

SECTION IV. — **Valeur de la connaissance intellectuelle de l'âme.**

XVII-XIX. — Relativité de la science positive. Valeur de la science de l'âme. — Certitude de l'existence de l'âme. 130

CHAPITRE IV

Dieu.

Sommaire

SECTION I. — **Possibilité de Dieu.**

I. — Possibilité métaphysique de l'existence de Dieu. 114
II. — Possibilité métaphysique de la connaissance de Dieu. — II. Spencer et l'agnosticisme . 116
III-VI. — Possibilité scientifique de l'existence de Dieu. — Dieu et la science positive. — Dieu et le transformisme. — Dieu et l'unicisme bio-physique. — Évolution et finalité. 150

SECTION II. — **Preuves de l'existence de Dieu.**

VII. — Classification traditionnelle, un choix de preuves. 173

§ 1. — Preuves métaphysiques et physiques.

VIII. — *A.* Un aspect de la preuve ontologique. — *B.* L'immanentisme idéaliste. — *C.* Le panthéisme. 174
IX. — Preuve par la contingence. — X. — *A.* Par le mouvement. — *B.* Par les causes. — XI. — Par l'ordre. — XII. — Par l'union de l'âme et du corps 179

§ 2. — Preuve morale.

XIII. — Impossibilité d'une morale scientifique. Quelques systèmes. Transcendance du bien. 190

§ 3. — Preuve par l'irréductibilité de la croyance religieuse.

XIV. — Irréductibilité de la croyance religieuse (l'animisme, Reinach, Durkheim, Hoffding). 205

SECTION III. — **De la science de Dieu.**

XV. — Brève énumération des attributs de Dieu. 216

SECTION IV. — **De la valeur de la connaissance intellectuelle de Dieu.**

XVI. — Portée analogique de cette connaissance. 217

CHAPITRE V

La connaissance supra-intellectuelle.

SOMMAIRE

I. — La connaissance intellectuelle et la connaissance supra-intellectuelle : analyse et évocation : la raison est la synthèse de l'intelligence et de l'action. 223
II. — La connaissance supra-intellectuelle et la subsconscience biologique 245
III. — Socrate, Descartes, Kant, Bergson. . . 251
IV. — L'Intellectualisme. — Le Pragmatisme. — Le Supra-Intellectualisme 256
V. — L'effort supra-intellectuel et la connaissance de l'âme 266
VI. — L'effort supra-intellectuel et la connaissance de Dieu 272
VII-VIII. — Le mystère de l'union de l'âme et du corps. — Le chef-d'œuvre de Dieu . . 278

CHAPITRE VI

La vie spirituelle.

SOMMAIRE

I. — La pensée fondamentale du spiritualisme . 285
II. — Modes de culture spiritualiste.
L'effort moral. 287

    A. — L'effort moral et la connaissance intellectuelle 287
    B. — L'effort moral et la connaissance supra-intellectuelle. 291
    C. — L'effort moral et la formation de l'âme. — La sincérité avec soi-même. — L'amélioration par la souffrance, la charité et la prière 292
III. — L'effort rationnel 300
IV. — L'effort artistique. 301
V. — L'effort suprême : la prière. Prière médiate et prière unitive. 305
VI. — Postulat de la religion révélée 312
INDEX BIBLIOGRAPHIQUE 317

ACHEVÉ D'IMPRIMER

le vingt-deux décembre mil neuf cent onze

PAR

Ch. COLIN

A Mayenne

pour

BERNARD GRASSET

www.ingramcontent.com/pod-product-compliance
Lightning Source LLC
Chambersburg PA
CBHW072005150426
43194CB00008B/1008